光の存在オリンとダベンが語る豊かさのスピリチュアルな法則

クリエイティング・マネー

サネヤ・ロウマン＆デュエン・パッカー 著
采尾 英理 訳

ナチュラルスピリット

CREATING MONEY

by Sanaya Roman and Duane Packer.

Japanese Translation rights arranged with H J Kramer, Inc.
P.O.Box 1082, Tiburon in CA 94920
through The Asano Agency, Inc. in Tokyo.

あなた方一人ひとりの中に存在する豊かさの精神に、本書を捧げます。
あなたが自分の偉大さを認め、自分の道を見つけ、
そのために生まれてきた貢献ができますように。

——オリン＆ダベン

感謝のことば

私たちは、オリンとダベンのかぎりない忍耐、導き、知恵に、心から感謝しています。また、長年にわたってオリンとダベンに協力してくれたエドワード・アルパーンと、自らもアイデアを出し、編集を手伝ってくれたジニー・ポーターにも感謝しています。

オリンとダベンの作品を支持し、その価値を認め、出版を引き受けてくれたハル・クレーマーとリンダ・クレーマーにも特別な感謝を捧げます。ニュー・ワールド・ライブラリーとその代表のマーク・アレン、編集責任者のジョージア・ヒュー、アソシエイト・パブリシャーのマンロー・マグルーダー、編集アシスタントのジョナサン・ウィッチマン、そして電子書籍にもなった本書『クリエイティング・マネー』改訂版の出版にあたって助力してくれたスタッフの方々にも感謝申し上げます。

美しいカバーを描いてくれたイショーニ・ファスサンダー、カバーをデザインしてくれたメアリ・アン・キャスラー、私たちのウェブサイトやオーディオ・アートワーク、数々の本の表紙を美しく仕上げてくれたミッチ・ポサダにも感謝を述べたいと思います。

オリンとダベンの仕事を世に出すために尽力してくれた、オフィスマネジャーのトリシャ・ステューダ、スタジオマネジャーのマーティ・パイター、スタジオエンジニアのグレッグ・バジャー、私たちのオフィス、ルミエッセンス（LuminEssence）のスタッフにも感謝しています。膨大な時間をかけてコンピューター・プログラミングとウェブサイト・デザインを手がけ、電子書籍とオーディオの作成に貢献してくれたジェフ・ホーグにも感謝しています。

書店、電子書籍ストア、出版取次会社、世界中の26の出版社、そしてウェブサイトやオンラインストアでオリンの作品を扱ってくれている方々すべてに深く感謝しています。あなた方のおかげで、世界中の多くの人にオリンの作品が届いています。

ビル・エディソン、アナ・原田、ローランド・ヴァーシェイヴ、ドリス・パキュラをはじめとする、「クリエイティング・マネー」を世界中で指導してくださっている方々、そしてこの作品のオーディオ・プロデューサーにもお礼を申し上げます。

人生に豊かさを引き寄せるために、本書で述べている原理を取り入れてくださった方々やこれから取り組んでくださる方々にも心から感謝しています。あなたは、お金のスピリチュアルな法則（以下「霊的法則」）と同調することで、人類に貴重な貢献をもたらしています。あなたがさらなる豊かさを引き寄せ、経験することで、地球上のすべての人がよりいっそうの豊かさを経験する可能性を広げることになります。あなたは、単に今ある道を歩んでいるだけではなく、他者のために新たな道を創り出して、光でその道を照らしているのです。

サネヤ・ロウマン&デュエン・パッカー

序文

マーク・アレン
ニュー・ワールド・ライブラリー代表
"The Millionaire Course"の著者

私たち、ニュー・ワールド・ライブラリーとH・J・クレーマーのスタッフ一同は、サネヤ・ロウマンとデュエン・パッカーによる『クリエイティング・マネー』の改訂版をここに出版できることを喜ばしく思っています。本書が最初に出版されて以来、読者から何百通もの手紙や礼状が届き、本書のプロセスやエクササイズ、プレイシート、アファメーションを活用したところ、豊かさが訪れて、人生が変わったという報告をいただきました。

『クリエイティング・マネー』の教えが人々の役に立ったため、本書は24以上の言語に翻訳され、国内外でベストセラーとなっただけでなく、今や古典的存在となっています。

さまざまな立場の人たちが、本書のプロセスを活用することで、経済状況を好転させ、欠乏と限界から抜け出し、障害を克服して、豊かさを磁力のように引きつけるようになりました。企業がその社員へ、営業部がその販売員へ、そして世界中の人々がその家族や友人、学生、クライアントへ本書を推薦してくださっています。

本書は、お金を生み出すことに関するあなたの考え方を、劇的に変化させてくれるでしょう。あなたは、無限の豊かさを引きつけられるようになります。自分が望む感覚に集中し、引き寄せたい物事のエネルギーと本質をつかみ、それを引き寄せるための「磁力コイル」を作れるようになって、無限の豊かさを磁力のように引きつける方法を学んでください。本書で紹介している実用的かつシンプルで段階的なプロセスは、人生のあらゆる方面で豊かさを経験するために、今すぐ活用できるものばかりです。

『クリエイティング・マネー』で述べているのは、人生にお金を生み出すことだけではありません。本書は、「豊かさへの鍵」以上に大切なこと、つまり自分の好きなことをしながら、人生にすばらしい繁栄と豊かさを生み出す方法を教えてくれます——それこそが、充実感と喜びに満ちた人生への鍵となります。

本書を読みながら、その奥深い教えを、ただ素直に受け入れてみましょう。人生は、必ずしも困難なものであるとは限りません。お金を稼ぐために、骨身をけずって四苦八苦する必要はないのです。あなたの中にはすでに、すばらしい豊かさの源泉があります。本書の言葉をじっくりと吸収し、自分の内なるガイダンスに従うことで、その源泉を見つけることができます。

豊かさへの鍵は、すでにあなたの中にあります。本書で教えているのは、その鍵を見つけて活用する方法です。その鍵を使って、役に立たない古びた信念を変容させ、苦労や保身を当たり前とする考え方を乗り越え、豊かさと喜びに満ちた創造的な人生を築きましょう。

あなたは好きなことをしながら、充実した豊かな旅路を歩むことができます。オリンとダベンも12章冒頭で次のように述べています。

「あなたは特別で、ユニークな人であり、世界に意義ある貢献ができます。あなたには、この地球上で他の誰にも果たすことができない役割があるのです。あなたがこの世で成そうと決めてきた特別な貢献こそが、あなたのライフワークです。そのライフワークをしているとき、あなたは自分の高次の道を歩んでいます。そしてあなたの人生は、喜びと豊かさと幸福感でますます満たされていくでしょう」

このパワーあふれる本は、豊かさへと続く道だけでなく、もっと大切なものへと続く道を見せてくれます。その大切なものとは、喜びと満足感にあふれた生きがいのある人生です。どんなときでも内なるガイダンスに従い、好きなことをするからこそ、そうした人生にたどり着けるのです。

本書は、サネヤ・ロウマンとデュエン・パッカーが読者に伝えるよう導かれて書いたものです。どうか、この宝物のような本を楽しんでください。二人は、自分たちの好きなことをして、内なるガイダンスに従うことで、人生にさらなる豊かさを生み出す方法をたくさんの方々に伝えてきました。それだけでなく、人類と世界に、永続的ですばらしい貢献をする方法も示してくれています。

はじめに

サネヤから

私は長年にわたって、本書の「実現の霊的原理」を使い、数々の素晴らしい結果を得てきました。この原理を知る前の私は、毎日生活するのが精いっぱいだったため、私の指導霊であるオリンに導きを求めていました。もともと、私は彼の導きをチャネリングし、さまざまな問題について貴重な情報をたくさん受け取っていたからです。

私の求めに応じて、オリンは、自分がクラスを開いて、実現の仕組みを教えようかと提案してくれました。そうすることで、私だけでなく他の人たちも、豊かさの霊的法則を通してこの物質世界に形、物、お金を生み出す方法を学べるだろうということでした。教わった実現の霊的原理は効果を上げ、結果、私はオリンとの仕事を世に送り出し、自分の好きなことをして生計を立て、物事が実現する仕組みを理解して、そこから自信を得ることができました。

デュエンもまた、彼の指導霊であるダベンから与えられた実現のためのさまざまなテクニックと一緒に、この実現の霊的原理を活用するようになりました。地質学者、地球物理学者としてのキャリアもやりがいはありましたが、デュエンはチャネリングを教え、自分の霊視能力を磨き、エネルギーとボディワークを通じて人の成長を助けるというキャリアを新たに始めたいと思っていたからです。彼はこの霊的原理を使って、自分のライフワークにエネルギーを与え、自分が力づけ奉仕できる人々を引き寄せ、新しいキャリアのために必要なツールを明らかにし、お金に関する考えを明確にすることができました。

この本は、「クリエイティング・マネー」（お金を生み出す）と題した原稿の拡大版です。もともとの原稿は、豊かさの霊的法則に関するオリンの教えに基づいて書いたもので、オリンのクラスの受講者と、その噂を聞いて求めてきた人たちに配っていました。その原稿とクラスに対する需要があまりにも大きくなったので、デュエンと私は数々のワークショップを新たに開き、お金を生み出すこと、引きつける磁力、そして実現の高度なテクニックを教えました。オリンの霊的原理とダベンのエネルギーテクニックは、併用してみると、お金と豊かさを生み出すのにとても効果的だということが実証されたので、私たちは両方を本書にまとめたのです。

『クリエイティング・マネー』が出版されて以来、世界中で何十万もの人々が、この霊的原理を活用してきました。私たちのところにも、多くの方々から質問や成功談が届いています。この本で紹介しているプロセスは効果的で、確実に成果を上げます。この霊的原理と数々のプロセスは、時間をかけてその効果を証明してきました。あなたにもきっと役立つでしょう。あなたがこの本を読んでいるのが、執筆から何年も経ったあとだとしても、その効果が色褪せることはありません。

オリンとダベンは、「実現の技術」は人間が習得しうる技術の中でも最も大切なものの一つだと思っています。つまり、自分にパワーを与え、自らが輝きを増した光となって周囲を照らすためには、自分のヴィジョン、夢、希望、空想を受け入れて、それを実現する技術が非常に重要だということです。

オリンとダベンの望みは、あなた方が生き生きとして成長するための「手段」として、お金や欲しい物を創造できるようになり、お金をめぐる不安や混乱や罪悪感を手放せるよう手伝うことです。オリンとダベンは、あなた方に自分の仕事を愛し、評価し、尊重して欲しいと思っています。そして、あなた方が内なるガイダンスに耳を傾け、それを信頼し、自分の大きな可能性に目覚める方法を学び、望むものは何でも創造できるのだという認識に基づいた自信を得られるよう願っています。

オリンとダベンは、自分のライフワークをしていない人がたくさんいると感じています。その人たちがライフワークをしないのは、それに必要なお金や手段を手にする方法を知らないか、自分の道や貢献はたいして重要ではないと信じているからです。オリンとダベンによると、豊かさを創造する技術を身につければ、生きがいのある満ち足りた生活を送る能力が飛躍的に伸びるだろうとのことです。

私たちは、さまざまな目的を持った多くの人々に、この霊的原理を教えてきました。クラスに惹かれてきた人たちの中には、長年創造できなかった何かを手に入れたいという人もいれば、ずっと温めていた計画を実行するのに資金が必要だという人もいました。また、転職したい、自営業を始めたい、学校や旅行に行きたいなどの理由で、お金を必要としている人もいました。その多くは、ずっと一つの分野で働いてきたものの、自分の関心が変わってきたので、それに合う新しい分野で仕事を見つけたくなったとのことでした。彼らは、新しい分野に移る間、生活するのに充分なお金をどうやって生み出そうかと悩んでいました。

また、ただ単純に、お金を生み出せるようになったら、精神的な生活にもっと時間を取れるだろう、あるいは何かを書いたり探求したりするための休みを取れるだろうと思ってクラスを受講した人もいました。その一方で、お金は生み出せたけれども、それが期待したような喜びや平穏をもたらさないことに気づいたという人もいました。

人々がこの本のエクササイズやアファメーション、プレイシートを使い、結果を出すにつれて、私たちは彼らが驚くほど変わるのを目の当たりにしました。彼らは、自信と宇宙への信頼を深め、物事を実現することは成長のプロセスであり、それが活力を高めるのだと理解し、自分の人生に責任を持つことを学びました。そして、欲しいものを手に入れられるのだとわかると、今度は、本当に欲しいものを新しいレベルで明確にする必要が出てきました。自分の欲しいものを明確にしていくと、彼らはもっと簡単にそれを引き寄せられるようになりました。

私たちは、多くの人々が転職に成功したり、収入を大幅に増やしたり、お金にまつわる不安や心配を手放したりするのを見てきました。欲しかったものを引き寄せられるようになると、彼らの関心は、自分がこの世でしようと決めていた人類への奉仕に集中するようになりました。

自分のライフワークを生み出す方法を知り、精神的・肉体的な必要を満たせるようになった彼らは、人生をますます掌握していると感じるようになりました。そして、自分が持っているものはすべて、以前の選択と決断の結果によって得られたのだということ、望むのなら自分の環境を改善できるのだということに気づきました。彼らは、自分の手に負えない巨大な力の犠牲者だと感じることもなくなりました。欲しいものを得ることは、一部の人々にだけ起こる幸運ではなく、誰もが欲しいものを創造する技術を持っているのだと理解するようになったのです。時間と共に技術が向上し、望みが明確になるにつれて、彼らはかつて自分にできるとは考えもしなかったことを引き寄せられるようになりました。

豊かさを身につけることへの私たち自身の歩みは、成長と悟りのめざましいプロセスでした。この本の霊的原理を使えば使うほど、ますますその深みと単純さがわかるようになりました。そして、自分が楽しみながら創意工夫して想像力を発揮するとき、この原理は単純明快になることがわかりました。反対に、この原理が複雑になるのは、自分がエクササイズを「正しく」できているかどうか過度に分析しているときだけです。最良の結果を得るためには、エクササイズとプレイシートを楽しみながら、自分にとって最高のものが何であれ来るのだと信頼することです。

特定の期間内で物事を生み出すのは、お金や形を生み出すことの困難な側面の一つではありますが、すべての物事は然るべきときに完璧な形をともなって訪れるということを、私たちはいつも思い知らされます。欲しいものを明確にしたあとは、それがどんな形でやってきてもうまくいくのだと任せて、執着を手放しゆだねると、ほとんどの場合、求めていたもの以上のすばらしい結果が生まれます。たとえ物事が期待したタイミングでやってこない場合でも、そのときの自分にとってはそれを手に入れることが最高の結果にはならなかったのだということに、あとから気づくのです。

あなたがこの本を手に取ったのは、何らかの物事に必要なお金を生み出すため、経済的に自立するため、ライフワークを見つけるため、あるいはビジネスやプロジェクトを始めるためかもしれません。または転機を迎えていて、新しい何かが近づいてきていることを知り、それをもっと早く引き寄せたいのかもしれません。売上や顧客、収入をもっと増やしたいと思っている人もいるでしょう。あるいは、お金に関する多くの疑問を解決したいと思っている人もいるかもしれません。

あなたがこの本を読む理由が何であれ、この中で述べている霊的原理は、人生のどんな領域にでも使うことができます。なぜなら、この原理はエネルギーと豊かさの宇宙的原理だからです。あなたは宇宙の無限の豊かさを活用して、自分のより大きな幸福につながるものは何でも引き寄せることができるのです。

本書の使い方

サネヤとデュエンから

この本は、あなたの人生に豊かさを実現し、創造するコースです。

第Ⅰ部「お金を生み出す」では、実現の技術を段階的に案内しています。自分が何を望んでいるかを発見して、充実感と満足感を与えてくれる物事、しかも自分が求めたものより良い物事を引き寄せられるようになりましょう。ここで学ぶのは、実現の高度なテクニックと、自分のエネルギーと磁力のようなパワーに働きかけて、物事をできるだけ早く簡単に人生に引き寄せる方法です。

第Ⅱ部「技術を磨く」では、人生に豊かさを受け入れることを妨げるブロックがある場合に、それを突破する方法を学びます。

第Ⅲ部「ライフワークを生み出す」では、自分の好きなことをしてお金と豊かさを生み出す方法を学びます。また、理想の仕事を引き寄せ、ライフワークを発見し、好きなことをして生計を立てるためのエネルギーテクニックをたくさん紹介しています。

第Ⅳ部「お金を持つ」は、人生にお金と豊かさをもたらし、増やすことについて述べています。自分のお金が自由に流れ、増えていくのに任せながら、そのお金によって、どのように喜びや平穏、調和、明晰さ、そして自己愛を生み出すかを学んでいきましょう。

第Ⅱ部、第Ⅲ部、第Ⅳ部の各章の終わりについているエクササイズおよびプレイシートは、あなたが欲しいものを創造するプロセスを習得できるよう手助けするために作ったものです。リラックスして、集中した精神状態で行ってください。それぞれの質問に答える前に、静かに座って何度か深呼吸し、体を楽にして、新しいアイデアや思考に心を開いていきましょう。

そうした新しいアイデアに焦点を当てていると、たくさんの信念、さらには抵抗を発見している自分に気づくことがあります。特定の質問に対して、「答えたくない」と抵抗している自分に気づいた場合、あなたにはその質問のアイデアに対する何らかの「思いこみ」があるのかもしれません。そして、その思いこみがある領域こそ、あなたが大きな利益を得られる領域なのかもしれません。つまり、あなたの豊かさの可能性を高めるために、その領域に「楽しんで」取り組めば、まさしくそこから恩恵をこうむる場合があるのです。

正しい答えも間違っている答えもありません。そこにあるのは、自分の現実を創造するという経験の新しい形だけです。答えを紙に書き出してもいいですし、ただ単にじっくり考えるだけでも構いませんが、答えを書き出してみると、その考えをマインドから物質世界に連れ出しやすくなるため、それを実現の第一歩とすることができます。

この本の使用法の一つとして、お金について、どの領域に取り組めば自分のためになるかを質問し、適当にページを開いてみるという使い方があります。その章、ページ、アファメーションを、自分のハイアーセルフからの合図として使ってください。それは、あなたが取り組むことができ、今すぐ自分の繁栄に変化を起こすような特別な領域を示しています。

この本だけでなく、私たちのウェブサイトもご利用いただけます。"Creating Your Highest Future（最高の未来を創る）"というページにある"Creating Money"の表紙をクリックすると、この本からの引用が無作為に出てきますので、それを読んで熟考してみてください。

お金を生み出すアファメーションの使い方

サネヤとデュエンから

豊かさを増大させるために使えるアファメーションを、この本のいたるところに太文字でたくさん入れてあります。アファメーションは、望みを実現する自分の能力とパワーに、意識を集中させるためのポジティブな宣言です。たとえば、「私には無限の豊かさがあります」というように、現在形で述べています。あなたの考えは、あなたの現実を創造します。ですから、このポジティブな宣言を自分に向けて表明すると、あなたはそれを自分にとっての真実として創造しはじめるのです。

この本にあるアファメーションは、オリンとダベンが考案したもので、その目的は、自分が持ちうるものに対するあなたの意識を開いて拡大し、あなたを自分の魂の知恵と共鳴させ、宇宙の無限の豊かさに同調させることです。アファメーションを自分に向けて表明していると、あなたは明るくより豊かな環境を人生に創造するようになります。

アファメーションは、自分にふさわしいと感じるものだけを使ってください。その言葉があなたにとって心地よく、ありのままの自分に調和していることが大切です。自分にとって特別な意味のある他の言葉と置き換えても構いません。なぜなら、その言葉が心地よく、意味あるものとして感じられるとき、アファメーションのパワーは高まるからです。豊かさのアファメーションを自分でも作ってみましょう。

ほとんどのアファメーションは、「私」という言葉で始まっています。この「私」という言葉は、あなたという存在のすべてを指し示すものとして使っています。それは、あなたの自我と人格だけではなく、大いなる自己（あなたのハイアーセルフ、魂とも呼ばれるもので、神の力・内なる神と結びついている部分、あなたという存在の奥深い部分）をも指しています。

アファメーションは、あなたのすべての部分が調和して、共通の目的のために一体となって働くとき、より強力になります。たとえば、「私が自分の豊かさの源泉です」というアファメーションは、「神が私の源泉です」「私と神との結びつきが私の源泉です」「私の魂が私の豊かさの源泉です」など、自分によりふさわしいと感じられる言葉に言い換えてもいいでしょう。

結果を出すためには、現実味のあるアファメーションでなければいけません。もし自分の言っていることが創造不可能に感じられるならば、そのアファメーションの内容は実現しません。たとえば、「私は今百万ドル持っています」と言いながら、自分がその金額を持てると信じていない場合、結果は生まれないでしょう。それよりはまず、「私の収入は今、少なくとも10パーセント増えています」というアファメーションから始め、自分の宣言内容を実現させるという「成功体験」を積み重ねながら、その内容を発展させていくほうがいいでしょう。

この本のアファメーションの使用法はいくつかあります。一つは、本をパラパラとめくって、自分に訴えかけてくるアファメーションを読み、静かに座って、それを自分に向けて何度も何度も言うことです。繰り返すことには大きなパワーがあります。繰り返すことで、その考えを現実として受け入れるよう、潜在意識のプログラムを作り直すことになり、同時に、潜在意識がその新しい内なる現実に合う変化を人生に起こします。

アファメーションは、その言葉を自分のハイアーセルフのところへ届けるつもりで息を吸い、唱えるといいでしょう。そして、吐く息に乗せてアファメーションを外の世界へ解き放っているところを想像します。外の世界は、宣言した内容が現実化する場所です。

アファメーションの別の使用法として、私たちのウェブサイト www.orindaben.com もご利用ください。"Affirmations Room"の"Creating Money Affirmations"をクリックすると、豊かさに関するアファメーションがたくさん出てきます。この本のアファメーションを録音したものもありますので、ご利用ください。特に気になるアファメーションがあれば、書き出してもいいですし、よく目につく所にそれを貼っておくのもお勧めです。

ウェブサイトでは、アファメーション以外にも、オリンによる無料オーディオ瞑想、「今週の本からの抜粋」、「気分を高める引用句」、オリンとダベンによるコラムなど、参考になるコンテンツを数多く用意しています。さらに、自分で行うチャネリング、高次のガイドに気づく方法、チャネリングを行う心の準備ができているかを知る方法などに関する記事もあります。無料のニュースレターや、オーディオ瞑想のリンク付き電子ニュースレターの登録もでき、自己紹介などを書きこめるゲストブックもご利用いただけます。

＊ウェブサイトおよびニュースレターはすべて英語版のみの提供になります

クリエイティング・マネー　もくじ

光の存在オリンとダベンが語る豊かさのスピリチュアルな法則

クリエイティング・マネー

序章　こんにちは、オリンとダベンです

　ではこれから、あなたとお金と豊かさがどうつながっているのか、また物事と物質に新しいやり方で働きかけるにはどうすればいいのか、一緒に探求してみましょう。お金は、才能がある人や生まれつきの技術を持っている人など、特別な人にだけ来るものではありません。あなたの中には、無限の豊かさを自ら創造し、人生のあらゆる面で物質的にも精神的にも必要なものを得るための答えと才能がすべてそろっています。

　あなたはパワフルで傑出した人です。あなたは、宇宙の無限の豊かさを活用できるようになります。お金は、あなたの生き方、考え方、行動についてくる当然の結果として、苦労せずに生み出すことができます。あなたは、欲しいものは何でも引き寄せることができ、自分の最も大切な夢を実現できるのです。この本は、お金だけでなく、豊かさをも引き寄せるためのコースです。というのは、お金だけが欲しいものをもたらすとは限らないからです。

　私たち、オリンとダベンは、より高い次元にいる「光の存在」です。私たちはアシスタント、霊的教師として、あなたの個人的成長を助け、あなたに「高次の自己」に気づいてもらうために

ここにいます。私たちは、お金に関するあなたの考え方に新たな一面を加えたいと望んでいます。そして、あなたの周囲のいたるところにある、無限の豊かさをあなたが活用できるよう手助けしたいと思っています。ご紹介しているアイデアや考え方は、私たちからの愛の贈り物です。あなたは、私たちが話すことの多くを、以前から知っていたように思うかもしれません。どうか、あなたという存在の最も奥深い部分に響くアイデアや提案だけをハートに受け入れ、そうでないものは手放してください。

あなたは今、ページに並ぶ文字だけを追っているのではなく、無限の豊かさという私たちの意識にアクセスしています。その意識は、あなたが自分の生得権である無限の供給源を受け入れる手助けをします。あなたは、自分の魂、ハイアーセルフとつながって、人生のあらゆる領域で自分にとって最善のものをさらに引き寄せるよう導かれるでしょう。そして、実現の原理を実践するうちに、どのようにして物事を実現し、豊かさを引き寄せるのかを、より深いレベルで理解していくはずです。ページを開くたびに、新しいアイデアが視界に飛びこんでくるかもしれません。なぜなら、私たちの教えはさまざまな側面とレベルから成り立っていて、それらは、豊かさを引き寄せる方法に対するあなたの理解が深まるにつれて、しだいに明らかになってくるからです。

この本から得られる情報を、頭で理解する概念として読むのではなく、実践してみてください。ここで述べる原理や霊的法則の成果を上げるには、実際にそれを試してみて、自分の経験の中で現実のものにしていかなければなりません。はじめのうちは、「この原理や霊的法則が働いて、自分に豊かさをもたらすのだ」と信頼する気持ちが必要かもしれません。実践を積み重ね、成功体験が続きはじめると、その信頼がやがて確信となり、豊かさをあらゆる形で引き寄せる能力が向上してくるでしょう。

あなたは、物質次元に住んでいない私たち霊的ガイドが、どうしてお金の法則について知っているのだろうと不思議に思うかもしれません。お金は、エネルギーです。そして、エネルギーはあらゆる次元に存在しています。お金の霊的法則は、豊かさを創造する普遍的エネルギーの法則です。すなわち、潮流の原理、無限の考え方、与え合うこと、感謝、自分の価値を尊ぶこと、明確な同意、引きつける力などの原則と同じなのです。

豊かさとは、物をたくさん持つことだけを意味しているのではありません。それはまた、あなたを満たしてくれる物事を得ることでもあります。お金は、豊かさの一部になることができます。物事を実現するのが上手になってくると、自分が創造したい物事を意識的に選んでから、それを引き寄せられるようになります。状況や物事が、あなたの必要に応じて人生にやってくるようになるでしょう。あなたは、お金に振り回されるのではなく、お金を使いこなすことができるようになります。

お金を使いこなせるようになると、あなたはもう不要となった状況や物事が人生から穏やかに去っていくのを認めるようになり、その結果、自分に役立つ次の物事を迎え入れるためのスペースができます。お金、人々、物事が、抵抗なくあなたの人生に出入りして、それぞれがあなたの高い目標に役立ち、最善のタイミングで現れるようになるでしょう。

この本によって、あなたは自分のハイアーセルフ（または魂と呼ばれる、自己の最も深い部分）

とつながるように導かれます。ハイアーセルフ・魂とつながると、自分の生み出すものすべてに、ハイアーセルフを表現したくなるでしょう。そうしてあなたの意識が拡大すると、自分の住む場所、買う物、人間関係、ライフスタイルなどに、より高い理想と価値観を反映させたくなるものです。そして、お金を稼ぐときにも使うときにも、愛や幸福、喜び、平穏、活気、心の奥深くにいる自己への認識といった、「高い質」を表現したくなるでしょう。自分のハイアーセルフ・魂を実感するにつれて、驚くほどの創造性が生まれ、次々とアイデアが湧いてくるようになります。

お金の霊的法則に従っていると、お金と豊かさはより大量に流れ、より簡単に手に入るようになり、さらなる喜びを与えてくれます。ライフワークをして、自分と他の人たちのより大きな幸福のために奉仕するとき、あなたはお金の霊的法則に従っています。また、他人と競争するのではなく協力するとき、そして誰もが満足するやり方で、エネルギーとお金を交換するときも、あなたはお金の霊的法則に従っています。あなたのお金の稼ぎ方、使い方、投資方法が地球に害をもたらさないときにも、あなたはお金の霊的法則に従っています。

自分のハイアーセルフ・魂と同調するには、積極的に行動すべきときとゆだねるべきときを学びながら、自分の気持ちに従って行動し、流れに乗って動くことです。人生に求めるお金、物質、物事の流れを増やすには、出来事はすべて自分のより大きな幸福のために起こっているのだと信頼して、よりいっそうの明晰性、喜び、調和、誠意をもって行動することです。この本で述べている霊的原理を理解すると、もう自分の役に立たなくなった古い状況を見極めて、手放すことができるようになります。

新しいチャンス、考え、見識、感覚を取り入れていくと、あなたは魂のより高いエネルギーが自分の中を流れるのに任せるようになります。そうすると、お金と豊かさが何の苦労もなく自然にやってきます。あなたが創造する物事は、成長、拡大、再生、活気をもたらすでしょう。自分のライフワークを見つけて生み出すことは、他のどんな行動よりも多くの豊かさをもたらします。あなたのライフワークは、自分が好きですることと関係していて、人類のより尊い道のためにに何らかの形で貢献することになります。お金は、自分の好きなことをするとついてくる副産物となり、あまり深く考えなくても、人生に苦労なく流れてくるようになるでしょう。

あなた方の多くは、ライフワークでは充分なお金を稼げないだろうという理由で、自分の最大の創造性、喜び、生き生きとした感覚の道を閉ざしてしまいます。私たちの願いは、「自分の好きなことをしてお金をたくさん持てる」とあなたが信じられるようになることです。自分に役立たない仕事にとどまる必要がないことをわかって欲しいのです。私たちは、あなたが今いるところから行きたいところへどうやって移行したらいいかを考える手助けをします。

第Ⅲ部では全章を割いて、自分の道のヴィジョンを創造し、ライフワークを引き寄せる方法を述べています。あなたの高次の道に活力を与える数々のエネルギーテクニックも紹介しています。

気づいているかどうかはさておき、この本に惹かれたあなた方一人ひとりは、急速な個人的成長の道にいて、人類に与えるものをたくさん持っています。今こそ、内なるメッセージに耳を傾け、自分がこの世で成そうと決めてきた「特別な仕事」を発見するときです。その仕事を世に送り出していきましょう。なぜなら、それはとても必要とされている仕事だからです。他の人たちに奉仕してパワーを与え、ライフワークを見つけて、お金を稼げそうなことではなく、自分の好きなことをしていると、あなたは強力な磁力となってお金を引きつけるようになります。

あなたは、肉体的努力を通してではなく、エネルギーと思考を使って欲しい物事を創造できるようになります。それは肉体的努力だけで創造できるものを超える結果を出すようになるでしょう。どのようにエネルギーが働くかを理解すると、あなたは無駄な努力をせずに、最高の結果につながる行動だけを取ることができます。

この本では、あなたにとって最善となるお金、物質、人、状況を引き寄せる能力を向上させる方法をたくさん紹介しています。そうして引き寄せる物事は、あなたの魂の道と人生の目的に向けて、あなたを開放し、さらなる喜びと調和と豊かさに満ちた人生をもたらしてくれます。リラックスして集中した精神状態、つまり自分のハイアーセルフ・魂とつながりをもてる精神状態に到達することで、どのように物事を引き寄せるかを、これからお教えしましょう。さらに、エネルギーに働きかけて豊かさを引き寄せる方法もお伝えしていきます。それらのテクニックは強力で、確かな成果を上げます。

あなたがこれまでに行ってきたことはすべて、次のステップに進んで、人生のあらゆる方面でお金と豊かさをさらに引きつけるために必要だったことです。望みを実現する方法を理解するための道のりを、自分がどれだけ進んできたかを評価してください。その次のステップに進むために、あなたは長年にわたって経験と理解を深め、実現した物事をもとに基盤を作ってきたのです。あなたがすでに大きな成功を収めていることを認めると、その成功はさらに増えていきます。

この本の霊的原理に従ってそれを活用するとき、あなたは世間の景気や人間が作った状況に影響される必要がなくなります。あなたは、独自の豊かな経済的環境を創造することができます。内なる導きに耳を傾け、それに従って行動すれば、周囲でどんな経済的問題が起こっていても、あなたは成功するでしょう。

たとえ景気が停滞しているときでも、あなたには豊かに暮らすために必要なすべての導きが送られています。もし人々が仕事や多額のお金を失うことがあるとすれば、それはただ、その仕事やお金が本人にとって最善の物事をもたらさないという理由があるからです。つまり、そういった出来事は、何らかの形でその人の人生を好転させるのです。もし何かが本当にあなたのより大きな幸福に役立っているのであれば、それが取り去られることはありません。

お金を生み出して維持するために従うべきお金の法則は、二種類あります。一つはお金の霊的法則で、それに従えば、あなたはお金と豊かさを引きつける磁力となり、やってくるお金はあなたにとって最善の物事をもたらします。もう一つは人間が作ったお金の法則で、それには、財政計画、時間管理、現金管理、マーケティング、税金、ビジネス計画などが含まれます。

人間が作った現行のお金の法則を理解して活用するために適切なものがあれば、何でも学んでください。人間が作った法則に関しては、他でよく解説されているため、この本では扱いません。あなたは、霊的法則だけでもお金を生み出すことができます。しかし、自分の社会がお金について作った規則を把握しておくのもいいことであり、そうすることで、それらの規則とも調和できるでしょう。お金の霊的法則と人間が作った法則の両方と調和していれば、より少ないエネルギーでより多くのお金を引き寄せ、蓄え、生み出すことができます。

あなた方の多くは、お金を持ちながらスピリチュアルな道にいるという考えに、うまく折り合いをつけようとしています。そのような方は、お金を稼いだり使ったりするときに、自分の誠実さや思いやり、他の人への愛をこめてみてはどうでしょうか。あなたはお金を持ちながら、自分のスピリチュアルな信条に従うことができます。自分の魂の知恵に同調し、他の人たちに奉仕し、自身の回りのエネルギーを高次元の秩序と調和の中に注いで、より美しい状態にすると、お金は入ってきます。自分がどれだけ世界に貢献したかということに基づいて、繁栄を築いてください。貧しいほうが「高潔」なわけではありません。なぜなら、自分のライフワークを達成するには、しばしばお金が必要だからです。あなたが霊的に成長すれば、豊かさを実現する能力も向上し、その実現能力が、あなたのスピリチュアルな仕事を世に出す手助けをしてくれるでしょう。

お金は、途方もない力です。あなたのお金の稼ぎ方、蓄え方、使い方は、そのお金が自分と他人にとって「善を生む力」となるかどうかを決定します。お金を使うときに、それが「地球のためになる力」として活かされるような、新しい考えを持つことが大切です。形は思考に従います。ですから、新しい考えを持つことで、あなたは自分と他の人たちのために、お金の新しい現実を創造できるのです。あなた方一人ひとりが、お金についてのポジティブな考えを送り出し、この地球における「お金の高次のヴィジョン」を描くことで、影響力のある放送局の役を務めることができます。

不足や欠乏を信じることが、戦争を起こしたり、地球から必要以上のものを搾取したりすることにつながります。もしすべての人が自分に本来備わっている豊かさを創造することができれば、戦争をしたり、地球を傷つけたりする理由はほとんどなくなるのです。あなた方の新しい信念は、すべての人々のために豊かさを創造する方法、つまりあなた方がまだ考えついていない、太陽光線や他の無限のエネルギーを利用する方法について、新しいアイデアをたくさん引き寄せるでしょう。

宇宙の供給源は無限です。あなた方の技術を駆使すれば、この地球上のすべての人々が充分な食べ物、暖房、衣服、住居を持って生活できます。しかし、あなた方がそれを信じるまでは、その世界を経験することはないでしょう。まず、自分の必要はすべて満たせるのだと信じることから始めてください。あなたが持てるものには、制限がないのです！

「もっとお金と豊かさを引きつけよう」という意図を定めることによって、あなたは今この瞬間から、豊かさを引き寄せることができます。お金や豊かさを創造するという意図は、それらを実際に手に入れるうえでとても重要なステップとなります。少し時間を取って、自分がお金や豊かさに関してどのような意図を持っているのか、考えてみましょう。あなたは、豊かさを手に入れようと心に決めていますか？　経済的に豊かになって、欲しいものを持ち、お金を自分のために役立たせる心の準備ができていますか？

あなたが意図を定めることで、これから展開する一連の出来事を開始させることになります。あなたは、自分の意図を現実化するために必要なすべてのエネルギー、資源、アイデア、熱意、チャンス、人脈、インスピレーションを引き寄せはじめます。新しい環境が外の世界に現れるまで、多少の時間がかかるかもしれませんが、定めた意図を貫くことが大切です。心の中でしっかりと意図を保ち、浮かんでくる不安や疑念を払いのけましょう。「豊かになる」という意図を定めることで、あなたはそれを内なる現実にしているのです。それが外の世界でも現実になるのは、もう時間の問題です。

自分の人生には何かが欠けている、足りないなどという考えを手放してください。あなたがすでに人生に実現させた物事すべてに感謝する時間を作ってみましょう。今すぐ心を開いて、あなたから求められるのを待っている、宇宙の贈り物すべてを受け取ってください。しばらく手をとめて、今この瞬間あなたのために出番を待っている恵み、チャンス、考え、アイデア、エネルギー、インスピレーション、導き、その他どんなものでも受け入れようとしてみてください。

自分の創造する力、制限のない思考力、そしてずっと欲しかった物事すべてを追い求める能力を存分に活用してください。柔軟な姿勢で、ハートを開き、新しいものがやってくるのを喜んで受け入れましょう。あなたは自分自身を評価し、育み、今まで可能だと考えもしなかったものを持つことを自分に許可できるようになります。さあ、より高い次元で私たちと一緒になって、あなたが大いに受けるべき豊かさを、はっきりと求めましょう。今このときが、あなたの人生で最も楽しく豊かで創造的なときになりうるのです。

I　お金を生み出す

1章　あなたが豊かさの源泉です

静かに目を閉じ、自分が欲しかったもので、実際に手に入れたもののことを考えてみましょう。それを受け取る前と受け取ったあとの気持ち、たとえば、それを手に入れようという積極的な思い、それを手に入れるだろうという内なる確信、そしてそれを手に入れたときの喜びなどを思い出してください。あなたはいつも、自然に無理なく物事を実現しています。自分の思考と感情を使って、欲しいものを創造しているのです。物事の実現は、自分のアイデア、概念、ヴィジョン、夢を、内なる世界から連れ出して、五感で経験できる外の世界へ放つプロセスです。

「おそらく手に入るだろう」と確信しているものについて考えるとき、あなたはポジティブなイメージを描いています。あなたはそれを持っている自分を思い描くことができ、それを手に入れることに対する心配もしません。あなたはそれが欲しいと思い、それを持つという意図を定め、それを人生にもたらすために必要なことは何でもしようという気になります。まずは、自分がどのようにして小さくて単純な物事を創造するかを観察してみてください。自分にとって生み出すのが簡単な物事をイメージしながら、実現の技術を磨いていきましょう。

自分の創造能力に対して自信がついてくると、もっと大きく制限のないやり方で物事を実現する準備が整います。あなたが創造できるものには限界がありません。あなたは無限の世界に住んでいるため、何でも可能なのです。

私が自分の豊かさの源泉です。

あなた自身が、自分の豊かさとお金の源泉です。自分の感情、思考、意図を連動させると、欲しいものは何でも創造できるようになります。あなた自身が、自分の富の源泉です。仕事や投資、配偶者、両親は、あなたの富の源泉ではありません。自分の魂・ハイアーセルフの無限の豊かさと結びつき、高次の力（ときに神・女神、プレゼンス、在りとし在るもの、宇宙などと呼ばれる存在）とのつながりを開いて、内なる平和、喜び、愛、幸福、活気といった「高い質」を表現して放射することで、あなたは自分の豊かさの源泉になるのです。

お金や物を持つことは、それらを生み出すプロセスを習得することほど重要ではありません。そのプロセスを習得してしまえば、あなたが経済的に成功する能力は、景気や外部の状況に左右されなくなります。なぜなら、あなたは欲しいものを欲しいときに創造できるようになるからです。豊かさを創造することを学ぶのは、成長のプロセスです。それを学ぶうえで、考え方を変えたり、自分が持つに値する物事に対して、自分の信念を広げたりすることが必要になる場合があるからです。

新しい物を一つひとつ得るプロセスは、それが車であれ、家であれ、高月給であれ、あなたに成長と学びと新しい技術をもたらしてくれます。このプロセスを習得するにつれて、あなたは自分が生み出すお金や物事を、もっと有効に活用できるようになります。つまり、意識を拡大するための手段、もっと豊かに自己表現するための手段として、お金や物事を活用できるようになるのです。

あなた方の科学機器ではまだ測定することはできませんが、あなたの思考には実体があります。自分の思考を「磁石」として想像してもいいでしょう。その「磁石」は、世の中へ出かけていき、自分と一致する物質を引き寄せます。すなわち、その磁石は自らを形の中に具現化するのです。あなたの周りのあらゆるものは、それが現実に生まれる前は、誰かの頭の中にある「思考」でした。車、道路、家、建物、都市も、現実化する前は、すべて思考として存在していたのです。

あなたの思考は、これから創造されるもののモデル（ひな形）を作ります。そして、あなたの感情が、その思考にエネルギーを与え、それを内なる世界から外部世界へと駆り立てます。感情が強ければ強いほど、あなたは考えていることをより早く創造します。あなたの意図は、欲しいものを実際に手に入れるまで集中力を保ちながら、自分の思考と感情を導きます。

私は自分の愛するものに意識を集中して、それを自分に引き寄せます。

思考はあなたが引き寄せるもののモデルを作るので、自分が欲しくないものではなく、欲しいものについて考えることが大切です。自分の望みとは反対の物事を恐れたり、憎んだりしても、望んでいるものは得られません。たとえば、貧しい生活を嫌ったところで、裕福な生活は生まれないのです。それが何であれ、あなたは自分が意識を向けるものを手に入れます。なぜなら、エネルギーは思考に従うからです。お金と豊かさを手に入れることを愛すれば愛するほど、あなたはそのイメージを膨らませ、結果、それを自分に引き寄せます。

また、ポジティブに考えることも大切です。前向きな感情や思考は、自分の欲しい物事を引き寄せます。ネガティブな感情は、欲しい物事をもたらしません。反対に、あなたが欲しくない物事だけをもたらします。自分の欲しい物事についてポジティブに考えながら、静かな思索の時間を過ごしてください。問題や心配事についてクヨクヨ悩んでばかりで、高次の考え方をしていないとき、あなたは豊かさを遠ざけています。

だからといって、自分のネガティブな思考について悪く思わないでください。なぜなら、ネガティブな思考を恐れたり嫌ったりしていると、その思考にもっとパワーを与えてしまうからです。まだことの良し悪しをわきまえていない小さな子どもに接するように、ネガティブな思考に対応してください。ただほほ笑みかけて、より良い思考になれる道を示してあげましょう。もしネガティブな思考に気づいたら、その横にポジティブな思考を置いてください。たとえば、「私には充分なお金がない」と言っている自分に気づいたら、「私には充分なお金がある」とただ言い直してみましょう。

私の思考は愛にあふれ、ポジティブです。

ポジティブな考えは、ネガティブな考えよりもはるかに強力です。一つのポジティブな考えで、何百というネガティブな考えを帳消しにできます。ネガティブで次元の低い考えを実現させることが、あなたの成長に何かしら役立つ場合は別ですが、あなたの魂はそうしたネガティブな考えが現実化するのを防いでくれます。あなたは自分の魂と宇宙に愛され、守られています。あなたの考えがよりポジティブになり、その次元が高くなってくると、あなたの魂はそうした考えをどんどん実現させるでしょう。そして、あなたが進化すればするほど、現実を創造する思考のパワーはますます強くなり、より高次の考え方をするというあなたの責任も増すのです。

もっと前向きに考えられるようになるための、効果的な方法がたくさんあります。たとえば、光——物理的な光のイメージ——を心の中の映像に入れてみましょう。また、ネガティブな考えを消したり溶かしたり、ポジティブな考えを膨らませたりするのもお勧めです。

ここで少し時間を取って、何か欲しいもののことを考えてみましょう。なぜ自分がそれを「持つことができない」と考えていたのか、その理由を一つ選びます。では、その考え（理由）が消えていく様子を想像してみてください。あるいは、黒板に書かれているその考えを自分が消している様子、またはその考えを風船に入れて、それが流れ去る様子を想像しても構いません。どんな方法でもいいので、あなたの心に浮かんだやり方で、その考えを自分の現実から取り除いてみましょう。

さて今度は、なぜ自分がそれを「持つことができる」のか、その理由を考え出してください。その考えが書かれているところを思い描き、その周囲に白い光を照らします。誰かがその考えを美しい声であなたに読んで聞かせているところを想像してみましょう。そして、あなたが欲しいものを受け取っている場面、あるいはそれを持っている場面を心の中でイメージし、もう少しで触ったり、匂いをかいだり、見たり、感じたりできるくらい、そのイメージを体感してください。次に、イメージを大きくしてみましょう。そのイメージをただ観察するのではなく、自分がその中で自由に動けるほどの実物サイズに拡大してください。

自分のネガティブな考えを消すことで、その考えが持っている、現実を創るパワーを奪うことができます。そして、自分のポジティブな考えをもっと鮮明に現実的に描くことで、その考えが持っている、欲しいものを創る力を高めるのです。

欲しいものについて繰り返し考えていると、大きなパワーが生まれます。過去に自分の欲しかったものを手に入れたとき、あなたはおそらく、それについて繰り返し考えたはずです。自分が創造したい物事を繰り返し考えていると、そのアイデアをしっかりと潜在意識に植えつけることになります。すると潜在意識は、あなたが考えていることを運んでくる仕事に取りかかります。ですから、確固として揺らぎのない考えを持っておくといいでしょう。

アファメーションとは、何度も繰り返されるポジティブな思考のことです。繰り返された思考は、直接あなたの潜在意識へと向かいます。潜在意識に届いた思考は、その中であなたの現実になりはじめます。たとえば、「私には無限の豊かさがある」というように、欲しいものを現在形で明言し、自分のポジティブな宣言を何度も繰り返してください。

世の中には、あなたの不安や心配を増大させる感情や思考をもつ人々がいます。あなたのネガティブな考えの中には、そうした人たちから影響を受けているものもあるかもしれません。たとえば、あなたは自分の経済状態について何の問題も感じていなかったのに、お金に苦労しながら不安を抱えている友人と話したあとで、自分の将来的な経済状態を心配しはじめることがあります。このことに思い当たったら、自分が他の人の考えに影響されたのだということに気づいてください。そして、自分は豊かな世界に住んでいて、自分の宇宙ではすべてが完全であるということを、思い出してください。

人々の集団は、あなたの考えに影響を与えうる強力な思考形態を生み出します。たとえば、景気への不安を抱えている人たちがいます。彼らは、不況がやってくると考えます。もしあなたが景気について心配しているのなら、無意識に彼らの考えや恐怖に同調して、その心配がまるで自分のものであるかのように反応しているのかもしれません。あなたがどこにいようと、大変な不況の時代に暮らしていると感じる人もいれば、かつてない最高の時代だと感じる人もいます。

経済がどのような状況にあろうとも、あなたが自分の繁栄を作るのです。あなたの課題は、自分の将来の経済状態について、ポジティブな考えを維持すること、そして大勢の人の意見に惑わされないようにすることです。たとえ最悪の不況時代であっても、経済的に成功する会社や人が存在します。あなたが、自分の豊かさの源泉です。あなたは、経済や他の外部状況に関係なく、豊かで明るくすばらしい生活を送ることができるのです。

私の選択と可能性は日々広がっています。

あなたの考えがあなたの現実を創造するので、大きく無限に考えられるようになると、自分でより良い人生を創造できます。無限の思考は、創造性を高め、可能性を広げ、チャンスを引き寄せ、あなたがさらに多くを手にすることを可能にします。無制限に考えることによって、あなたは自分が望む豊かさを受け取ったときに味わうであろう感覚を、先に経験することができます。実際の経験に先立って味わうその感覚は、あなたに豊かさをもたらす伝達手段です。自分が描いたヴィジョンを使って、より大きな可能性に心を開いてください。

無制限に考えていると、自分の人生をより広い視野で見ることができ、ハイアーセルフが描く、より豊かなヴィジョンとのつながりが確立します。無限の思考は、自分の潜在能力を存分に発揮できるよう助けてくれます。すべての偉大な仕事は、ヴィジョンから始まります。

子どもがいる方は、しばしば、我が子について制限のない考えにふけりながら、その成長した姿や成し遂げるであろう偉業のヴィジョンを、その子の周囲に張りめぐらせます。そして、その子が「自分にとって最高のものを何でも創造する力がある」と認識できるよう導きます。誰かを愛しているとき、あなたは相手の潜在力に気づき、本人がその潜在力を発揮するのを手伝います。

制限なく考えるということは、自分自身のためにも同じように輝かしいヴィジョンを描くことであり、自分の潜在力を認めて発揮することを意味します。未来のことを考えるたびに、あなたは可能な方向性を生み出しているのです。

自分の可能性を広げるためには、夢が叶う場面を想像するといいでしょう。なぜなら、あなたの夢や空想は、自分の可能性を示しているからです。あなたの夢は、理由があってそこに存在しています。つまり、夢はあなたをこの地上でのより高い次元の道へと案内しているのです。自分にとって何が可能かを思い描くときは、そのヴィジョンを大きく描いてください。夢は大きく、そして視野を広げて考えましょう。

事業を立ち上げようと考えている方は、自分が手に入れられそうなもの、自分にできそうなことを考えるとき、妥協しないでください。たとえば、一週間に一人のクライアントに奉仕しようと考えているのなら、その人数を五人に増やして考えてみましょう。また、一年以内に事業を始めようと考えているのなら、一ヶ月以内に始めるのはどうかと考えてみます。今日から一年経ったつもりになって、自分がその一年で達成したことすべてを振り返ってみましょう。その一年間で、あなたは何を達成しましたか？

私は自分の想像を愛し、信頼します。

考えを広げるということは、想像力を発展させるということです。あなたの想像力は、自分が考える以上に活動範囲が広く、あなたの魂と最も密接な関係にあり、あなたの過去のプログラム、信念、恐れに縛られていません。あなたに想像力が与えられたのは、自分の物質的世界を超えることを可能にするためです。想像力は、個人的限界から抜け出して、自分の最大の可能性を引き出す能力を与えてくれます。あなたの想像力は、あらゆる次元や世界を移動できます。そして、あなたのために無限の未来の進路を創造することができ、さまざまな選択によって起こりうる結果を見せてくれるのです。

想像力を発揮して、空想したり夢に描いたりする能力を使ってみましょう。「それは不可能だ。絶対にできない」などと考えるのではなく、いろいろな可能性を探ってください。自分に満足感を与えてくれる、手に入りそうなものを一つだけ考えるのではなく、多くの可能性を考えてみましょう。望ましい結果を一つだけ想像するのではなく、「起こりうる最良の結果は何だろう」と自分に訊いてみてください。

起こりうる最良の結果を想像したあとで、さらに良い結果を想像してみようと、自分をもう一押ししてください。何かを想像している自分に気づいたら、そのイメージをさらに大きくしたり、手直しできるかどうか試してみましょう。もっと大きなことを、広い視野で考えてみるのです！　手に入ると思っている以上のものを求めてみましょう。想像力を膨らませ、イメージを広げ、新しいアイデアと遊んでください。自分が持てると考えたものに対して、自ら設けた限界を超えられるかどうか、挑戦してみましょう。

私は無限の存在です。
私は欲しいものを何でも創造することができます。

無限に考える練習を始めると、以前の考えがまだ自分の現実を創造していることに気づくかもしれません。あなたは新しい無限の考えを送り出しているのに、依然として、過去の制限された考えによる結果に出合うこともあるでしょう。しかし、すぐに結果が出ないからといって、がっかりしないでください。古い思考パターンはしだいに去っていき、あなたは自分の新しい考え方による結果を経験するようになります。

地球次元では、直線的で連続的なやり方で物事を実現することを学びます。あなたは自分の欲しいものについて考え、それを思い直したり、試したりすることができます。場合によっては、「ちがう、これは本当に欲しかったものではない」とか、「次に考えるときは、別のものを求めよう」などと考え直すこともできます。あなたには、自分が創造するあらゆる物事を楽しむチャンスがあります。

地球次元は、特別な場所です。地球にいるからこそ、あなたは周囲で物事が実現する前に、自分の思考を明確にする練習ができるのです。物事の中には、実現するのに思ったよりも時間がかかるものがあり、あなたはそれを不満に思うかもしれません。しかし、たいていの人は、もし考えた瞬間にすべての物事が実現したら、残念に思うでしょう。ほとんどの場合、あなたは何かを得るまでに、成長というプロセスと、欲しいものを明確にするプロセスを通過しています。

自分が可能だと考えていることの規模を、思いきって大きくしてみましょう。そして、それを創造する技術をまだ習得していなくても、心配しないでください。考えを大きくしていくと、夢を実現させる能力も向上します。想像力の幅を広げ、新しい領域を開き、自分に可能だと考えていることを超えていくと、あなたは無限の豊かさへの道をどんどん切り開いていきます。

それが実現する可能性を信じられないのなら、あなたがそれを得ることはありません。しかし、それは可能かもしれないというほんの小さな考えでも持てるのなら、あなたはそれを創造する道をすでに進んでいます。持てると信じることができなければ、それを創造することはできません。

心の中で自分の夢を生きることです。欲しいものを手に入れている自分を想像し、感じてください。夢が叶ったときに、あなたが他の人たちに言うであろう言葉、そして他の人たちがあなたにかけるであろう言葉を、想像の中で聞いてみましょう。自分の想像が、単なる甘い考えや遠い空想ではなく、実現可能だと感じられるくらい現実的に、イメージを描いてください。

ヴィジョンを描き、夢を見たり空想したりすることを自分に許し、目標に到達するための、実行可能で単純かつ具体的な手段に毎日集中してください。そこにたどり着くための、具体的で実行可能なステップが必ずあります。たとえば家の掃除をしたり、書類をまとめたりすることが、自分のヴィジョンを生み出す次のステップになることもあります。

私は自分と他の人たちのために、豊かさをイメージします。

自分が欲しいものをすべて持っているところをイメージしてください。やりがいのある仕事、銀行預金、すばらしい人間関係など、あらゆる望みを叶えている自分を描いてみましょう。そして、自分がどのように身近な人たちのためになるのか、描いてください。あなたの知り合い全員がお金に不自由していなくて、人生がうまくいっているとしたら、どんな感じがするか想像してみましょう。もっと多くを求めることができるか、試してください。それも、自分のためだけに求めるのではなく、人類すべてのために、より多くを求めてみましょう。

たとえば、もっといい仕事をずっと望んでいる人は、同じく仕事を探している人たち全員にいい仕事が見つかることを想像してください。また、より大規模な方法、たとえば自分のクラスにもっと生徒を引き寄せるといった形で、より広く貢献したいと思っている人は、同じく生徒を増やすことで、貢献の範囲を広げたいと思っている人たち全員が成功しているところを想像してください。そのように想像することによって、この宇宙にはすべての人々にとって本当の豊かさがあることを学び、あらゆる人々の豊かさと自分の豊かさを結びつけることができます。自分の考え方を広げて、そこに他の人たちのことも招き入れ、全員の豊かさを想像するとき、あなたは豊かさがやってくる道をさらに多く開くのです。

無限の考えとは、ただ単に大きく考えるだけではなく、創造的に考えることも意味します。それは、手に入る可能性があるものすべてを持っている自分を想像してみるということです。うれしい驚きに心を開いてください。なぜなら、あなたのハイアーセルフは、あなたが可能だと考えた方法よりも大きく良いやり方で、欲しいものを実現してくれるかもしれないからです。自分が持つのに最適なものは何でも届けられるのだということを、どうか信頼してください。

あなたの考えの背後にある感情が、実現のスピードを決めます。あなたが何かを本当に欲しいと思っているのなら、欲しいかどうか曖昧に思っているときよりも、それはずっと早くやってくるでしょう。欲しいものを持つことに対して、気持ちを高めてください。もう少しでそれを触ったり、見たり、それが実現したときに感じるであろう気持ちを実感できるくらい、生き生きとそれを描いてください。頻繁に、そして一心に欲しいもののことを考えながら、それと同時に、執着心を進んで手放し、どんな形であっても一番良い方法でそれが来るのを待ちましょう。

欲しい物事を実現させるためには、それを創造するのだと決意してください。つまり、欲しいものを得ることは自分にとって重要であり、それを得るためなら一定量の思考とエネルギーを注ぐことを厭《いと》わないと決心するのです。何かを手に入れようというあなたの決意が、自分のエネルギーの方向を定め、それをゴールへと集中させます。自分がイメージしているものに注意深く意識を向けて集中し、たとえ他の活動をしているときでも、それを頭の片隅にとどめておくことで、あなたはそれを創造します。

何かを持つことにしっかり集中し、それを持とうという決意が明確で強いとき、あなたは求めるものをより早く創造します。そしてチャンスが訪れたとき、あなたはそれを敏感に察知して、機に乗じることができ、楽しく簡単に物事を引き寄せるのです。あなたが今すぐ欲しいものを考えてください。あなたはそれを手に入れようと決意していますか？　たとえ他の活動をしているときでも、それについて考えていますか？

あなたも過去に、何かを手に入れようと本気で決意し、自分の価値観と品位を裏切らない範囲内で、それを得るために必要なことは何でもしたという経験があるでしょう。あなたは障害を乗り越えました。自分がそれを手に入れることを、先に知っていたからです。そのときあなたは、それについてポジティブに考え、それを手に入れるのが待ちきれなかったはずです。反対に、手に入れたいのかどうか決めかねているものを生み出そうとしたときは、障害が現れたとたんに、おそらくあなたはあきらめたのではないでしょうか。自分が欲しいものはあまりに遠い、手が届かないと考えているのなら、あなたの決意は明確ではありません。

何かを手に入れようと明確に決意すると、あなたはその欲しいものに狙いを定めたレーザー光線のようなエネルギーを生み出します。何かを手に入れようと決意すれば、あなたはそれを手に入れます。

私の夢は実現します。

1 エクササイズ　くつろぎ、集中し、視覚化することを学ぶ

視覚化とは、想像力を働かせて、欲しいものを得る前にそれを思い描くことです。拡大した、制限のない思考を実感できればできるほど、あなたはますます簡単にそれを創造できます。想像力は、エネルギーを生み出す最も強力な手段です。想像力を使うときは、できるだけ創意工夫に富むこと以外、何の規則もありません。あなたはいつも視覚化する能力を使っています。何かを生み出す前に、あなたはそれを心の中でイメージしています。何かをすでに持っているふりをしていると、あなたはそれと調和しはじめ、それを持っている感覚を自分の現実に持ちこみます。この感覚が、それを引き寄せはじめるのです。

たとえ自分が考えていることを実際にイメージできなくても、心配しないでください。なぜなら、何かを想像するとき、すべての人が心のイメージを見るとは限らないからです。想像したものを感じる人もいれば、その感覚をつかむ人もいます。それについて考えるだけの人もいるでしょう。さまざまな度合いの鮮明さや色を心に描く人もいます。欲しいものを創造するために、はっきりと心のイメージを見ることは必要ではありません。しかし、ほとんどの人は、練習するにつれて、より簡単に視覚化できるようになります。

集中するとは、他のことを何も考えずに、自分の心にある考えやイメージをしっかり持つこと

です。1回に数分間、自分の欲しいものにしっかり焦点を合わせて集中すると、それを引き寄せる速度が増します。次のエクササイズは、くつろいで集中し、視覚化するためのものです。4章で、エネルギーに働きかけ、物事を引きつけるエクササイズをするときも、このエクササイズを基礎準備として行ってください。

準備

少なくとも15分間、邪魔の入らない時間を選びます。周囲に楽しく心地よい環境を作ってください。穏やかで心が和む音楽をかけてもいいでしょう。宝石やクリスタルなど、手の中におさまる、お気に入りの小さな物を近くに用意しておいてください。

ステップ

1 椅子か床に座って、10分から15分の間、楽に保てる姿勢を見つけてください。可能なら、体全体に充分なエネルギーが流れるように、背筋を伸ばしましょう。目を閉じて、静かにゆっくりと呼吸しはじめます。胸の上部に向けて、ゆっくりとリズミカルに、連続して20回呼吸してください。

2 体を楽にします。穏やかに、落ち着き、静かになっていく自分を感じてください。想像の中で、自分の体中をくまなく移動し、あらゆる部分を楽にしていきます。心の中で、足、脚部、腹部、胸、腕、手、肩、首、頭、顔を楽にしてください。あごを少しゆるめ、目のまわりの筋肉をリラックスさせます。ますます落ち着いていく自分を感じてください。過去にすばらしく安らいだ気持ちになったときのことを思い浮かべ、今、その感覚を体に与えてみましょう。

3 目を閉じたままで、自分の家の一室を思い浮かべてください。その部屋のことを、どのように思い出していますか？　まるで映画のスクリーンを見ているように、その部屋を眺めていますか？　それとも、まるで実際にその部屋に立ち、そこにいるかのように、自分の目で部屋を見ている感じでしょうか？　自分の周りにその部屋を感じますか？　それには色がついていますか？　家具の配置まで再現できますか？　その部屋を歩き回っている自分を想像できますか？　できるだけ鮮明にその部屋のイメージや感じを思い出してください。1分ほど経ったら、そのイメージが消えていくのに任せます。

4 目を開けて、先に選んでおいた物を手に取ります。それをよく見て、その色、形、重さ、感覚、質感、その他できるだけ多くの細かい点に気づいてください。数分後、それを下に置いて、それを持っていたときと同じ位置に手を置いて目を閉じます。では、心の中でその物のイメージをできるだけ細かく再現してください。目を閉じたままで、その色や質感、形、重さを思い描いたり、それが手の中でどのような感触がしたかイメージできますか？

5　では、何か小さい物で、欲しいと思っているけれども、まだ持っていないものについて考えてください。このエクササイズでは、今までに見たことがある物を使いましょう。目を閉じたままで、できるだけ完全にそれをイメージします。それはどんな感じがするでしょうか？
それはどんな色と形をしていますか？

6　自分が今、視覚化した物のことを考え、それよりもっと良い物を想像することによって、想像力を広げる練習をしてください。自分が持てると考えた物よりも、さらに良い物を手に入れているところを想像してみると、どんな感じがしますか？　もちろん、あなたが初めに視覚化した物が、まさしく欲しい物であるならば、それ以上に良い物を求める必要はありませんが、ここでは想像力を広げる練習をすることが大切です。

7　人生に実現させたいこの物について考え、心を集中させてください。1分から2分かけて、他のことは何も考えずに、それについて考えます。もし自分が望まない考えが浮かんできたら、ただその考えを泡の中に入れて、それが浮かび去るところを想像しましょう。

8　心が落ち着き、くつろいで、現実に戻る準備ができたと感じたら、ゆっくりと部屋に注意を戻します。そして、落ち着いて平和な自分の状態を味わい、楽しんでください。この明るさと鮮やかさが増した視点で、周りの世界を眺めてみましょう。

評価

エクササイズを行う前より落ち着いて、くつろぎ、精神的に安定しているように感じるなら、物事を引きつけるのに必要な意識状態に到達したということです。落ち着いて集中すればするほど、そしてあなたの思考の次元が高ければ高いほど、4章で欲しいものを引きつけるときに、より良い結果を得られるでしょう。反対に、くつろげず、中心が定まらないように感じるなら、くつろいで中心が定まったと感じるまで、このエクササイズや他の瞑想を行ってください。

自分が物事をどのように視覚化するのか気づいてください。あなたはその対象を感じますか？　それとも見ますか？　それには色がついていますか？　どのくらい鮮明にイメージしていますか？　欲しいものの内なるイメージや感覚を経験できるまで、練習を続けてください。自分の視覚化能力に満足し、欲しいものに数分ほど集中することができたら、次の章に進みましょう。数分間も集中力が続かなかった場合は、次の章を読みながら、あと何回か集中するエクササイズを楽しんでみてください。

2章　豊かになる

意識的に自覚しているかどうかはさておき、あなたは心の奥底で、成長と生き生きした感覚を求め、自分の可能性や潜在力を引き出したい、最大限に輝きたいと願っています。ほとんどの人は、喜びや愛、安心感、創造的な自己表現、楽しく意義ある活動、そして自信にあふれた生活を求めています。生活にこれらの要素があればあるほど、充実感が増し、自分の可能性を存分に発揮できるようになります。物事を実現することの重要な一面とは、自分の一番の願いを満たしてくれる物事で、かつ自分の成長を助け、望みうる最高の人生を送るための手段となってくれる物事だけを創造できるようになることです。

それが一足の靴であれ、新しい家であれ、多額のお金であれ、新しい何かを創造したいという気持ちが生まれるのは、あなたが成長し、自分の可能性をさらに発揮する準備ができているからです。ほとんどの人は、お金を得ることで、必要が満たされ、今はまだ持っていない感覚、質、状況を経験できるようになると考えます。お金がたくさんあれば、生き生きとした感覚、幸福感、自尊心、心の平穏、愛、パワー、安定を得られると思っている人もいます。お金があれば、心配事から解放され、のびのびと遊ぶことができ、したくないことをしなくても済むと考えるのです。

お金と物は、それだけで自動的にあなたの欲求を満たしたり、あなたが望んでいる気持ちを与えてくれたりするわけではありません。「もっとお金があれば、心の平穏を得られるだろう」とあなたが考えているのだとしたら、心の平穏という「質」を人生に招き入れることが、さらにお金を引きつけるための鍵となります。たとえば、生き生きとした感覚、平穏、自尊心など、もっとお金があれば得られるだろうとあなたが考える質こそが、さらにお金や豊かさを引きつけるために高めるべきものなのです。不足を補うために創造するものとしてお金や物事を考えるのではなく、より豊かに自己表現するための手段、そして自分の可能性を発揮するための手段として、お金や物事を考えてください。

ある人が、百万ドルを生み出したいと思っていました。彼は、そのお金をどう稼ぐかについては関心がありませんでした。彼にとって百万ドルとは、自分の人生を魔法のように完璧なものにしてくれるだろうと考えた金額にすぎなかったのです。自分では気づいていませんでしたが、実のところ、彼はもっと生き生きしたくて、そのお金を求めていました。しかし、その本当の理由を自覚していなかった彼は、「もっと生き生きするために、自分は何ができるだろう?」とは考えず、代わりに、自分にこう言い聞かせました。「たとえ仕事が楽しくなくても、もっと一生懸命働こう。好きなことをする時間を減らせば、必要なお金を稼ぐためにもっと長く働ける。今すぐの楽しみをあきらめよう。百万ドルを得たら、何でも手に入るのだから」と。

彼は、仕事に行くのがますますイヤになっている自分に気づきました。そして、自分の仕事を嫌っていたので、それに全力を尽くさず、昇進からも外されてしまいました。
彼は、数々の「手早く金持ちになるためのプログラム」を耳にしては、そのいくつかに余分なお金を注ぎました。しかも、そのために数枚のクレジットカードを使って、借金までしました。残念ながら、結果はうまくいかず、彼は多額のお金を失いました。二十年後、彼は相変わらず同じ仕事をしていて、職場で評価されないと文句を言いながら、豊かで幸せな生活をつかむための魔法の鍵となるであろう次の「手早く金持ちになるためのプログラム」を探し求めています。彼の計画では、お金を手に入れてから、自分がつねづねやりたかったことをすべてやるはずでした。しかし彼は、自分を生き生きと感じさせる物事をしなかったため、求めていたお金を得ることは決してなかったのです。

私は豊かな宇宙に住んでいます。
私はいつも必要なものをすべて持っています。

しばらく手をとめて、今は持っていないけれども、もっとお金があれば得られるだろうと思うものは何か、自分に訊いてみましょう。多額のお金があれば、どのような深い欲求や願望が満たされますか？　安心感が増し、心配から解放され、よりシンプルに生活できるでしょうか？　自分がしたくないことをやめ、何の心配もせず、人生でしたいことをする自由が得られるでしょうか？　たとえば心の平穏、愛、自尊心、健康、幸福など、どのような「高い質や快い感覚」が増えると思いますか？　あなたの欲しいものが多額のお金ではなく、自分がまだ持っていない物や商品だとしたら、それはあなたの人生で、どのような必要を満たしてくれますか？　あなたの欲しいものが物質的なものでないとすれば、あなたはどのような高い質や快い感覚を、人生でもっと経験したいと思いますか？

あなたは今すぐ、これらの必要を満たしはじめることができます。自分が創造したいと思っている物がなくても、あなたは楽しく充実した生活を送り、自分のより大きな可能性を実現できます。あなたのより大きな幸福に役立つ物事の本質は、手の届くところにあるのです。宇宙は、「百万ドル稼いだあとでなければ、あなたは自分のためになるものを得られない」などと言いません。宇宙は、「あなたのより大きな幸福になるものは何でも、今すぐ手に入れることができる」と言っています。お金によって得たいものは何かを考えてから、そうした物事の本質を今すぐ得られる方法を考えてみましょう。

たとえば、お金を持つことで生活をシンプルにできると考える人もいますが、あなたが心の平穏、幸福感、内なる静けさといった、シンプルな生活を可能にする「質」を高めて表現すれば、今すぐにでも生活をシンプルにできます。お金それ自体が、シンプルな生活を与えてくれるわけではありません。それどころか、生活をシンプルにする「質」を人生にもたらすことを学ばなければ、お金は生活をシンプルにするどころか、むしろ複雑にしてしまうこともあります。シンプルな生活をずっと望んでいたのなら、それを実現するために、今すぐ何ができますか？

お金が手に入れば、楽しくない物事をやめられるだろうと期待する人もいます。楽しくない物事をやめる第一歩として、まずは自分をもっと尊重し、大切にすることを学んでください。手はじめに、自分が楽しんでいない小さな物事を、どうすればやめられるか考えてみましょう。そうすると、自分への敬意や尊重の思いが増し、自分が楽しめる物事だけをするようになります。

また、お金があれば、自分の問題も課題もなくせるだろうと考え、それが動機となってお金を稼ぎたいと思う人もいますが、あなたはこの世に生きながら、課題を避けることなどできません。しかし、苦しみながらではなく、喜びをもって楽々と課題を学ぶことはできます。内なる知恵と心の平穏という質を高めることで、自分の問題を成長するための機会として見ることができます。そうすると、お金で問題を解決する場合よりも簡単に問題に取り組めるようになるでしょう。

安心感を得たいがために、多額のお金を欲しいと思う人もいます。しかし、安心感は財を成すことからは生まれません。何百万ドルの大帝国を築き上げて、それでもまだ安心できない人もいます。実のところ、安心することを学ばなければ、より多額のお金は、不安や恐怖心を増大させてしまうこともあります。あなたにとって、安心感は、たとえば勇気などの質を向上させて、内なる導きを信頼することから生まれるのかもしれません。内面に安心感があれば、その感覚を反映した生活を創造できます。人生にもっと安心感を求めるのなら、しばらく手をとめて心を静め、どのような質を高めたらもっと安心感を得られるのか、自分に訊いてみましょう。

お金があれば、もっとパワーを感じられるだろうと考えて、お金を求める人もいます。私たちがここで言うパワーとは、他人を操ったり支配したりするエゴのパワーではなく、「真の力」のことです。真の力は、高みを目指して、心の平穏を手に入れ、自分の可能性を発揮し、自分の人格ではなく魂の光から行動することによって生まれます。もし、自分の求める質を増やせるとしたら、どのような質があなたの個人的なパワーをより強く感じさせてくれると思いますか？　それらの質を表現する方法を見つけて、それを頻繁に試してみてください。

私は自尊心、心の平穏、愛、健康、幸福を放ちます。

あなたが「もっとお金があれば、得られるだろう」と思う高い質を、自分の言動にこめて、自分の在り方を通して表現していると、あなたのその新しい意識レベルを物理的な形として表すお金と物を引きつけるようになります。愛、心の平穏、健康、幸福、勇気、個人的な力、自尊心など、どんな高い質でも、それをさらに高めることで、あなたの波動が変わり、その新しい波動に合うものは何でも引きつけられるようになるのです。そして、より多くのお金だけではなく、あなたの新しい成長レベルを表現するのに役立つ、あらゆる形を引きつけるようになります。あなたは、自分が欲しいと知っている物事を引き寄せるだけではなく、自分がその物事を必要としていることを自覚する前に、それを招き寄せるようになるでしょう。そして、自分が求めていたものよりさらに良い物事を引き寄せ、身の回りのあらゆることが、あなたの本質に合うようになります。

ある人が十五年間抱いていた目標は、百万ドルを手に入れて、引退し、のんびりした生活を送ることでした。ある日彼は、自分が相変わらずその金額にほど遠いことに気づきました。彼はそれまでに、思いつくかぎりの方法を尽くして、お金を稼ごうとしてきました。さまざまな投資もしましたが、結果はあまり伴わず、精いっぱい働き、引退に備えてわずかなお金を貯金してきました。

彼は時間を取って、いったい百万ドルが自分に何を与えてくれるのだろうと考えてみました。そうして、そのお金があれば、のんびりする時間や好きなことをする自由が得られるのだと思い至りました。そこで彼は、まずはお金がなくても、くつろぐ時間や自分が好きなことをする時間を見つけようと決心しました。なぜなら、そのお金が入ってくるのを待っていたら、いつまで経っても自分が望む生活をできそうにないと思われたからです。

くつろぐ時間を取ろうといろいろ試したあと、彼は「自分を尊重する」という質を高める必要があることに気づきました。というのは、彼がのんびりしたり、好きなことをしたりする時間を作ろうとすると、必ず義務や仕事などが出てきて、邪魔されたからです。彼は、「自分を尊重する」とは何を意味するのか考えてみて、それは、一人静かな時間を過ごし、楽しめる趣味を追求する許可を自分に与えることだという結論に達しました。そこで彼は、昔演奏するのが好きだった楽器をまた始めてみました。

一人の時間を増やしてみると、すばらしい旋律と詞がたくさん頭に浮かんできたので、彼はそれらを録音しました。好きな音楽を追求するにつれて、彼は自分の創造性が人生の他の領域でも広がっていることに気づきました。彼は、自分をますます尊重するようになりました。仕事でも昇進し、もっと収入のいい仕事の申し出があったので、それを引き受けました。ついに彼は、自分が作曲した音楽をいくつかの映画会社に売り、それまで経験したことがないほど大きな富への道を歩むことになりました。自分を尊重するという質を高めることで、彼は求めていたお金の他に、愛する仕事、充実感と満足感のある生活、自分のより大きな可能性と高い技術を発揮するチャンスなど、すばらしい物事を創造したのです。

私は喜びや生き生きとした感覚、自己愛を通じて、お金と豊かさを生み出します。

お金によって満たしたい自分の欲求を理解し、お金がもたらしてくれるだろう高い質に共鳴していれば、それらの質を高めようと取り組んでいるうちに、あなたが引き寄せるお金や物事は、喜びと自己達成感を運んでくるようになります。反対に、何かを手に入れても、それを使って自分がどのような深い欲求と高い質を表現したいかがわかっていなければ、たとえその何かを引き寄せることができても、あなたはそれに満足しないかもしれません。

あなたが今、かつてないほど多くのお金を稼いでいたとしても、収入が低かったときに比べて「今のほうが豊かだ、金持ちだ」などとは感じないかもしれません。内面の欲求が満たされていなければ、どれだけお金があっても充分だとは感じないものなのです。

他者に敬意を払わず、強欲からお金を作り出すこともできますし、満足のいく生活につながらない、他の目的を持ってお金を作り出すこともできます。多額のお金を引き寄せるために、必ずしも成長して、自分の可能性を発揮する必要はありません。しかし、あなたがお金や物事を生み出すやり方は、あなたが経験する課題と成長を決定します。たとえば強欲な思いでお金を生み出すと、そのお金は他人に狙われたり、すぐになくなってしまうこともあります。そして、心配や恐怖心など、強欲にまつわる教訓をたくさん学ぶことになるかもしれません。あなたが引き寄せるお金は、あなたがそのお金によって解決したいと思っている問題をさらに大きくしてしまうこともあるのです。

私が行うことはすべて、生き生きした感覚と成長をもたらします。

あなたがお金によって満たせるだろうと思っている深い欲求と、もっと頻繁に味わいたいと思っている高い質を認識さえできれば、さまざまな方法で、その欲求を満たし、高い質を表現できるようになります。一つの方法は、自分が望んでいる感覚を経験させてくれる活動をすべて心の中でリストアップし、それらをもっと頻繁にしてみようと決心することです。

たとえば、もっと生き生きした感覚を味わいたいと思っているのなら、友人や家族と過ごす充実した時間や、公園での散歩、おもしろい映画、そして創造的な趣味に費やす時間などが、生き生きとできる活動だと思うかもしれません。自分が生き生きとできる活動を認識できたなら、それをもっと頻繁に行ってください。お金が与えてくれるのは「生き生きとした感覚だ」と思うのなら、自分をもっと生き生きと感じさせてくれる物事を行うことが、お金と豊かさを引きつけることになるのです。

どんな活動をすれば、生き生きとした感覚（あるいは平穏など、他にあなたが求めている感覚）を経験できるのかわからない場合は、過去に自分がそういう感覚を覚えたときのことを思い出してみましょう。そのときあなたは何をしていましたか？　もし過去にあまり生き生きした感覚を覚えたことがないと思うのなら、自分の今の生活を見て、どんなに小さなことでもいいですから、どのような状況や活動がもっと生き生きした感覚をもたらすだろうかと考えてみましょう。まず、自分が本当に生き生きと感じている時間に焦点を合わせることです。そのとき自分がしていることを観察して、その活動をもっと頻繁にしてみましょう。その活動を土台にしていくと、生き生きと感じるための方法をさらに思いつくはずです。まずは自分が知っている方法から始めてください。

自分の技術がもっと上達するまで行動を控えてはいけません。なぜかと言うと、物事を実現する能力は、一歩一歩向上するからです。一度にすべてを手に入れようとしないでください。小さな一歩を進めていくことで、成功を積み重ねることになります。そうすると、あなたはますます生き生きと感じるようになり、やがてその感覚が新しい自分の一部になるでしょう。

ある女性は、自分が求めている質は生きている実感だと考えました。そして地域の大学でクラスを受講したり、一週間に何度か読書の時間を設けたり、浴槽でのんびりと体を温めたりすることで、生きている実感を得られるだろうと気づきました。

ある男性は、もっと心の平穏を感じたいと思い、それを自分に与えてくれるのは、習慣的な運動、ときどき週末に釣りに行くこと、そして道具をしまったり物を作ったりできる小さな作業場を自分のために作る時間だということがわかりました。

心の平穏、喜び、生き生きとした感覚など、自分にとっての高い質を頻繁に経験するようになると、あなたは自分の個人的な進化の次の段階に移っていきます。あなたは、より充実感を覚え、自分に満足するようになり、創造的な自己表現、楽しく意義ある活動、自己愛と自己価値と自尊心に満ちあふれた生活を創造できるようになります。お金が与えてくれるだろうとあなたが考えている「高い質」を表現すればするほど、あなたはより多くのお金のみならず、人生のあらゆる領域における豊かさを引きつけるようになるのです。あなたはパワフルで傑出した人です。どうか、自分は想像しうる最高の人生を送るに値するのだと信じてください。

そこに到達するプロセスとは、
そこにいることで得られる本質を実感することです。

2 エクササイズ　より高い質を表現する

このエクササイズを行うと、自分が高い質を備えているところ、その質そのものになっているところを視覚化して、その高い質をもっと頻繁に表現できるようになります。

準備

邪魔されずに、落ち着いて考えることができる時間と場所を確保してください。1章の「くつろぎ、集中し、視覚化することを学ぶエクササイズ」（以下「くつろぐことを学ぶエクササイズ」）で学んだように、体を楽にしてください。

ステップ

1　目を閉じて、自分の人生にもっと増やしたいと思う「高い質」を考えてください。たとえば、勇気、平穏、幸福、健康、愛などが挙げられます。「もっとお金があれば、得られるだろう」とあなたが考えている質を選ぶといいでしょう。その質を思い浮かべながら、自分がそれを感じていると想像してください。どんな感じがしますか？　その感覚を体で感じることができますか？　それを体で感じながら、自分の姿勢や呼吸のあらゆる変化に気づいてください。

2　あなたがその感覚を表現したり、経験したりしている未来の状況をイメージします。あなたがその質を経験できそうな、未来の架空の出来事（場面）を頭の中で設定してください。たとえば、人生にもっと心の平穏を得たいと思っているのなら、自分がよく経験するありふれた状況を思い浮かべ、その状況で心の平穏を感じている自分を思い描いてみましょう。そのイメージは簡単なものにしてください。それを心の中で何度も繰り返します。その状況で持ちたいと思っている感覚（質）を、まるで本当に経験しているかのように味わってください。

3　自分がどのようにその場面を描いているのか気づいてください。そこにいる人、自分が着ている服、自分がいる状況や背景などを描いていますか？　想像できるかぎりの詳細を、できるだけ多く心の中で描いてください。

4　もう一度、その場面のイメージを観察してください。その場面は明るいですか、それとも薄暗いですか？　そのイメージをもっと明るくし、その高い質の感覚に気づいてください。

5　あなたはそのイメージを、たとえば映画のスクリーンを見ているかのように、目の前の映像として見ていますか？　それとも、自分がそのイメージの中にいますか？　そのイメージは大きいですか、小さいですか？　それはあなたの目の前にありますか、遠くにありますか？

自分があたかもその中に立っているかのように、そのイメージを生き生きと描いてください。

6 もし誰かがあなたに話しかけているなら、彼または彼女の声を美しく、感じのよい豊かなものにしてください。映像のバックグラウンドに、たとえば自然の音、海の音、美しい音楽など、心地よく素敵な音色をつけ加えます。

7 その背景をさらに美しく心地よいものにしてください。心の中で、その色彩をもっと強烈なものにしてみましょう。その場面にある物を感じ、その匂いを想像してください。そのイメージをパノラマにして自分を取り囲み、自分の一部にします。心の平穏、あるいは自分が求めるどんな質でもいいですから、それをもっとありありと実感してみましょう。思考がさまよいはじめたら、あなたが描いた場面と求めている質に思考を戻してください。

8 想像した場面をより鮮明に描き、その質をはっきり感じることができればできるほど、うまくいきます。その感覚や質を楽しんでいる自分を見てください。もう少しでそのイメージを触り、聞き、見ることができそうなくらい、ありありとそれを描き、体感してみましょう。自分の感情を全開させてください。

9 ゆっくりとその場面が消えていくのに任せましょう。好きなだけ自分の感覚を楽しんでから、目をあけます。深呼吸をして、今この瞬間の現実に意識を完全に戻してください。

評価

映画を見ているかのように、自分の外側にある何かとしてイメージするのではなく、自分自身をそのイメージの中に置くことができるようになると、自分が望む感覚をより早く簡単に生み出すことができます。想像した場面とその質の感覚を実感できればできるほど、日常生活でもっと頻繁にその質を経験することになるでしょう。

もし場面を想像できなければ、思い出すたびに何度でもその質のことを考えてみてください。ただ考えてみるだけでも、その質を自分に引き寄せることができます。自分がそれを感じていると想像してください。そして、体にその感覚を与え、それをできるだけ体感してみましょう。その質を経験し、感じ取り、表現するたびに、自分でそれを認めると、その質が増えていきます。

3章　自分が欲しいものを見つける

あなたは自分が創造したい具体的な物、お金の額、その他の物事について、いろいろと考えているかもしれません。あなたが創造したいと思っている物事の中には、自分の高い質をもっと豊かに表現するために役立つものもあれば、そうでないものもあります。欲しいと思っていた何かを手に入れたのに、期待していた満足感を得られなかったという経験をした方もいるでしょう。しかし、あなたは自分の高い質を表現するのに最適な物事、自分の深い欲求を満たしてくれる最良の物事だけを引き寄せ、自分が創造するものすべてに満足できるようになります。

次章「自分が欲しいものを磁力で引きつける」では、どのようにして自分のエネルギーと磁力に働きかけ、欲しいものを引き寄せるのかを学びます。しかし、実際に物事を引きつける作業をする前に、まずは自分が欲しいものを明確にしなければなりません。引きつけようとしている物事が与えてくれる本質、それが満たしてくれる欲求、そしてその欲求を満たすために、自分がもっと豊かに表現できる高い質を知っておくといいでしょう。

本章では、自分が欲しいものの具体的な形態（形態がわからなくても大丈夫です）だけではなく、その本質についても明確にする方法を学びます。そうすれば、欲しいものを引きつけるとき、それはあなたに真の満足感と喜びをもたらす形態でやってくるでしょう。その結果、自分が想像したものよりもさらに良い物事を引き寄せることになるのです。

欲しい品物の具体的な形態、量、外見などをたとえ知らなくても、物事を効果的に引き寄せることはできますが、それの本質については、必ず知っておく必要があります。物事の本質とは、あなたがそれに望んでいる機能や、それを使う目的、あるいは「それによって得られるだろう」とあなたが思っていることを指します。想像以上に多くの物事から、欲しいものの本質が得られるでしょう。ですから、それがどんな方法、大きさ、形態でやってきたとしても、最適なものとして受け入れる気持ちでいてください。

私は自分が欲しいものの本質を知っていて、
その本質を手に入れます。

自分が欲しいものの本質を知ることで、それを多くの方法で手に入れることが可能になります。たとえば、新しい車に望む本質が、もっと信頼できる交通手段ならば、新しい車を買う以外にも、その本質を手に入れる方法がたくさん見つかるでしょう。もし自分が欲しいものの本質を知らなければ、今持っている車と同じくらい頼りない車を買ってしまうこともあります。

ある女性が、新しい車を欲しがっていました。彼女が乗っていた車はトラブルが多く、夜間に運転するのが不安だったからです。彼女は自分の車を嫌いでもなかったし、新しい車にお金も使いたくなかったのですが、信頼できる車を手に入れるには、新しい車を買うしかないと思っていました。そこで彼女は、心を落ち着けて、車を視覚化し、自分が求める本質、つまり信頼性を引きつけました。そのとたん、彼女の車はトラブルを起こさなくなりました！　数年後、彼女は新しい車を買いましたが、それもまた信頼できる車でした。彼女が想像した形ではありませんでしたが、彼女の願いの本質はすぐにやってきたのです。

たとえば、新しいコートが欲しい人は、自分がコートに望む特徴を具体的に挙げることで、そのコートによって得られる本質がわかります。それはとても暖かく、おしゃれで、長持ちするものでなければならない、とあなたは思いを定めます。そうして自分が欲しいものの本質を明確にすると、さまざまなコートが自分の必要を満たせることに気づくでしょう。また、コートだけではなく、セーターや厚手のシャツのように、他の形態のものでも構わないことに気づくかもしれません。求めている物事の本質を明確にすることで、それがやってくるときの形態や方法の幅を広げることができます。しかし欲しいものの本質がわかっていなければ、コートを買ってしまってから、それが雪の日にあまり防寒にならないことや、雨の日に通気性が悪いこと、その下に厚手の服を着られないことなどに気づくかもしれません。

どんな特徴が自分の必要条件に一番合うのか、正確にはわかっていないということもあります。たとえば、新しい家が欲しいけれども、どの辺りにある家で、いくつ部屋が欲しいのかわかっていない場合は、自分の生活において家がどのような機能を果たし、自分が家をどのように使うかということを明確にしてみましょう。あなたは、朝日が入り、日中も陽射しがたくさん入る家、近くに木があり、趣味の部屋があり、近所からプライバシーを守ることができ、開放感がある家を求めるかもしれません。これらの特徴が、あなたが家に望む本質なのです。

私が創造するものはすべて、私を満たしてくれます。

あなたが新しい家の外観に集中したり、それを細かく思い描いたりしていたとしても、その家に求める機能について明確でなければ、理想どおりの外観であっても、自分の必要を満たさない家を手に入れることになるかもしれません。家の中でしたいこと（友人をもてなすとか、アウトドア用品をしまっておくとか、自分の事務所を開くなどということ）がはっきりしていないのに、ただ外観が気に入ったというだけでその家を買うと、失望することもあります。人をもてなすには狭すぎる、収納が悪い、部屋数が少なすぎるということもあるでしょう。たとえば、壁の色にいたるまで、できるだけ具体的にその家を思い描くのも大切ですが、なぜ自分がそうした特徴を望むのかを知ることが肝心です。自分が求めている物事の本質を知りさえすれば、あなたが引き寄せる物事は、期待どおりのものを与えてくれるでしょう。

たとえ自分の欲しい物事の形態を知っていたとしても、それに加えて、その本質を知ることが重要です。その本質を知るためには、欲しい物事をできるだけ具体的にしてみましょう。たとえば、新しいテレビが欲しいのなら、まずその色や特徴、機能などを考えてから、「自分はなぜあの特徴ではなく、この特徴を望むのだろうか」と自問してください。より具体的にしていくと、求めている物事の本質を発見できます。

今までに何かをデザインしたり建てたりしたことがある方ならわかると思いますが、自分の目的を叶えるためには、それに求めるすべての用法と機能をあらかじめ考える必要があったのではないでしょうか。

私が創造する物事は、自分が想像するものより、はるかに優れています。

あなたが「お金持ちになりたい」「幸せになりたい」など、漠然としたことを願っているのなら、「自分が幸せかどうか、どのようにしてわかるだろうか。銀行にどのくらいお金があれば、自分を金持ちだと思うだろうか。一ヶ月の収入はどのくらいを望むだろうか。欲しい品物に、どのくらいのお金なら余分に払ってもいいと思うだろうか」と自分に訊いてみてください。

臨時収入を願いながら、具体的な額を言わなかった場合、考えてはいたけれど口には出さなかった多額のお金ではなく、わずかな額しか得られないということもあります。ですから、自分が欲しい具体的な金額を求め、その金額かそれ以上のお金を引きつけてください。また、そのお金がもたらすであろう本質と、自分がそれによって表現したい高い質もイメージしてください。

特定の物を引きつけるときは、次のように自問してください。「私がそれに望む本質や機能は何だろうか。それの使用法はどのくらいあるだろう。それが唯一の好ましい形態・方法だろうか。私は最高の物事が来ることに心を開いているだろうか。もっと好ましい方法で同じ機能を果たしてくれる、他の形態はないだろうか。その特定の物を買ったり、その金額のお金を手に入れたりすることを待たなくても、今すぐ自分が欲しい物事の本質を得ることはできないだろうか」

物事を引きつけるときは、自分が欲しい具体的な物と、それに求める機能と必要条件をイメージしてもいいですし、それに求める必要条件だけをイメージして、あとはそれが最適な形でやってくるのに任せてもいいでしょう。どちらの方法でもうまくいきます。

欲しい物事の本質を明確にできたら、それがやってきたときに認めるようにしてください。ある女性が、新しいアパートを探していて、その形態をとても具体的に考えました。彼女が望んでいたのは、バルコニーがあって、日当たりが良い家で、近くに公園のある立地条件でした。彼女はまた、これらの具体的な条件から得られるものも明確にしました。バルコニーがあれば家庭菜園ができるし、公園が近くにあれば、木々や新鮮な空気のある野外に出かけられると考えたのです。

彼女は、そのアパートとそれが与えてくれるであろう本質の両方を引き寄せるために、エネルギーに働きかけました。まもなく、彼女は農業に従事している人と親しくなりました。彼は新鮮で立派な野菜をたくさん持ってきてくれました。彼は野外に出かけるのが大好きで、二人は美しい場所でハイキングやキャンプをして多くの週末を過ごすようになりました。ある日彼女は、自分が新しいアパートに望んでいた本質をすでに手に入れていることに気づきました。しかもそれは、彼女が想像していたよりも、ずっと良い方法でやってきていたのです。

欲しいと思っているのに、まだ手に入れていないものがあるのなら、自分の願いの本質を探ってみてください。あなたの魂は、あなたが望んでいる物事の本質をもたらしてくれますが、それはあなたが期待する形ではないかもしれません。あなたが望んでいる本質は、すでにやってきているのかもしれません。あなたはそれに気づくだけでいいのです。

うまく物事を引きつけるためには、求めている物事を生み出すことに集中してください。自分がいらないものを取り除くことに集中するのではありません。多くの人は、自分の望みがわかっていないのに、望んでいないものについてはとても明確です。自分が何を欲しいのかわからないときは、まず自分の人生の中で嫌だと思う状況を調べ、それとは反対の状況が現れるよう求めればいいのです。

友人たちに、何があれば幸せだと思うか、人生にどんな物事を望むのか訊いてみるのもおもしろいでしょう。どれだけ多くの人が、自分の望む状況ではなく、望まない状況から語りはじめるのかと驚くはずです。自分が望まない状況一つひとつに対して、それをどんな状況と置き換えていきたいのか、できるだけ具体的に述べてください。自分が欲しい物事を、アファメーションとして現在形で明言してみましょう。「私は請求書の支払いに苦労したくない」と言うのではなく、「私は毎月、楽に請求額を支払います」と言ってください。

もう一つ、物事を引きつけるときの重要なポイントは、実際に持っているところを想像できる何かを求めるようにすることです。たとえば、あなたが百万ドル欲しいとして、自分がその金額を持っているところを本当に想像できますか？　特に、毎月の家賃を期日までに楽に支払うことを想像するのが難しい場合は、百万ドルは現実的な額には思えないかもしれません。「その額のお金を引き寄せるのは可能だ」という信念があまり強くなければ、「引き寄せに成功した」と言えるくらい短い期間内で、その金額を引き寄せるのは難しいでしょう。

自分が持っているところを想像できる何かを求めることから始めるのが、一番いいでしょう。自分が創造できると信じている物事から始めると、あなたの引きつける作業とエネルギーワークは着実に成果を上げます。そうして、成功体験を積み重ねると、欲しいものを創造する自分の能力に対する信念も強くなります。

一つひとつの成功は、その前の成功の上に積み上げられます。あなたの潜在意識は、自分の実現能力への信念をますます強くし、そうして培った自信とともに、さらなる豊かさを創造する能力を得るのです。成功を重ねていくと、始めたときには不可能だと感じていた物事でさえも、創造可能だと信じられるようになり、内なる確信が深まります。求めているものを手に入れることが可能であり、ほぼ決定事項であるという確信――その内面にある感情こそが、物事を人生に引き寄せる準備段階で最も大切なことなのです。

自分が本当に欲しくて、手に入れる準備ができていて、持つことを考えるとワクワクする物事を引きつけてください。何かを欲しいと考えたあとで、自分がそれを目指して最大の関心事とする準備が本当はできていないと気づいた場合は、それを欲しがるのはやめにして、自分にとって本当に意味のある他の何かを得ることにエネルギーを注いだほうがいいでしょう。まだ本当にそれを持つ気になっていなかったり、その意図が漠然としているときは、それを自分に引き寄せることはできません。

妥協するのではなく、本当に欲しいものを引きつけてください。第二希望や第三希望のものではあまり気分も高まらないので、それを手に入れるために必要なことをしようという意欲も湧かないでしょう。本当に欲しいものを創造できる気がしないからといって、その代わりに、高揚感や意欲を与えてくれない別のものを求めるということはしないほうが賢明です。

あなた方の多くは、欲しいと思いながらまだ手に入れていない物事のリストを心の中に持っています。そのリストを見るたびに、あなたはまだ満たされていない欲求すべてを頭に浮かべ、欲しい物事をまったく創造できていないとつぶやきます。あなたが欲しいと考えてきたものすべてをリストに書き出して、自己分析してみてください。あなたは本当にそれらの物事を欲しいと思っていますか？　それらは、欲しいはずだと思っているものの「古いイメージ」ではありませんか？　さして重要ではない物事をすべて心のリストから外してみると、本当に大切で創造したい物事は、少ししか残らないでしょう。

あなたには、自分が愛している物事、つまり安心感だけではなく、喜びを与えてくれる物事を創造するという目的意識があります。多くの人は、自分にこう言い聞かせます。「私は借金を返済するため、車を修理するため、あれやこれやを手に入れるために、お金を生み出すべきだ」と。この「べき」という言葉は、豊かさを生み出すために必要な感情的エネルギーを充分に与えてくれませんし、自分のハイアーセルフから来るものではありません。借金を返済することに喜びがある場合、たとえば、借金が消えていくのを眺めることに幸福感や満足感がある場合は別ですが、借金を返済する「べき」だという考えは、ほとんどの人にとって充分な目的意識にはなりません。する「べき」ことを考えるよりも、自分のリストにある、本当は欲しいと思っていない物事を認めるほうが賢明です。そうすれば、代わりに本当に欲しい物事に集中することができます。

私のエネルギーは、自分の目標に集中し、向かっています。

「私の目標は、エネルギーを注いで達成する価値がある」と一度心に決めたら、それを最優先してください。実際は、それに多くのエネルギーを費やす必要はないかもしれませんが、必要ならば喜んでそうしてください。自分の人生で最も重要なことを一つか二つ選んで、それらに集中しましょう。「今、私の人生で創造できる最も重要なことを一つ挙げるとしたら、何だろう」と考えてください。そして、それを創りはじめてください。あなたは、自分が持てると信じる物事は何でも手に入れることができ、欲しいと思っているものの本質を今すぐ持ちはじめることができます。

ひとたびエネルギーと引きつける磁力で創造しはじめると、たいていの場合、求めたものは思ったより簡単に手に入るということを承知しておいてください。ほとんどの物事は、あなたにとって通常の手段を通してやってきます。たとえば、あなたがふだん物を買うことが多いのなら、あなたが物事を引きつける手段はおそらく「購入」でしょう。

物事が簡単に自然にやってくるからといって、自分のエネルギーワークを過小評価しないでください。「こんなに簡単にやってきたということは、べつにエネルギーワークや引きつける磁力なしでも、いずれはやってきたにちがいない」と考えたくなるかもしれませんが、あなたの物事を引きつける技術は向上するものです。しかも、あなたは新しい技術を見つけていくので、欲しいものを得るのがどんどん簡単になります。しばらくすると、まるで自分では何もしていないように思えてくるかもしれません。

ずっと欲しかったものが人生にやってきたら、自分を祝福し、それを引き寄せることに成功したのだと認めてください。やってくる物事すべてを、自分の引きつける力が働いている兆候として、喜んで評価してください。一つひとつの成功を認めることによって、次に欲しいものを創造することがさらに簡単になります。

3　プレイシート　自分が欲しいものを見つける

これまでに学んだことのまとめとして、自分の人生において創造したい何かで、今すぐ手に届くものを考えてください。

1　自分が創造したいものを、できるだけ具体的に書いてください。

2　それよりさらに良いものを求めることができますか？

3　それを手に入れるのに、どの程度の意思が必要ですか？（どのくらいの時間、エネルギー、熱意が必要ですか？）

4　その品物、お金の額、あるいは物事を得ることで、どのような質を表現したいと思っていますか？（心の平穏、生き生きとした感覚、自由、愛など、欲しいものを手に入れたら表現できるようになる「質」は何でしょうか？）

5　あなたが今すぐその質を経験できる方法を、いくつかリストアップしてください。

6　あなたがその品物や物事から得られるだろうと期待している本質は何ですか？　たとえば、新しい家は、より広い空間、日当たり、プライバシー、あるいは静かな環境への願望を表しているかもしれません。

7　それらの本質を得られる他の方法はありませんか？　他に、どんな物事が自分の欲しいものの本質を与えてくれるでしょうか？

自分が本当に満足できる形で何かを人生にもたらしたければ、欲しい物事について明確にすることが強力な助けとなります。望みを明確にすると、次章で学ぶ「引きつける力」の効果が上がります。何かを引きつけるときは、物事それ自体、それの本質、そしてそれを持つことによって得られる高い質を引きつけるといいでしょう。

4章　自分が欲しいものを磁力で引きつける

自分が欲しい物、形態、お金、人々を人生に引き寄せるときは、行動を起こす前に、まず「エネルギー」と物事を引きつける「磁力」に働きかけることで、引き寄せが簡単になります。エネルギーを使って創造するときは、まず心を静めてリラックスしてから、欲しいもののイメージや象徴、映像を心に描いてください。欲しいものを引きつけるには、物事を引きつける磁力を生み出さなければなりません。

あなたはいつも「エネルギー」と「磁力」に働きかけていますが、たいていの場合、意識的にそうしているわけではありません。あなたは、意識的にエネルギーと磁力に働きかけることを学んで、思考のパワーを拡大し、思い描いているものを創造できるようになります。エネルギーワークは、磁力と組み合わせて、欲しいものを明確にしたうえで行うと、ほんのわずかな時間でも、長時間の重労働で得られるものより大きな結果を出すことができます。

あなたはいつも、エネルギーの放送を送り出しています。そしてこの放送が、あなたの欲しいものを引き寄せたり、遠ざけたりしている可能性があります。あなたは、物事を引きつける技術を向上させて、欲しいものをもっと引き寄せられるようになります。まず、自分のエネルギーに働きかけることで、欲しいものを引きつけてみましょう。リラックスすること、集中すること、視覚化すること、そして想像力を使うことを学んでください。

物事を引きつけるには、磁場を作り出さなければなりません。「磁力コイル」のイメージを使うと、物事を引きつける「磁力」を視覚化したり感じたりしやすくなるでしょう。あなたは、お金、大きな物やちょっとした小物、そして質や本質といった形のないものも引きつけることができます。また、雇い主、従業員、出版社、整備工など、あなたと仕事関係を築くことになる人々も引き寄せることができます。しかし、他人を変えるためや、両者の最大の利益にならないことを無理やり起こすために、磁力を使うことはできません。なぜなら、磁力は関わる人全員の最大の利益になる物事を引き寄せるためだけに働くからです。

創造性、創意工夫、遊び心、自然に湧いてくる想像力は、エネルギーを使って創造するときに役立つ最高のツールです。本書の磁力エクササイズを行うときは、毎回ちがう思考や感情、アイデアが浮かぶことに気づくでしょう。それは、物事の実現が動的な状態にあるからです。つまり、物事の実現は、つねに変化しているのです。

あなたの磁力とイメージの強さは、ときによって変わることがあります。想像力を膨らませて、イメージや感覚など、どんなものが浮かんできても、それと遊んでください。磁力の感覚は、他のどのステップよりも重要です。一度この感覚を経験できたら、自分に役立つあらゆる映像やイメージに、その感覚を再現してみましょう。

私はお金、繁栄、豊かさをますます引きつけます。

欲しいものを引きつける磁力を強化するための基本的原理がいくつかあります。第一に、あなたが求めている物事は、自分がもっと頻繁に表現したいと思っている高い質を的確に表現させてくれるということを理解しておきましょう。何かを引きつけるときは、自分が放ちたい質について考えてください。第二に、欲しいものの具体的な形態だけでなく、その本質や特徴も引きつけると効果的です。あなたがその実際の形態を知らない場合は、欲しいものの象徴を引きつけることもできます。象徴は、あなたが自分の可能性について抱いている考えや信念すべてを飛び越えるため、とても強力に働きます。

第三に、自分が欲しい物事、もしくはそれ以上を求めることです。第四に、自分が求めている物事を愛し、手に入れる意欲を持つことです。自分が欲しいものについてポジティブに考えてください。なぜなら、ポジティブで高い次元の思考は、心配や恐れ、緊張よりも、物事を強く引きつけるからです。第五に、自分が求めている物事を手に入れられると信じてください。第六に、自分に呼び寄せている物事を「必要」とするのではなく、むしろそれに対して執着しないことが大切です。たとえそれが来なくても、あるいは期待とはちがう形で来たとしても、構わないと思ってください。何かを求めたあとは、どんなものがやってきても、それを適切なものとして受け入れましょう。

引きつけるのが最も簡単なのは、あなたがすでに創造したことがある品物と似たような「小さな物」で、さらに言うと、ほぼ同じ価格帯のものです。「それなら創造できる」と感じるものから始めてみるといいでしょう。それが創造できたら、物事を引きつける技術を磨くうえで、手応えや自信を得られます。

そうした小さな物で練習しながら、自分の実現能力をうまく安定させられるかどうか確かめていきましょう。まさに自分が求めているもの、あるいは想像以上に良い物を手に入れるために、実現能力を調整していきます。自分がどれだけ早く簡単にそれを引き寄せられるか、楽しみながら練習してください。技術が上達してくると、さらに大きく高価なもの、あるいは自分がそれを持てるかどうか信じることすら難しい物事を引きつけられるようになります。

何かを引きつけているときに、「それがやってくる」と急に感じる瞬間があります。たとえば「カチッ」という音が聞こえたような気がしたり、高まっていたエネルギーが減少していく感覚があったりと、何らかの気配を感じるでしょう。それを感じたら、引きつける作業が完了したので、作業をやめてもよいという合図です。カチッという音や、「もうすぐ手に入る」という感覚がまだ訪れてない場合は、「エネルギーが移行した」という内的感覚を覚えるまで、再び引きつける作業を行ってください。

あなたには、自分の磁力がいつ働いているかを知る能力があります。この内なる確信は、プロセスを観察して意識し、自分が出した結果を評価することで、時間をかけて発達します。練習をしていると、引きつける作業を何度かしたほうがいいときもあれば、一度で充分なときもあるでしょう。

たいていの人は、小さな結果を出すために、あまりにも多くのエネルギーとパワーを使っていますが、あなたは少ないエネルギーで大きな結果を出せるようになります。欲しいものが何であれ、それに対して適量のエネルギーというものがあります。たとえば、次の食事を引き寄せたいとき、丸一日を費やして、食事のことを考えたり、それを引き寄せようと取り組んだりする必要などないはずです。食事と同じくらい簡単な物事を引き寄せるために、自分の大切な力を使いすぎる人もいます。

欲しい物事を得るのに、どれだけのエネルギーが必要なのか、感じ取れるようになってください。そして、適量のエネルギーを注ぎ、無駄なエネルギーは使わないようにしましょう。

私はエネルギーを使って欲しいものを創造します。良い物事が簡単に私のところにやってきます。

もしあなたが、あまりに多くのエネルギーを費やしているのなら、それを負担に感じるでしょう。たとえば、「欲しいもののことを考えて、それを引きつけなければならない」とつねに自分に言い聞かせる必要があったり、引きつける作業を負担に思いながら、ほんのわずかな結果や何にもならない結果のために途方もないエネルギーを費やしたりしているのなら、あなたが出している磁力は強すぎるということです。あまりに大きなパワーを注ぐ必要がある場合、あなたはおそらく、自分の高次の道の流れに逆らっています。

何かについて考えたとき、それがやってくるのをもう少しで感じられそうなら、あなたは適量のエネルギーを使っています。費やすエネルギーが少なすぎると、欲しいものは絶対やってこないか、来たとしても長い時間がかかるでしょう。費やしているエネルギーが少なすぎる場合は、自分でそうとわかります。なぜなら、望んでいるものが遠く離れているように思えるからです。つまり、それが「確実に手に入るもの」ではなく、単なる望みのように思えるはずです。

今あなたが持っているエネルギーよりずっと大きなエネルギーを持つ何かを引き寄せるときは、その前に、まずそれのエネルギーと調和することを学んでください。たとえば、今の所有額よりもずっと多額のお金が欲しければ、そのために準備をし、そのお金をどのような形で保管したり使ったり、人生に役立てたりするのか、あらかじめ把握しておくことです。そのお金を手にしたとき、どんな気持ちがするかを想像し、それを受け取ることへの心配をすべて解決しておきましょう。

今あなたが持っているものよりずっと大きい何かを引きつけるときは、その前に、それのエネルギーを「身につける」遊びをしてみましょう。自分がすでにそれを持っているところを想像し、そのおかげで人生がどれだけ変わるか考えてみてください。あなたは実際に何かを持つ前に、それと調和して親しむことができるようになります。そうしているうちに、それをさらに引きつけやすくなるでしょう。

今あなたが持っているものよりずっと大きい何かと調和する一つの方法は、自分が求めているものの規模を大きくすることです。たとえば、今の所有額よりもずっと多額のお金が欲しいのなら、望んでいる額よりさらに大きな額を「身につける」ことを試してみましょう。そして、「身につける」額をどんどん大きくしていきます。金額を上げていくにつれて、自分の感じ方や考え方が変わることに気づくでしょう。ある金額はしっくりするのに、それより高額になると、少し落ち着かない感じがするかもしれません。そうして多額のお金を「身につけて」いるうちに、最初は落ち着かない感じがしていた額に対して、違和感がなくなっていることに気づくかもしれません。自分が心地よく感じるもの、しっくりするもの、手に入れるのが可能だと感じるものだけを引きつけましょう。

実際に引きつける前に、そのお金（あるいは物事）とエネルギーのレベルで波長が合えば合うほど、それはより簡単に引き寄せられてきます。自分についての考えがどのように変わりうるのか、そして自分の感情とライフスタイルがどのようにちがってくるかをよく観察してください。そうすると、「これを持つと、責任があまりに重くなるかもしれない」とか、「税金や会計士のことで頭を悩ませることになるだろう。誰もが私のお金を狙ってくるにちがいない」などといった、潜在的な不安が見えてくる場合もあります。こうした疑いや心配を解消していくと、欲しいものをさらに引きつけることが可能になります。

本章のエクササイズを初めて行うときは、望んでいたほど一貫した結果が得られなかったり、タイミングが合わなかったりするかもしれません。しかし、やがて自然にステップを踏めるようになり、引きつける作業に割く時間も、毎回短くなるでしょう。エクササイズにかける時間は、楽しめる範囲内にしてください。そして、好きなだけ頻繁に行いましょう。数分間でも半時間でも構いません。引き寄せを一定レベルで習得したあとも、次のレベルで結果を出したり、得るのが可能だとなかなか思えない物事を引きつけたりするためには、もう少し練習が必要になるかもしれません。

特定の種類のものを生み出せるようになったら、あとはもう、物事が簡単に実現するように考えるだけでよくなります。何かを簡単に実現できるようになったのに、その流れが止まったり弱まったりした場合、あるいは引き寄せに大きな手間がかかったりする場合は、自分が歩んでいる道をもっと念入りに調べる時期かもしれません。新しく現れてくる方向への囁きに、よく注意を払ってください。

サネヤとデュエンから

次のエクササイズは、一人でもできますし、パートナーやグループと一緒にしても構いません。一人でするときは、指示を自分で録音して再生するといいでしょう。録音したものを聞きながら行うと、一歩一歩プロセスを進められます。パートナーとするときは、指示を読んでもらうといいでしょう。「物事を引きつけるための基礎練習」を録音したオーディオ瞑想も用意していますので、もしよろしければご利用ください（ホームページ記載の「オリンとダベンによるオーディオコース」参照。英語版のみ）。グループでするときは、一人に指示を読んでもらいます。1章の「くつろぐことを学ぶエクササイズ」を飛ばした場合は、必ずくつろいで集中し、心穏やかであることを確認してから、次のエクササイズを行ってください。自分が求めている物事を記録しておくことをお勧めします。それがやってきたときは、喜んでそれを認めてください。

4-1 エクササイズ 物事を引きつけるための基礎練習

このエクササイズを通して、エネルギーと磁力で欲しいものを創造する方法を学びましょう。創造するものは、大きな物やちょっとした小物、お金、あるいは自分が欲しいものの本質などが挙げられます。

準備

まず、自分が欲しいものを選んでください。それを手に入れることができると信じ、それについて積極的に考え、それを手に入れると意図することが大切です。それが自分に与えてくれる高い質をできるだけ具体的にし、その高い質を想像しながら、引きつける作業をしてください。それが与えてくれる本質と、もしわかっているなら、その具体的な形態や量も引きつけることをお勧めします。想像力を膨らませて、もっと多くを求めることができるか考えてみましょう。その形態を知らない場合は、それを表す象徴を引きつけることもできます。少し時間をかけて、欲しいものを考えてください。必要なら、3章「自分が欲しいものを見つける」のプレイシートを使って、欲しいものをできるだけ明確にしましょう。

数分間、リラックスして、邪魔が入らずに考えることができる時間と場所を確保してください。

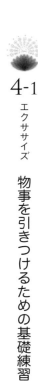

1章の「くつろぐことを学ぶエクササイズ」で学んだように、落ち着いて準備しましょう。

ここで大切なのは、「引きつける感覚」だということを忘れないでください。このエクササイズでは、コイルのイメージを使います。なぜなら、「引きつける感覚」をつかむうえで、そのイメージがとても効果的であることがわかったからです。一度その「引きつける感覚」の状態に到達できたら、今後は、その感覚を再現するのに役立つのなら、どんなイメージや思考を使っても構いません。最良の結果を得るためには、その感覚やイメージを楽しみながら、創意工夫して引きつける作業を行うことです。

「コイル」をなかなか視覚化できない場合は、心に浮かぶ他のイメージを使ってください。それを視覚化して、それが自分のエネルギーワークにとって完璧なイメージであることを信頼しましょう。コイルを機能させるために、それを完全な形で正確に視覚化する必要はありません。コイルあるいは他のイメージをまったく視覚化できなくても大丈夫です。その場合は、代わりに磁力エネルギーが高まるのを感じ取ってください。

このエクササイズは、あなたの想像力を使いますので、エクササイズのやり方やコイルの描き方に正しいも間違っているもありません。あなたが最適だと感じるイメージが何であったとしても、それが一番効果を生むイメージです。最も大切なのは、引き寄せたいものを考えながら磁力を感じること、そして自分が引きつけているものを手に入れられると考えることです。

引きつける作業をどのくらいの頻度で行うかは決まっていません。一度でも構いませんし、行いたいと思う回数だけしても構いません。実現させようと強引に押し進めたり、無理をしていると感じたときは、少し休んでみましょう。
一度エネルギーワークを終えたら、何らかの行動が必要だというサインがあったときに、その行動を起こさなければなりません。そして、何のサインも現れないことも多々ありますので、辛抱強くあることも大切です。求めたものが何であれ、それは然るべきときに完璧な形態と方法でやってくるということを信頼してください。

ステップ

1　引きつけたいものを選んで、それについて考えてください。もしわかっているなら、その詳細と、自分が望むあらゆる機能と特徴（＝それの本質）をできるだけ具体的にします。

2　欲しいものを視覚化（あるいは感知）し、そのイメージをできるだけ生き生きと描いてください。自分がそれを受け取り、それを手に入れたときの「うれしい気持ち」を味わっている場面を描きましょう。1章の「くつろぐことを学ぶエクササイズ」で学んだように、自分の視覚を鮮明にしてください。欲しいものを視覚化できない場合は、それを持つことによって得られる感情をできるだけ鮮明に想像してください。あるいは、それを表す象徴を選び、その象徴に働きかけます。引きつける作業をするとき、そして自分が選んだ物について考えるときは、必ずこの同じイメージあるいは象徴を使うようにしてください。

3 自分の中に、エネルギーを生み出す「パワーの源泉」があると想像してください。そして、グルグル回る輪のようなコイルをイメージします。このコイルは、体内の太陽神経叢《たいようしんけいそう》（みぞおち）の辺りから始まって、外側に広がり、上方へも伸びていきます。パワーの源泉からパワーを引き入れ、このコイルを通じてパワーとエネルギーを循環させましょう。多くの人は、このパワーを自分のハイアーセルフ、魂、あるいは高次の力からやってくるものと考えています（高次の力は、ときに神・女神、プレゼンス、在りとし在るものなどと呼ばれます）。自分にとって正しいと感じる「パワーの源泉」を使ってください。自分が心地よく感じる方向に、磁力コイルが回転しているところを想像するといいでしょう。コイルのイメージが描けなくても構いません。磁力のように引きつけている感覚さえあれば、それで充分です。

4 自分が引きつけたいものを考えるときは、それを引き寄せるのに必要だと思う大きさのコイルをイメージしましょう。自分の体全体と同じくらいの大きさのコイルが必要ですか？　それとも体より小さいでしょうか、大きいでしょうか？　欲しいものを引き寄せるために、どのくらいのパワーをコイルに送る必要がありますか？　想像力を使って、そのコイルの形、大きさ、強さを作り変え、「ちょうどいい」と感じるまで、楽しみながら描いてみましょう。コイルをイメージしているうちに、あなたの周囲で磁場ができはじめ、まるで磁石が鉄を引きつけるように、欲しいものを自分に引きつけます。

5　欲しいものを引き寄せながら、それを自分のエネルギーのどこに入れたらいいか決めてください。体の特定の部位に入れても構いません。たとえば、自分のハート（心臓）、喉、あるいはマインドからコードが出て、欲しいものと結びつき、それを引き寄せているところを想像することもできます。欲しいものが両手に入ってくるところを想像してもいいでしょう。あるいは、欲しいもののエネルギーを身の回りに広げるイメージがしっくりくるかもしれません。

たとえば、多額のお金は、あなたの生活の多方面に影響する可能性があるので、それを引き寄せるときは、特定の部位や場所よりも、自分の周りを取り囲むようにお金のエネルギーをイメージするといいでしょう。

6　コイルに磁力エネルギーが高まっていく間、欲しいものが手に入る前にどんな出来事が起こるべきか想像してみましょう。欲しいものを手に入れるためには、いくつかのステップと起こるべき出来事があります。そのステップや出来事が一日に1つ2つであれ、50であれ、それらが起こる速度を自分で調節することができます。いくつのステップと出来事が必要なのかを、感覚やイメージで受け取って、実現における「時間」という要素に働きかけます。ステップを踏む速度と出来事が起こる速度を早くしたり遅くしたりして、「ちょうどいい」と感じるまで、いろいろ試してみましょう。もし、その物事や特定額のお金をあまりに早く引き寄せてしまうと、緊張感や圧迫感を覚えます。あなたにとって、ちょうどいい変化の速度があります。

7 自分の姿勢と呼吸を観察し、それらを微調整することで、「引きつけている感覚」を高められることに気づいてください。

8 エネルギーが満ちたと感じる地点に達するまで、磁力コイルを作りつづけてください。ある地点で、「カチッ」という音や停止の感覚があるかもしれません。エネルギーが薄らぎはじめることもあります。あるいは、自分が引きつけているものが手に入るという確信が芽生えるかもしれません。確信を得たら、引きつける作業をやめてください。

あなたは、エネルギーが高まり、頂点に達し、やがて下がりはじめることに気づきます。気分よく感じている間は、磁力コイルを強化しながら、引きつける作業を続けてください。もし作業が困難で負担になったり、限界を感じたりしたときは、作業をやめましょう。もう充分だというサインです。欲しいものを引き寄せるために、どのくらいの量のエネルギーを注ぐのが適切なのか、発見してください。

9 では、内面に入り、望んだものを引きつける作業をどのくらいの頻度で行えばいいか、ハイアーセルフに尋ねてください。

10 この状態からゆっくりと抜け出して、体を伸ばしましょう。次の数日間、その目的の物と、それを手に入れる方法について、何か洞察（ひらめき）がないか注意を払ってください。

評価

このコイルと、自分が送り出しているエネルギーを感じられるようになるまで（あるいは視覚化、感知、想像、実感できるようになるまで）、このエクササイズを続けてください。エネルギーの高まりとその後の減退を感じられたとき、「カチッ」という音や完了の感覚を得られたとき、あるいは、高まっていたエネルギーが減少したと感じられたときは、欲しいものを引き寄せるプロセスが開始されたということです。

小さな物を引きつけることに満足できるようになったら、次は自分にとって難易度の高い物を引きつける練習をしてみましょう。何かを引きつけるたびに、コイルが変化することに気づくかもしれません。コイルとそれを通じて循環させるエネルギー量は、小さくて済む場合もあれば、大きなコイルと多くのエネルギーが必要なときもあります。

引きつける作業は、少なくとも1分は続けたほうがいいときもあれば、数秒で充分だと感じるときもあるでしょう。自分が願っていることについて、ポジティブな考えを持ちながら、一方で、それを受け取ることに対する執着心を持たないことも大切です。それが自分の期待とはちがう形でやってきたとしても、構わないと思ってください。やってくるものは何であれ、あなたが持つにふさわしいものとして、ゆだねて受け取りましょう。

4-2 エクササイズ　自分がまだ知らない人を引きつける

このエクササイズを通して、まだ知り合っていない人を引き寄せることができます。このエクササイズは、雇い主、従業員、整備工といった、将来あなたと仕事関係を築く可能性のある人たちを引き寄せるのに最適です（このエクササイズは、ソウルメイトや親密な関係を引き寄せるためのものではありません。ソウルメイトや友人、あるいは大切な人間関係や親密な人間関係を引き寄せたい場合は、オリンの『魂の愛』〔小社刊〕で紹介しているプロセスをお勧めします）。

準備

数分間、リラックスして、邪魔が入らずに考えることができる時間と場所を確保してください。1章の「くつろぐことを学ぶエクササイズ」で学んだように、落ち着いて準備しましょう。

ステップ

1　自分が引きつけたい人について考えてください。その理想の人が持っているであろうあらゆる質について考えるか、それらをリストアップしましょう。どんなことも省《はぶ》かず入れてください。彼または彼女は、どんな考え方をする人ですか？　どんな技術や知識がありますか？

あなたとどんな関係ですか？　できるだけ完全に具体的に述べてください。

2　では、特定の場面を設定して、その人と交流している自分を思い描いたり、その人に抱くであろう好意を想像してみましょう。

3　あなたのハート（心臓）の辺りに、エネルギーを生み出す「パワーの源泉」があると想像してください。では、グルグル回る輪のような「コイル」をイメージします。このコイルは、あなたの心臓の辺りから始まって、外側に広がり、上方へも伸びていきます。自分のパワーの源泉からエネルギーを引き出し、そのコイルを通じてパワーとエネルギーを循環させましょう。最も心地よく感じる方向に、磁力コイルを回転させます。コイルがどのように見えたとしても、それがあなたにとって完璧なイメージです。コイルのイメージを描けなくても構いません。磁力エネルギーの高まりさえ感じることができれば充分です。

4　そのコイルを通じてパワーとエネルギーを循環させはじめるとき、自分がその人を必要としている気持ちを手放してください。「必要だから」という理由で引きつけることもできますが、そうすると効果が弱まります。執着を捨て、一番ふさわしい人が来ることにゆだねましょう。その人の意思に反して何かをさせることはできないのだと理解し、両者にとって最善の結果になるときだけ、相手を自分に引き寄せられるのだということを知っておいてください。

5　コイルにエネルギーを与え、それを自分のハートから送り出すときは、自分が描いた理想の人について考えてください。そして、その相手とテレパシーでつながっているところを想像します。相手とつながるとき、自分にはその理想の人の魂とコミュニケーションする能力があるのだと想像してください。相手があなたの人生に与えてくれる良いことすべてに心で感謝しながら、その人との関係を始めます。そしてあなたも、相手の人生に良いことを与えられるのだとテレパシーで伝えてください。

6　このコイルを通じてエネルギーを送り出すときは、コイルを必要だと思う大きさにして、コイルのエネルギーに愛を加えてください。あなたは歓迎の気持ち、招く気持ちを送り出しています。愛を送れば送るほど、あなたの磁力は強くなります。自分が相手の魂を見つめているところを想像してください。相手の目を見つめるだけでも構いません。お互いのハートを結びつけることで自分が生み出している「磁力」を感じましょう。この関係で、両者にとって最善の結果が生まれることを求めてください。

7　まるで相手が夢から出てきて、あなたの現実の中を歩いてくるかのように、その人があなたのエネルギー場に入ってくるのを感じてみましょう。あなたの目の前にいる相手をもう少しで感じ取れそうなくらい、ありありと描いてください。その人があなたを助けてくれることを、先に感謝しておきましょう。

8 自分の姿勢、呼吸を観察し、それらを微調整することで、「引きつけている感覚」を高められることに気づきましょう。

9 カチッという音や完了の感覚があるまで引きつける作業を行い、愛を送って、相手を引き寄せつづけてください。まるで相手がすぐそこにいるかのように、つながった感覚を瞬時に得られることもあります。反対に、何もない空間に手を伸ばしているように感じることもあります。そのときは、自分がつながりたいと思っている相手のことを見直してみましょう。ひょっとすると、タイミングが悪いのかもしれません。あるいは、もっと徹底的に考え直す必要があるのかもしれません。自分が求めている人とつながったときは、たいていの場合、かなり強いカチッという音・感覚をはっきり認識できるはずです。

10 では、内面に入り、その人を引きつける作業をどのくらいの頻度で行えばいいか、自分のハイアーセルフに尋ねてください。

11 この状態からゆっくりと抜け出して、体を伸ばしましょう。次の数日間、その相手に関するひらめきや、相手と接触しうる方法についての洞察がないか、注意を払ってください。

評価

あらゆる点で自分にふさわしい人を引き寄せるには、練習はもちろんのこと、「自分は人から奉仕されるに値する」と信じる気持ちを喜んで受け入れることも大切です。自分が送り出している、愛にあふれた磁力エネルギーを感じられるようになるまで（あるいは視覚化、感知、想像、実感できるようになるまで）、このエクササイズを続けてください。エネルギーの高まりとその後の減退を感じられたとき、あるいは「カチッ」という音や完了の感覚を得られたときは、自分が求めている人と接触して、その人を引き寄せるプロセスが開始されたということです。

ある女性は、このエクササイズを活用して、自分の用事や家事を手伝ってくれる人を引きつけようとしましたが、手伝ってくれる人ではなく、逆に彼女に世話をしてもらいたがる人を次から次へと引き寄せていました。彼女は、自分が他人に奉仕されるに値しないと信じていることに気づき、「私は行き届いた助けを得るに値する」と明言することで、その信念に働きかけました。まもなく彼女は、その仕事にふさわしい女性を引き寄せ、今でも手伝ってもらっています。

あなたが引き寄せる人々は、あなた自身の鏡であるということを覚えておいてください。もしあなたがつねに疲れきっていて、自分の高次の道を尊重することができなければ、同じように疲れ果てた、やる気のない人々を引き寄せることになるかもしれません。また、自分が引き寄せる人々に、パターンがあることに気づくかもしれません。たとえば、あなたをぞんざいに扱う整備工を引き寄せることが多いなら、おそらくあなた自身も、自分をぞんざいに扱っています。彼らはただ、あなたのパターンを映し出しているだけなのかもしれません。自分の中のパターンを変えてから、このエクササイズを再び活用し、自分が関係したい人を引き寄せてください。

4-3 エクササイズ　多くの人を引きつける

このエクササイズを通して、仕事のクライアント、プロジェクトの参加者、あなたの創造的な仕事や作品から利益を得られる人、あなたが教えるクラスの生徒、あなたが何らかの形で奉仕したり助けたりできる人など、さまざまな人を引きつけることができます。

準備

数分間、リラックスして、邪魔が入らずに考えることができる時間と場所を確保してください。この1章の「くつろぐことを学ぶエクササイズ」で学んだように、落ち着いて準備しましょう。このエクササイズは、4-1「物事を引きつけるための基礎練習」と、4-2「自分がまだ知らない人を引きつける」で習得した技術とイメージを使いますので、これら2つのエクササイズを修了してから、行ってください。

ステップ

1　自分が引きつけたい人々のことを考えてください。その人たちが持っているであろうあらゆる質について考えるか、それをリストアップしましょう。彼らの関心は何ですか？　あなたは彼らにどのように奉仕できますか？　彼らのことを考えるとき、どんな気持ちになりますか？　彼らとどのような関係を築きますか？　できるだけ完全に具体的に述べてください。

2　では、特定の場面を設定して、その人たちと交流している自分を思い描いたり、その人たちに対して抱くであろう好意を感じてみましょう。

3　ハート（心臓）から磁力コイルを生み出してください。コイルをまず自分の体の大きさにしてから、自分がそうしたいと思う大きさに調整します。自分の磁力がどんどん強くなってきて、ハートがまるで磁気を帯びた美しい太陽のように輝いていると想像してもいいでしょう。あなたの仕事や作品によって助かるであろうすべての人々の魂に、自分のハートから呼びかけていると想像してください。彼らを引き寄せている自分を感じてください。あなたが提供しているものが何であれ、それによってどのようにあなたが彼らの人生に貢献できるのかを、テレパシーで伝えてください（たとえば、あなたがある製品を売っているのなら、その製品がいかに彼らの人生を改善できるのかを、心の中で伝えてください）。

人々に奉仕したり協力したりすることに焦点を合わせるとき、あなたの磁力はとても強くなります。あなたの仕事や作品に価値を見いだし、敬意を払う人々を求めてください。なぜなら、あなたの仕事に敬意を払わない人を3人引き寄せるよりも、敬意を払う人を1人引き寄せるほうが好ましいからです。彼らがあなたに与えるものや、あなたが彼らから得たいものには焦点を当てないでください。彼らから得られるものに焦点を当てるとき、あなたの磁力は弱まるからです。あなたが提供するもので、彼らのより大きな幸福に役立つものを意識して、その思いを念頭に置きながら引きつける作業をしましょう。

4　コイルを通じてパワーとエネルギーを循環させはじめるとき、自分がその人たちを必要としている気持ちをすべて手放してください。執着を手放し、あなたの仕事に魅せられ利益を与える人々がやってくることにゆだねましょう。その人の意思に反して何かをさせることはできないのだと理解し、関わる人たち全員にとって最善の結果となるときはじめて、人を引き寄せられるのだということを知っておいてください。

5　ハートから磁力を放ちながら、自分が述べた人たちについて考えてください。彼らに奉仕できる機会に対して、先に感謝しておきましょう。自分の磁力エネルギーが、住んでいる町、市、国全体、そして世界中へ届いているところを想像してください。

6　人々があなたと結びつくとき、彼らがまるで電球のように明るく輝くところを想像してみましょう。あなたの周りで、何百、何千という電球が点灯するのを見てください。あなたと関わるすべての人たちとあなたの間で、幾筋もの光線が前後にきらめく様子を想像します。どのように感じますか？　その光景をできるだけ独創的にありありと描いてみましょう。

たとえば、あなたが自分の仕事を通して関わる人々を引きつけているのなら、1週間に10人の新規の人たちと関わるとき、どんなふうに感じるか想像します。その人たちのエネルギーを感じてください。そして、そのエネルギーを自分の現実の一部にしましょう。その人数の人たちと関わるとき、あなたの生活はどのように変わりますか？　では、今度は1週間に25人の新規の人たちと仕事を通して関わるところを想像してみましょう。

7　もっと多くの人とつながるところを想像しつづけてください。1週間に50人、100人と、ますます多くの新しい人々があなたの仕事に関心を抱いて、何らかの形でその仕事に助けられるところを想像します。

8　つながる人数が増えていくとき、その結びつきが自分の生活にもたらす数々の変化を感じてください。想像している人数が増えていくに従って、その人数を楽に入れられるよう心の中のイメージを調整しましょう。最初はイメージの中にうまく収まらなくても、ぴったりイメージできるまで、さまざまな方法で彼らとのつながりを想像してください。楽にイメージできればできるほど、それを現実化しやすくなります。仕事でそれだけの人数に対応するために必要となるライフスタイル、仕事の構造、助力を求めてください。

9　自分の姿勢と呼吸を観察し、それらを微調整することで、「引きつけている感覚」を高められることに気づきましょう。

10 自分が最も心地よく感じるレベルでやめましょう。各レベルに合わせて、その人数の人たちとの関わりを受け入れ楽しむための、適切な段取りがあるということを知っておいてください。

11 では、内面に入って、引きつける作業をどのくらいの頻度で行えばいいのか、自分のハイアーセルフに尋ねてください。

12 この状態からゆっくりと抜け出して、体を伸ばしましょう。次の数日間、その人たちに関するひらめきや、彼らと関わりうる方法についての洞察がないか、注意を払ってください。

評価

多くの人たちとの関わりを想像していて、何人くらいに達したとき、想像できなくなったでしょうか。その人数よりわずかに少ない人たちと関わっているところを視覚化し、その感覚をできるだけ楽しく明るく気楽なものにしてください。準備ができたら、人数を増やしましょう。増やした人数に対して心地よく感じるようになったら、その人たちを人生に連れてくるために必要なエネルギーの変化を生み出していきます。

4-4 エクササイズ　グループで引きつける

最も強力な引きつけのテクニックの一つは、グループで集まって、一人ひとりが求めているものを創造するために、全員でその人にエネルギーを送ることです。グループのエネルギーは、お金、物、出来事、形態を生み出す能力を何倍にも大きくします。共通の考えを持つグループは、個人で行うよりもずっと強力に、その考えを現実化できます。

準備

このエクササイズは、レストランのような公共の場所を含め、どこでも行うことができます。始める前に、このエクササイズのリーダーを選んでください。リーダーは、進行役として、それぞれのメンバーが求めているものを明確にする手助けをします。

ステップ

1　リーダーはまず、グループに次の手順を説明します。
各人が1回につき1つのものだけを求めます。

次に、グループでその人が願ったこと（以下「リクエスト」）を引きつける作業を行います。

作業のあとに何か言いたいことがある人は、時間があれば、短いコメントをしても構いません。

2 リーダーは、グループ全員にしばらく心を静めてもらい、それぞれが求める具体的なものを1つ決めるように頼みます。グループの準備ができたら、リーダーは一人を選んで作業を始めます。

3 一人ひとりが順番に、引きつけるのを手伝ってもらいたいものをグループに伝えます。リーダーは、その人が自分のリクエストをできるだけ明確にするのを助けながら、作業が滞りなく進むよう時間配分します。最大の結果を出すには、その人が持てる可能性があるものを具体的にリクエストすることです。たとえば、お金を求める人は、毎月いくら欲しいというように、できるだけ具体的な金額を求めてください。

リクエストが曖昧な場合、たとえば、誰かが「幸福」というようなものを求めたときは、リーダーが「どんなことで幸福だと思いますか」などと尋ねてみるといいでしょう。そうすると、その人は求めていたものが実現したときに、それを認識しやすくなります。リクエストしたものを視覚化するのが困難な場合、あるいは、本人が自分の欲しいものをはっきりわかっていない場合は、リクエストしたものを表す「象徴」を考えてもらうといいでしょう。それに従って、グループの人たちは、その象徴に焦点を合わせることができます。

リーダーは、一人ひとりが短く要点を述べられるよう手伝います。一人が長々と話していると、グループのエネルギーが消えてしまうことがあります。

4　一人がリクエストを伝えたら、グループ全員が目を閉じ、その人にエネルギーを送ります。その間、リクエストした人は、自分が求めた物（あるいは金額、その他の物事）を手に入れることが、どのように自分と他の人たちにとってより大きな幸福となるのか、考えてみましょう。グループがエネルギーを送っている間、リクエストした人は、自分が求めたものの本質について考え、それを得たときに感じるであろう愛や平穏、活気、喜びなどといった高い質を感じてください。その人は、これまでに述べたテクニックや、心に浮かんだ他の引きつけのテクニックを活用して、「磁力の感覚・状態」を作り出す必要があります。

5　エネルギーを送る側は、リクエストした人の「磁力となって引きつける能力」と「焦点を当てているものを引き寄せる能力」を高めるのを手伝っています。人にエネルギーを送る方法は無数にあります。想像力を使って、気分がよくなることなら何でも試してみましょう。遊び心と想像力を使って、イメージしてください。

グループで初めてこのエクササイズを行うときは、リーダーが最初に、エネルギーは瞬時に届くということを説明しておくといいでしょう。エネルギーが送られている間、リーダーはそれを見守ってください。エネルギーが頂点に達して、しだいに落ちていくのを感じるはずです。たいていの場合、それは3秒から5秒以内で起こります。エネルギーが減退しはじめたら、リーダーが「ありがとう」と感謝を述べるなどして、終わりを告げます。

6 人はよく、エネルギーを送ったあとは夢中になって、自分が見たことや受け取った洞察を話し合いたいと思うものです。時間があるなら、一人ひとりがエネルギーを送ってもらったあとに、それぞれの洞察や経験を短いコメントで伝える時間を設けてもいいでしょう。あるいは、グループ全員のリクエストの引きつける作業を終えてからでも構いません。リーダーは、エネルギーが高いレベルで保たれ、作業が滞りなく進んでいるのを確かめながら、話し合いの時間を配分します。

7 一人のリクエストが終了したら、リーダーは、次の人にリクエストを述べてもらいます。リクエストを一巡したら、次のサイクルを始めても構いません。好きなだけ行ってください。次のサイクルを始めるとき、リーダーはエネルギーがまだ高いまま保たれているかどうか、確認してください。

評価

グループによる実現セッションが終わる頃には、あなた方は大きなエネルギーを生み出しているはずです。そのエネルギーを人類、動物界、植物界、鉱物界、あるいは、宇宙に提供してみてもいいでしょう。そうする場合は、ただ静かに座って、自分が生み出した余分なエネルギーを、あらゆる「界（キングダム）」の幸福のために放っているところを想像します。エネルギーを送り出せば出すほど、さらに多くのエネルギーがあなたのところへ戻ってきます。

Ⅱ 技術を磨く

5章　内なる導きに従う

内なる導きを聴くことを学んでください。エネルギーに働きかけ、欲しいものを引きつける作業をしたあとは、あなたの内なる導きが、最も早く簡単な方法で欲しいものへと導いてくれます。内なる導きに耳を傾け、それに基づいて行動するとき、あなたはエネルギーの自然な流れに従っています。その自然で無理のない流れこそが、あなたが求めてきたすべての物事へと導いてくれるのです。

内なる導きは、あなたのハイアーセルフからやってきて、感覚、洞察、内なる確信という形で、あなたに話しかけます。内なる導きは、肉体的感覚ではとらえられない源泉からの情報をもたらします。心を静めて、自分の思考と感情に耳を澄ますことで、ふつう考えられている以上の広範囲の情報を利用できるようになります。

欲しいものに対するあなたの思いが宇宙へ出かけていくと、あなたのハイアーセルフは過去、現在、未来の出来事を見渡します。そして、あなたが求めた物事を得るために必要となる人脈や状況を調査し、それらを連れてくるための最善の方法を見つけて、必要な人々やチャンス、出来事を引き寄せはじめます。ハイアーセルフは、あなたに協力してくれそうな人々、また、あなたと知り合うことによって利益を得る人々と出会うチャンスを創ってくれます。なぜなら、宇宙はあらゆる人のより尊い道のために働くからです。

あなたの感情は、次にどんな行動を取るべきか合図をくれます。内なる衝動と直観に従って、積極的に動こうとする意欲、そして訴えかけてくる感情に耳を傾け、それに基づいて行動しようとする意思が、あなたを目標へと導いていくでしょう。

私は内なる導きを信頼し、それに従います。

内なる導きは、あなたを最善へと向かわせます。あなたの課題の一つは、「内なる導き」と「希望的観測あるいは不安な考え」を区別できるようになることです。衝動に従ったら楽しそうだ、おもしろそうだと思えるなら、それはおそらく、内なる導きからやってきたものです。反対に、望んでいる結果が「できすぎた話」に思える場合、あるいは希望的観測にすぎないと思える場合、それはおそらく、内なる導きではありません。

自分の内なる感覚を尊重し、時間をかけて細かい点をチェックしてください。「これは本当に、私の内なる導きだろうか。これを正しいと思えるだろうか。気分がいいと感じるだろうか。それとも単に願っているだけだろうか？」と自分に訊いてみましょう。

あなたの魂は、感情や思考を通じて話しかけてくるので、あなたが思考と感情を意識すればするほど、内なる導きを聴いて展開させるのが簡単になります。もし、あなたの考えや感情がその状況に対していつもとちがっているならば、それに注意を払ってください。内なるメッセージに従って行動し、何らかの反応を得ていくうちに、あなたは内なる導きを展開させられるようになります。

たとえば、ある店に行こうとしているとき、まずその店が開いているかどうか電話して確かめようと思いつくことがあります。ふだんのあなたは、そんな気になったりせず、ただ出かけるでしょう。しかし、そのときにかぎって電話したところ、その店は改装のために閉店していることがわかりました。このように、自分の感情や思いつきに注意を払って、それに基づいて行動するよう習慣づけていくと、内なる導きとそうでないものを見分けるのがどんどん簡単になっていきます。

物事を簡単に実現するためには、その物事が必要だと気づくもっと前から、感情と内なるメッセージに従うことです。まず、「ノー」と思うときは「ノー」と言い、「イエス」と思うときは「イエス」と言うなど、小さなことから始めてみましょう。一日中、自分に問いかけてください。「これが今したいことだろうか。これが私にとって一番気分が弾む、楽しい活動だろうか。それとも、これをするべきだと思いこんで、自分にそれを強要しているのだろうか」と。あなたの喜び、楽しみ、自分を愛する感情は、いつもあなたを最善へと導いているのだと信頼してください。

内なる導きにはいくつかの種類があります。その一つは、あなたが取ろうとしている行動に対するネガティブな感覚として訪れ、さらには、警告という形でやってくることもあります。また、あなたが選びそうな道や方向についての洞察を与えてくれる導きもあります。あなたが適切なときに適切な場所に居合わせるよう案内し、偶然やシンクロニシティを通して、あなたを目的地へできるだけ楽に連れていくために必要な出来事を起こしてくれる導きもあります。

あなたに警告サインを与える導きは、ふつうは感情を通じてやってきて、不安やみぞおち辺りの不快感として現れることがよくあります。ある行動を取ろうと決めたのに、それについて考えると、緊張したり心配になったりすることがあります。そのような場合は、注意を払ってください。そのとき取るべき行動ではないのかもしれません。この種の導きに気づくようになるためには、自分がふだんどう感じているかを知り、異常な不安や緊張感に注意を払うことです。あなたの課題は、自分の「通常の不安」と高次の導きである「内なる感情的メッセージ」のちがいを学ぶことです。

私は静かな思索の時間を過ごして、内なる導きを聴きます。

自分の将来の道筋と方向性に関する内なる導きは、多くの場合、通常の意識状態から離れられる活動をしながら、静かに思索しているときに訪れます。この種の導きは、自分がしたいことに関する考え、感情、イメージや空想として訪れることもあり、あなたが心を静めるたびに大きくなり、増えていくでしょう。

この種の導きを展開させたければ、静かに座って体を楽にし、人生について思索する時間を増やしてください。また、創作活動や運動をすることによって、この種の直観を引き出すこともできます。たとえば絵を描いたり、音楽を演奏したり、作曲したり、走ったり泳いだりしているときに、突然、人生に関する思いがけない洞察を得ることもあります。そのようなときは、その導きに従って行動してください。受け取った導きに基づいて行動するのをいつも避けていると、未来の導きを聴いたり認識したりするのが、どんどん困難になってしまいます。

アイデアがひらめいたときは、「このアイデアは、新しい道を切り開き、有意義なものになるだろうか。このアイデアを実行すれば、一生食べていけるだろうか」などと過剰に分析しないでください。アイデアは種のようなものです。つまり、芽が出たときは、何に成長するのかわからないことが多いのです。ただ、自分の楽しそうな衝動に従いつづけていれば、あなたのアイデアは、自分に最も役立つ形で展開していくでしょう。

私はいつも適切なときに適切な場所にいます。

あなたを適切なときに適切な場所へと案内してくれる内なる導きは、自分のふだんの考えを知り、それとはちがう考えに注意を払うことによってもたらされます。たとえば、ふだんあなたは決まった道を運転して仕事に行きます。しかし、ある日ふと、別の道で行こうという考えが浮かびます。以前にもそう考えたことがあるかもしれませんが、その日はその考えに緊迫感がありました。そして別の道を行ったところ、いつもの道が渋滞していることをラジオで知ります。

このように、高次の導きから来る考えには、いつもと微妙にちがう質や感覚があります。この微妙にちがう感覚や考えに従って行動し、その結果を観察することで、内なる導きとそうでないものを見分けられるようになります。

また別の例として、ある品物をずっと探しているのに、それを見つけられないというケースを見てみましょう。あなたは何日にもわたって電話をかけまくり、インターネットをチェックし、お店めぐりをしますが、徒労に終わります。ところがある日のこと、ある店のイメージが頭に浮かび、ふだん行く店ではないものの、行ってみようという気になります。あなたはこのめずらしい衝動に注意を払い、その店に行きました。すると、探していた品物がちょうど入荷したところで、あなたはそれを買うことができました。振り返ってみると、それまでにチェックした数々の店に対しては、行きたいという衝動もなければ、イメージも浮かんでいませんでした。あなたがお店めぐりをしたのは、欲しい品物があるかもしれないと思ったからですが、あなたは自分の気持ちやイメージがそれらの店へ導いていないという事実を無視していたのです。

ときには、取るべき行動についての感情、考え、イメージが浮かぶまで、何もしないほうがいい場合もあります。取るべき行動についての導きを待つことによって、無駄な仕事を回避でき、適切なときに適切な場所に居合わせるよう導かれ、求めている物事を簡単に実現できます。

あなたの欲しいものについて考えてください。それを手に入れるために、何か実行できる行動が頭に浮かびますか？　何かを購入したいと思っているのなら、たとえば電話をかけたり、思い当たるお店に行ったり、インターネットをチェックしたりするなど、とても簡単な行動が浮かぶかもしれません。あなたは進んでその行動を取りますか？　いつ行動に移すか決めてください。

今はいかなる導きも浮かばないという場合は、どんな行動も控えて、ただその瞬間その瞬間の喜びに従ってください。その品物についての自分の考えに、いつもよりもっと注意を払ってください。そうすれば、取るべき行動のイメージが浮かんだとき、すぐに気づくでしょう。欲しいものについて考えるときは、必ず時間をかけて心を静め、実行できる行動についてどんなイメージが浮かぶかに気づいてください。

あなたの魂の衝動、すなわち真の内なる導きによる直観は、あなたがすでに直接的あるいは間接的に親しんでいる何かに関係しています。そうした衝動は、あなたにアイデアや、それを実行するきっかけを与えてくれます。自分にとって未知のことで、うまくこなせるまでに何ヶ月もかかるようなことを、時間もないのに試してみるべきだという突然の衝動にかられた場合、おそらくそれは一時の気まぐれであって、内なる導きではありません。

内なる導きがあなたに促す行動は、あなたにとって納得できる次のステップ、もしくは、今ある知識で実行可能なステップです。新しい情報を得るべきだという衝動が起こり、あとになって、その情報に基づいた行動を取るよう促す導きが訪れることもあります。真の内なる導きは、それを実行するのに必要な熱意やエネルギー、助力など、すべてをたずさえて訪れます。そのような指示は、緊急であることはめったになく、自分にとって快適な速度でそれを実行する時間を充分に与えてくれます。

内なる導きを聴いて展開させる一つの方法は、過去の成功を振り返って、「その行動を取ろうと決意したとき、どんな感情や考えがあっただろう」と自問してみることです。本当に買ってよかったと思う品物について考えてみましょう。それを買うことについて、どんなふうに感じていたか覚えていますか？　たとえ一瞬迷ったとしても、あなたを導く内なる確信があったのではないでしょうか。逆に、買って失敗したと思う品物について考えてみましょう。それにお金を使おうと決意したときのことを振り返ってみると、おそらく、買ってよかった品物に対するうれしい感覚とは異なる内的感覚があったはずです。

嫌な状況が起こったときは、振り返ってみて、別の方向にあなたを導こうとしていた感情や考えがあったかどうか思い出してみましょう。あなたはつねに自分のハイアーセルフから、できるだけ簡単で楽しい方法で結果を出すための導きを受けています。その導きを注意して聴いてください。行動する前に、自分の考えや感情に注意を払う習慣をつけましょう。自分がふだんどのように考え、感じているかがわかるようになると、微妙な変化に気づくことができます。そうすると、あなたがつねに受け取っている導きにますます敏感になり、それを意識できるようになります。

私は自分の最高の喜びに従います。

あなたが重苦しさや抵抗を感じるとき、あるいは気が乗らないときは、自分の最高の道を進んでいないというサインです。ハイアーセルフは、あなたが自分の高次の道に従っているときは楽しい気分をもたらし、そうでないときは、抵抗感や重苦しさを与えるという方法で話しかけてきます。あなたが「するべきこと」のリストに従って、自分に無理強いしているときは、自己の奥深い部分からの声を聴いていないのです。あなたの魂は、「あれをしなさい、これをしなさい」などとはめったに言いません。魂は、「これは楽しいでしょう？　これはあなたに大きな喜びをもたらしませんか？　もっとしたいと思うでしょう？」と言ってきます。

誰でも経験があると思いますが、ある行動を取ることに何となく抵抗があって、あとから、その行動は不要あるいは不適切だったと気づくことがあります。たとえば、あるプロジェクトをするはずだったのに、それに取り組むことに抵抗を覚えたという経験はないでしょうか。あなたは内なる導きと喜びの感覚に従って、そのプロジェクトのことは棚上げにし、ちがうことに取り組みます。そして後日、「状況が変わった」という知らせを受けます。プロジェクトはもはや必要なくなった、あるいは別の必要案件が出てきた、ということになるのです。もし、自分に無理強いして、プロジェクトに取りかかっていたら、最初からやり直しということになったかもしれません。

自分に「するべきだ」と言い聞かせてきた行動すべてをひとまず脇において、本当にしたいことを自分に訊いてみるのもいいでしょう。内なる導きと喜びの感覚に従うことで、不要な仕事を免れることがあります。

私は自分の行動すべてにおいて、自分を重んじます。

抵抗の中には、自らを妨害するものもあります。自己妨害は、自分には今ある以上の物事を得る価値がないという思いから生まれます。健康に良い食事、運動、問題処理、その他何らかの行動が本当に自分のためになると心の奥底でわかっていながら、それに抵抗してしまう場合、自分をもっと大切にすることを学ぶ必要があるかもしれません。大きな問題に今すぐ向き合うのではなく、小さなことでもいいので、まずは自分を重んじる行動を取ってみましょう。何か愛情深く贅沢なことで、自分のためにしたいと思えることを考えてください。たとえば、温かいお風呂に入る、家に飾る花を買う、毎日三十分は自分の時間を作るなどの行動が浮かぶかもしれません。

自分を労《いたわ》り育むための時間を取ると、潜在意識に「自分は目標を達成するに値する人間だ」というメッセージを送ります。自分を重んじる行動は、小さなことから積み重ねて、大きなことへと進んでいくほうが簡単です。自分の奥深い欲求や感情を大切にする習慣を身につけることができたら、浮かび上がってくる内なる導きに従うのも簡単になってくるでしょう。

あなたの内なる導きは、「一日中、働きたい。今、達成しつつあることをやり遂げるのは、気分がいい」と伝えてくることもあります。内なる導きが、いつもあなたを瞬時の満足に導くとはかぎりません。たいていの場合、内なる導きは、長きにわたって得られる内なる達成感や満足感を追求します。内なる導きは、さまざまな方法で話しかけてきますが、それはいつも、自分への愛情や、今していることへの満足感を通してやってきます。

自分に何かを無理強いしているとき、たとえば、義務感から仕事をしたり、やむを得ないと感じてお金を使ったりしているときは、自分の内なる導きを聴いていません。したくない業務をたくさん強制される仕事に就いている人は、視野を広げて全体像を見てください。どうして、自分が楽しめることをさせてくれない仕事に就いているのですか？

自分の仕事が大好きで、業務内容のほとんどは気に入っているけれども、したくない業務もいくつかあるという場合は、その嫌いな業務を見直してみましょう。その業務をするための改善法やもっと楽な方法があるかもしれませんし、同僚に担当を変わってもらえるかもしれません。家族や子ども、友人に協力してもらえることもあるでしょう。自分のネガティブな感情に注意を払ってください。ネガティブな感情は、その状況をどのように改善できるのか、あなたにメッセージを送っているのです。

楽しめない活動に長時間従事していると、自分を尊重していないことになります。楽しめることをすれば、お金を稼ぐために仕方なくしている仕事すべてが、もはや必要でないことに気づくかもしれません。また、自分の嫌いなことをするより、好きなことをしたほうが、長い目で見れば、より多くのお金を稼げるということを発見するでしょう。

何かをしているとき、そして自分の衝動や直観、高次のヴィジョンに従っているとき、楽しく感じれば感じるほど、より早く簡単に求めているものを得られます。自分の高次の道に従うにつれて、すべてが奇跡的に、そして楽に進んでいることに気づくようになります。だからと言って、あなたに課題がなくなるということではありません。なぜなら、課題によってあなたは力と自信を得るからです。喜びや楽しみ、自分を愛する気持ちに従っていくと、あなたの夢は実現します。

5 エクササイズ　高次の力と協力する

このエクササイズは、頻繁にする必要はありません。ハイアーセルフ・魂からの内なる導きとの結びつきをもっと強く感じたいとき、人類の進化の流れにもっと乗りたいとき、あるいは宇宙の高次の力とのつながりを強めたいときに行ってください。このエクササイズをするたびに、あなたは上方へ光の橋を架けています。何か大きなものや、あなたにとって大飛躍となるものを引きつける前にこのエクササイズをすると、それを引き寄せるパワーが増します。

準備

一人きりの静かな時間を見つけてください。このエクササイズは数分あればできますので、好きなときに繰り返し行っても構いません。

ステップ

1　目を閉じて、高次元の現実に向けて、上方に光の橋を架けている自分を心に描いてください。自分の頭頂から光線が出て、想像できるかぎり高くまっすぐ上がっていくところを描いてみましょう。

2　自分があらゆる生命の源泉とつながっていて、光とエネルギーを吸収しているところを想像してください。体中の細胞すべてが光とエネルギーで輝くまで続けます。

3　自分の心を、山の中の澄んだ湖として思い描いてください。あらゆる細胞が、高次元の現実をはっきりと映し出しています。あなたの心の中のすべての思考、すべての細胞が、神・女神（在りとし在るもの）とつながっているところを想像しましょう。この「つながり」をイメージするとき、あなたはそれを現実として創造しています。

4　自分の意志を、高次の意志と同調させているところを想像してください。へその上方にある太陽神経叢（みぞおち）から、光のコードが出て、ステップ2でつながった「あらゆる生命の源泉」と結びついているところを描いてみましょう。

5　この源泉エネルギーを、頭上の約15センチのところにある「エネルギーと光でできた黄金の球体」として心に描いてください。ゆっくりと、この球体を自分の体の中へ降ろしながら、その高次の光と自分の体の全エネルギーを同調させます。球体を体内で降ろしていき、自分がその上に立つまで続けます。あなたの足もとから、球体が光とエネルギーを体内へ放ち、上方に送るところを描きましょう。そして、今度は球体を体内の上方へ向けて通過させ、頭上の約

15センチのところへ戻します。

6 自分の魂を、明るく輝く光の球、あるいは青く冷たい炎として視覚化します。別のイメージが浮かんでくるのなら、それを使っても構いません。自分の魂のイメージや感覚が浮かんでこない場合もありますが、それでも大丈夫です。魂は、あなたが見たり感じたりできなくても、あなたからの呼びかけにいつも応えてくれるからです。

魂の光がキラキラと輝きを増し、どんどん大きくなっていくところを想像してください。同時に、あなたは魂のエネルギーに満たされていきます。もっと深く意識的につながりたい、魂との分離感をすべて終わらせたい、と魂に頼んでみましょう。魂は、あなたの心からの願いをいつも聴いていて、あなたが魂の導きとその方向性とのつながりを強くできるよう、すぐに手を差し伸べてくれます。そして、魂との一体感を理解できるよう助けてくれます。

7 では、意識的に注意を頭頂に向けて、自分にアンテナがあると想像してください。このエネルギーセンターは、高次元からのテレパシーによる交信が行われる場所です。宇宙の放送を受信したいときは、そうしたいと意図して、宇宙とのつながりを確立するところを想像すると、あなたが望むどんな放送でも受け取ることができます。人類の最高の進化の道をテレパシーで伝える放送もあります。想像上のアンテナを心の中で調整して、その放送を受信してみましょう。そうすると、あなたは自分の行動と人類の進化の流れを同調させることになります。あなたが実現させる物事すべてが、あなた自身と他者の高い目的とますます合致するようになるでしょう。

8、準備ができたら、目をあけて、高次世界とのつながりの感覚を楽しんでください。

評価

このエクササイズでは、想像力を膨らませて、高次世界とのつながりを強化するイメージを新たに創造してください。その「つながり」をイメージするとき、あなたはそれを現実として創造しています。これまでに、たくさんのイメージを使ってきましたが、その数々のイメージは、高次のエネルギーとあなたの魂を体験するために作ったものだということを忘れないでください。大切なのは、つながりを体験することであって、イメージそのものではありません。一度つながりを感じることができたら、今後は、それを再現するのに役立つイメージや思考など、どんなものでも使って、好きな方法でつながりを再現できるようになります。

6章　成功を許す

欲しいものを引きつけ、内なる導きに従うときは、人生に成功を受け入れてください。そうすると、求めたものを受け取ることができます。実現技術を習得するには、あなたにとって最も明るい光を掲げ、あなたを高次の道へと連れていく選択や決断を下すことを学ぶ必要があります。最も明るい光の道を選ぶとき、あなたはまた、最高の次元での成功を選んでいるのです。あなたは自分の選択と決定によって、自分が経験する現実を創造しています。

あなたが今持っているものと今いる場所は、これまでに自分が下したすべての選択と決断の結果です。あなたの選択の多くは受け身で行ったもので、意識的にちゃんと検討して決めたものではありません。自分の新しい無限の思考ではなく、過去のプログラムに基づいて決めた選択がほとんどでしょう。

しかしあなたは、今からもっと意識的に自覚して選択できるようになります。あなたが今いる場所は、自分の過去の選択の結果であることを認めてください。そして、あなたはあらゆる瞬間に自分の現実を創造しているのだということに気づいてください。これまでに創造してきたものに満足していないのなら、これからはちがう選択をして、喜びや活気、その他求めるものは何でも与えてくれる人生に変えることができます。

私はいつも一番明るい道を選びます。

選択の中には大差ないものもありますが、他の選択肢と比べて、より明るい光をもたらす選択肢、つまり、あなたを少しでも高い次元の道へと案内し、あなたの本質をよりはっきりと表現させてくれる選択肢がたいてい一つあります。自分の高次の道を選ぶことによって、あなたは成長を早め、より生き生きと感じ、豊かになります。人生に豊かさを創造するために、一番明るい光の道を見極めて選ぶ能力を向上させることが大切です。

ある女性は、長年アクセサリーを創る仕事をしていました。彼女は、自分の作品を全国のお店に置いてもらって、市場を拡大したいと思いました。アクセサリーにさまざまな秘教的象徴を使っていた彼女は、その癒しの象徴を身につけることでパワーを得られる人々に、自分の作品を広く普及させたいと思っていたのです。そこで彼女は、作品を流通させるために、友人たちの助けを借りようと考えましたが、その方向で進めようとするたびに、どこか困難を感じ、気持ちが乗りませんでした。その道に進むためには、彼女が持っていない財力と能力が必要で、おまけに作品を創る時間がなくなってしまうからです。その道が楽しそうに思えなかった彼女は、それを却下し、より良い方法はないかと内なる導きを求めました。

彼女は、お店がどのような経路で他の人たちが作るアクセサリーを購入しているのか問い合わせてみようと思いつきました。すると、彼女の作品を喜んで取り扱ってくれる販売代理店を備えた、完全な流通システムがすでに存在していることがわかりました。彼女は、自分の好きなことをあと押ししてくれる選択や決断をすることによって、最高の道を見つけたのです。

あなたに選択すべきことがあって、最高の選択肢がすぐにはっきりしない場合は、自分にいくつか質問をしてみましょう。選択肢すべてが等しく良いと思えるときは、「どの選択肢が私にとって最も大きな喜びをもたらすだろう？　どの選択肢が、私のしたいこととしてハートに呼びかけているだろう？」と自分に訊いてください。そして、最も喜びを運んでくれる選択肢を取ってください。たとえ最も楽しい道が、多くのお金を約束しているように思えなくても、長い目で見れば、楽しくない選択肢よりもずっと大きな利益をもたらすでしょう。どのくらいの収入が見込めそうか、その金額に基づいて選択しないでください。ハートが求める道に従うと、必ず、より大きな豊かさを運んでくれます。

もしすべての選択肢が同じように楽しく思える場合は、「どの選択に従うのが最も筋が通っていて、今の私にとって最も実際的だろう？」と自分に訊いてください。あなたの最高の道は、いつでも実際的です。もし、まだ選択肢すべてが同等に思える場合は、「どの選択肢が、人類に最大の貢献をするだろう？　どの選択肢が、他者に奉仕するのに最高の機会を与えてくれるだろう？」と自分に訊いてみます。それでもまだ選択肢が同等に思える場合は、たとえば、幸福や愛、生き生きした感覚など、自分が人生に生み出したい高い質について考えてください。どの選択肢が、その高い質を最も完全に表現させてくれますか？

物事を徹底的に考えぬく時間もなく、すぐに決定しなければならないような状況に自分を追いこまないほうが賢明です。もし、どうしてもすぐに決断しなければならない状況にいることに気づいたら、右手に一つの選択肢、左手にもう一つの選択肢を握っていると想像してください。そして、より高次の選択肢を握っているほうの手が自然に上がるよう、頼んでみましょう。

私は自分の言動すべてにおいて、自分に正直であることを大切にします。

自分のエネルギーが純粋で、健全であることがとても大切です。なぜなら、エネルギーが健全であるとき、あなたは自己の奥深い部分と調和している物事を創造するよう導かれ、自分にとって豊かな選択と状況に向かうからです。

あなたには、自分に正直であるときと、そうでないときがわかるはずです。自分の理想の水準を落としていると感じるとき、たとえば、お金のために何かをしていて、居心地が悪いとき、あなたは誠実さをもって行動していません。自分に正直であることを大切にすると、何倍もの豊かさで報われます。

大切なのは、自分の行動すべてを快く感じ、自分の価値観に従って行動し、つきあう人々に正直に対応し、内面の真実に逆らわないことです。あなたの誠実さは、自分にとって何が真実であり大切なのかを見るよう促し、幻想や保証、他の人からの要望よりも、真実を選ぶよう求めます。

自分の最高の理想から行動し、他人の知恵ではなく自分の知恵に従い、自分を大切にする方法、正しく感じられる方法で物事を行ってください。つきあう人々すべてを敬い、自分の言動すべてを魂の光にかざしてください。あなたのエネルギーと存在は、世界に対するあなたからの贈り物です。あなたのエネルギーがより清らかに流れていけばいくほど、あなたが他者に与えられるものも増えていきます。あなたの誠実さから生み出すお金は、自分と他者に良いことをもたらす光のお金となります。

私は成功しています。
私は、成功を感じることを自分に許します。

もっと迅速に豊かさを身につけるためには、すでに自分がどれだけうまく欲しいものを創造し、自分の誠実さを守り、正しい選択を下せているか、まず認めることです。自分にできるとわかっていることを積み上げてください。自分の強さとヴィジョンに対して、感謝と愛情を向けましょう。少し時間を取って、「私はすでに成功している」と自分に言い聞かせてください。成功の気分を与えてくれる特別な目標をまだ達成していなくても、あなたは今すぐ成功を感じることができます。すでに人生で行っている、すばらしい物事すべてを認めることができるのです。

成功は、今この瞬間に成功の気分を感じることから生まれます。成功とは、いつか目標を成し遂げたとき、あるいは、欲しいものを手に入れたときに感じるものではありません。多額のお金があれば、成功の感覚が生まれるだろうと考えないでください。お金持ちの人たちが成功を感じることはめったにないからです。自分に満足し、内面から成功を感じることを学ばないかぎり、お金を持っていても成功は感じられないものなのです。

銀行にどれだけお金があるか、どんな家に住んでいるか、どんな車に乗っているかなど、成功の象徴のように思える具体的な事柄の観点から成功を定義するのではなく、成功の定義の範囲を広げて、自分のハイアーセルフの目標をそこに入れてみてください。本当の成功とは、ちょうどいい額のお金を持ち、古い習慣やネガティブな信念を変え、恐れを手放して、好きなことをし、自分の特別な才能を認めて伸ばすことです。

高次の視点から見た成功とは、必要に応じて物事を創造し、他の人たちに貢献し、自分と他の人たちを愛し敬うことです。それはまた、自分のあらゆる経験から学び、成長することでもあります。その人の所有額ではなく、その人生の質と幸福という観点から、他の人たちを成功者として見なしてください。そのような成功の高い質に焦点を合わせていくと、自分がハイアーセルフの観点では数々の成功を収めていることに気づくでしょう。たとえあなたの人格が設定した具体的な目標額をまだ達成していなくても、自分の成功に気づくことができるのです。

私はたびたび自分を祝福します。

ほとんどの人にとって、成功の本質とは、自分を愛する気持ち、自尊心、自己肯定感です。少しの間、そうした感覚をつかめるかどうか確かめてみましょう。「私は成功している」と自分に言ってください。どんな気持ちがしますか？　しばらくの間、その感覚を引きつけておいて、体中に広げることができますか？

あなたが今していることで、うまくいっている物事をすべて認めてください。金銭面以外での自分の成功を認めていくと、金銭面での成功者として自分を見ることが簡単になっていきます。あなたの体は、物事を実現するための媒体です。体こそが、あなたの思考や感情を形にする行動を生み出すからです。もっと頻繁に成功の感覚を体に与えれば、その感覚が人生のあらゆる領域にさらなる成功を呼び寄せるでしょう。

あなたが今いるところを評価してください。あとどれだけ長い道のりを行かなければならないかに焦点を当てるのではなく、どれだけ長い道のりをやってこれたかということを評価してください。自分がたどり着きたい長期的目標を眺めるときは、その途上にある、数々の目に見える小さなステップを明確にしてみましょう。そうすれば、各ステップに到達するたびに、「おめでとう。うまく仕事ができたね。目標に向かって長い道のりをやってきたんだよ」と自分に言ってあげられます。

努力してきた目標に到達したときは、次の目標に目を向ける前に、自分にご褒美をあげましょう。自分が今登った山を評価する時間も取らず、次の山を目指してしまう人もいます。彼らは、自分が探し求めている満足感を決して味わうことがありません。どうか自分の成功を認めてください。そうすると、成功を積み上げることになります。

現在と未来だけでなく、過去の自分も成功者と見なしてください。過去に、自分を成功者のように感じたときのことを考えてみましょう。そのときの状況や感覚を思い出してください。過去の成功を思い出せば思い出すほど、未来にも成功を生み出すことになります。

過去に自分がどれだけうまく対応してきたかを振り返り、自分の選択のすべてに高次の知恵が働いていたことを認識してください。あなたを成長させた選択もあれば、人生を変えた選択もあったでしょう。すべての選択が、そのとき自分が一番いいと知っていた選択だったのです。たとえ、なぜ自分が特定の選択をしたのか理解していなかったとしても、その選択は確かにあなたを助けてくれたのです。

賢くなった今の自分の視点から過去を振り返ると、まずい選択だと思ったものでさえも、あなたに多くを教え、今の自分を作ってくれたのだということがわかります。あなたが今の環境に満足していないとしても、これからは新しい選択をすることができ、環境を改善できることに気づいてください。

私は自分を許します。
なぜなら、私はそのとき自分で一番いいと思ったことを
選んだのだと知っているからです。

過去を振り返って、次のように考えてしまうときは、どうか自分を許してください。「私は賢くお金を使わなかった。あの土地を買っておくべきだった……そうすれば、今頃はお金持ちになっていたのに。あの投資はやめておけばよかった……結局うまくいかなかったのだから。友人にあのお金を貸すべきではなかった……返ってこないとわかっていたのに」。このような考えは、あなたがより豊かになることを引き止めてしまうことがあります。

望んだほど状況がうまくいかなかったときの「過去のイメージ」を振り落としてください。そのような考えが浮かんできたら、それには注意を払わず、代わりに、お金を賢く使ったときのこと、手に入れたものに満足したときのこと、投資で儲けたときのこと、友人に全額返してもらったときのことを考えてください。過去の自分を許して愛し、自分が成功したあらゆるときに焦点を合わせていくと、未来の方向を変えることができます。

しばらく時間を取って、自分の子ども時代に受けたメッセージを確認してみましょう。あなたの両親はどのようにお金を使いましたか？　両親は、自分たちのために物を買っていましたか？　お金を持つことを楽しんでいたでしょうか、それともお金に苦労していたでしょうか？　自分たちの稼ぎについて、あなたに率直に話していましたか？　それともお金のことは触れてはならない話題でしたか？　両親はあなたのためにどのようにお金を使っていましたか？　あなたは望みをいつも聞いてもらえると感じていましたか？

今の自分とお金の関係が、両親とお金の関係と共通していることがわかりますか？　あなたの両親は、自分たちに活力、幸福、健康、自己愛をもたらすような形でお金を稼ぎ、使っていたでしょうか？

私は、欲しいものを持つことを自分に許可します。

子どもは、両親から物事を受け取ることに慣れています。そして多くの人は、両親から受け取ったように、宇宙からも受け取るものだと思っています。たとえば、両親が気前よく与えてくれていた場合、あなたは気前よく与えてくれる宇宙を信じるでしょう。反対に、両親があなたの欲しかった物の多くを否定していた場合、あなたは欲しい物をまだ自分に否定しているかもしれません。あなたはまるで、自分の欲しいものが持てるかどうかを、目に見えない「親」か外部の権威者が決めてくれるのを待っているかのように行動している可能性があります。宇宙が、自分の親であるかのように考えていませんか？　あなた自身が、自分にふさわしい親となって、欲しいものを何でも持つことを自分に許してください。

あなたは、過去に成功したときのこと、ある程度の豊かさを得ていたときのことに焦点を当てながら、自分で新しい個人史を創造することができます。今あなたが生み出している成功と豊かさの新しいイメージを損なうような、過去の古い物語《ストーリー》を手放してください。あなたが握っている過去のイメージは、自分のために思い描く明るい未来に制限を加えてしまうことが多く、その結果、あなたの最大の可能性を実現させるのを妨げてしまいます。

過去を手放すには、あなたが自分や他者に繰り返し聞かせてきた子ども時代の話とお金の話を見直してみましょう。あなたは人に、自分は豊かだったと話しますか、それとも貧しかったと話しますか？　食べるものが充分になかったときの話や、自分のために何も買ってくれなかった両親の話をする人もいるかもしれません。

まず、あなたが自分の過去の物語《ストーリー》のどんな面を他人に強調しているか確かめてみましょう。あなたが話す過去の経験一つひとつに対して、ほぼ正反対の経験も同じくらいあったはずです。贅沢な食事をしたときや、自分にとって価値があり、本当に欲しかった物事を手に入れたときもあったでしょう。

あなたは、自分の経済的な歴史をどのようなものにしたいですか？　自分で新しい歴史を創造してみましょう。自分の子ども時代を、豊かだった思い出と欲しいものを手に入れた記憶で再構築してください。あなたは、どんな子ども時代だったと人に話したいですか？　たとえば、こんなふうに話してみてもいいかもしれません。「両親は賢くお金を使っていた。お金は我が家の問題ではなかった。いつも充分なお金があった」……。このように話していると、本当にお金が問題ではなかったときのこと、自分が充分に持っていたときのことを思い出してくるはずです。

あなたはお金についてあらゆる経験をしてきました。たとえ、わずかな期間であったとしても、豊かだと感じた経験があるはずです。欲しかった素敵なオモチャを手に入れたこと、誰かが予期せぬお小遣いをくれたこと、あるいは、自分が求めた以上のものを受け取ったことがあるかもしれません。そのような喜びや興奮、感謝の感覚をつかめばつかむほど、さらに多くの良い物事を未来に引き寄せることになります。

そこに到達した状態を愛するのと同じくらい、
そこに到達するプロセスを愛してください。

6 プレイシート 成功を許す

1 あなたが欲しいもので、まだ持っていない何かを思い描いてください。

2 あなたはかつてないほどに、その欲しいものに近づいてきています。その理由をすべて考え出してください。

3 少し時間を作って、自分にとって成功とはどんな感じがするのか、実感してみてください。過去や現在の成功を思い出したり、未来の成功がどんな感じか想像してみてもいいでしょう。その成功を、できるだけ肉体的・感情的に感じてください。成功が自分にもたらす姿勢と呼吸を見つけてください。その成功をしばらく吸いこみましょう。今、順調にいっていると思うことすべてに対して、自分を祝福してください。

4 自分に成功を許す一つの方法は、これまでの楽しい経験や貴重な体験すべてを強調しながら、自分の個人史を語ることです。次のゲームa～cをしてみましょう。一人でも、友人と一緒にでも楽しめます。3分以内で語ってください。自分の過去を新しい視点で語ってみると、それがあなたの新しい現実となります。

a　自分がとても豊かに育ったつもりになって、個人史を語ってみましょう。自分が豊かだと感じたとき、欲しいものを手に入れたとき、そして両親を豊かだと感じたときだけに集中しながら、実際に起こった出来事を選びます。実際に豊かだと感じたときのことを、どれだけ自分がたくさん思い出せるのか、驚くことでしょう。

b　自分がいつも聖なる存在に導かれていたことを知っているという観点から、個人史を語ってみましょう。まるで守護天使がつねにそばにいたかのように語ってください。そのことを示す出来事を2つ3つ挙げてみましょう。

c　自分がどれだけ簡単に欲しかったものを創造してきたかという観点から、個人史を語ってみましょう。たとえば、何かが欲しかったときに、自分では何の努力もしていないのに、それがすぐに現れたときのことを思い出すかもしれません。

自分にとってうまくいった過去の領域に焦点を当てると、とても良い気分になったのではないでしょうか。過去に経験した豊かさに集中すればするほど、未来にさらなる繁栄を築きます。エネルギーは思考に従います。あなたが関心を払うものは何であれ、成長し、増えていきます。過去の成功に関心を払えば、あなたは、明るくポジティブな未来を自分で創造することになります。

7章　自分の信念を変える

あなたの信念が、あなたの現実を創造します。信念とは、「現実とはこういうものだ」というあなたの思いこみです。そして、あなたは自分の信じていることを創造するので、自分が考えたとおりに現実は動くという「証拠」をたくさん得ることになります。たとえば、宇宙は豊かだと信じている人は、自分が豊かさを経験するように行動します。反対に、必死に働かなければお金は得られないと信じている人は、必死に働いたときだけお金を得ます。それぞれが、現実は「こうだ」と信じていて、その現実に関する自分の「信念」が「事実」であると証明するような数々の経験をすることになるのです。あなたは、自分の信念を変えることによって、経験を変えることができます。

引きつける作業をしてエネルギーに働きかけたあと、欲しいものがどれだけ早く簡単にやってくるかは、あなたの信念が左右します。信念を見つけるためには、自分の過去の状況や現状を見てみましょう。対応中の問題や課題に意識が向くかもしれませんし、自分が創造したすばらしい物事に意識が向くかもしれません。

「この状況を創造した人は、何を信じているから、この状況にいるのだろうか」と考えてみましょう。請求書の支払いができず、いつもローン会社から督促を受け、そのためにかかってくる電話を避けている人がいるとしたら、その人はどのような現実を信じていて、その状況を創り出したのだと思いますか？　ひょっとすると、「私はお金を持つに値しない」と信じていて、請求書を支払うのは大変だし、人生には苦労がつきものだと思いこんでいるのかもしれません。

よくある信念の一つは、「お金を持っていたら、人からあまり愛されないものだ。人は〝私自身〟ではなく、〝私が持っているお金〟を愛するにちがいない」というものです。あなたは、お金を持つと、どういうわけか友人たちとの距離ができてしまうと心配しているのかもしれません。それでいて、「私は人から愛されている」と都合のいいように考えることはめったにありません。あなたが都合よく解釈したがっている場合は別ですが……。

「お金があると人から愛されない」という不安は、あなたの他者に対する愛をその場その場で感じることで、癒されます。他者へ愛を与えるとき、あなたはお返しに愛を受け取るからです。あなたはある程度のお金を持っているにもかかわらず、今現在も他者に愛されています。あなたが特定の額のお金を手に入れると、人々が突然あなたを愛さなくなるということがあるでしょうか？

私の信念が、私の現実を創造します。
私は自分の無限の繁栄を信じています。

多額のお金を持つと、重荷となる責任が増え、拘束されてしまうと信じている人もいます。しかし、請求書が支払えなくて、お金のことを心配している状態も、重荷となり、人を拘束する可能性があります。「お金は私を拘束する」と信じて、自分でそのように仕向けないかぎり、あなたがお金に拘束されることはありません。あなたが信じるものを、あなたは創造するのです。あなたが多額のお金は重荷だと信じているなら、大金を稼ぐ前に、その信念を変えたほうがいいでしょう。さもないと、そのお金に責任を感じ重荷として経験することになります。

大金を求めているのに、まだそれを手に入れていない場合は、あなたのハイアーセルフが働いているのかもしれません。つまりハイアーセルフは、あなたが自分のネガティブな信念のいくつかを変えるのを手伝ってから、その大金をもたらそうとしている可能性もあります。

お金に関する信念は、あなたがどのようにお金を引き寄せ、使い、受け入れるかを決定します。あなたは、自分の好きなことをしてお金を稼ぐことができると信じていますか？　それとも、お金を稼ぐには勤勉と苦労が欠かせないと信じていますか？　欲しいものがあるのに、まだそれを手に入れていないとすれば、それを持つことを妨げる信念があなたにあるのかもしれません。

あなたが実現させている信念一つひとつの中に、あなたがまだ実現させていない、正反対の信念の種があります。「私はお金に値しない」という信念の中には、正反対の信念、つまり「私はお金に値する」という信念が眠っているのです。自分のネガティブな信念から注意をそらし、ポジティブな信念を目覚めさせていくと、あなたは自分の経験を変えることになります。

自分の制限的な考え方の中には、両親のプログラムや信念から来ているものがあることに気づくかもしれません。あなたの考えやイメージ、観念の多くは、幼少期に両親や周りの人から聞いた言葉や信念、さらに暗黙のメッセージによって植えつけられたものです。両親から受け継いだ信念を認めて、今後もそれを持っていたいかどうか、意識して決めてください。

両親から教わった信念で、あなたがもう望まないものがあったとしても、彼らを許してください。両親は、自分たちが知るかぎりの方法でベストを尽くしたのだということを理解してください。ある意味、それらの信念は、あなたの幼い頃には理想的なものだったのです。なぜなら、それらの信念は、あなたが自分の可能性をもっと発揮するために必要としていた然るべきレッスンをもたらし成長へと導いてくれたからです。

あなたは、独自の行動方針を決めながら、もう役立たなくなった古いプログラムと信念をすべて手放すことができます。自分の望む信念、考え、観念、イメージを選ぶことができるのです。

私は自分に精気と成長をもたらす信念を選びます。

自分を束縛する信念を見つけたら、それを手放して、新しい信念を創造してください。一つの方法として、心を静めて目を閉じ、自分の周囲に光を想像し、何か象徴的な方法でその古い信念を取り除くことができます。たとえば、「私はお金を持つに値しない」と目の前に書いてあるのが見えるかもしれません。その文字を一つひとつ消していきましょう。その場所に、「私はお金を持つに値する」という新しい信念を太字でイメージします。新しい信念をさらに具現化するために、それを書き出し、それを考えるときは口に出して唱え、家や職場のよく目にする場所に貼っておきましょう。

あなたの想像力の使い方と感情が、持っている信念を強化したり弱めたりします。古い信念を無視したり、否定したりしないでください。自分が見つけた古い信念を「現実そのものの事実」として受け止めるのではなく、「現実の本質に関する自分の考え」として受け入れましょう。そして、それとは正反対の信念を持っている自分を想像します。あなたが、お金を稼ぐのは大変だと信じているのなら、お金を稼ぐのは簡単だと想像してください。

視覚化する能力を使って、その想像をできるだけ現実的に描きましょう。視覚化しながら、この新しい信念を実現させるときに持つであろうポジティブな感情を経験してください。毎日一つ、小さなことを実行して、この新しい信念を思い出せるようにしてみましょう。「私はすばらしい物に値しない」と考えているなら、自分のために何か一つ本当にすばらしい物を買ってみてください。そのように行動していると、目に見える形、あなたが取り組める形で、新しい感覚や信念がやってくることに気づくかもしれません。

私の信念は、自分のために良い物事を創造します。

あなたは、お金を貯めるのに役立つ新しい信念を育てることができます。たとえば、「自分の好きなことをして生活できる」という信念は、もっと創造的になろうとする意欲を高めてくれるでしょう。お金とは楽しむものであり、自分の高い目的に寄与するもの、そして自分が人類に貢献するために役立つものだと信じてみるのもお勧めです。

自分は貧しいと信じているなら、その潜在意識はあなたに貧しいと感じさせる出来事を生み出します。また、富は悪だと信じているなら、自分に富をもたらす可能性のある技術や能力を自ら使わせないようにするでしょう。お金を持たないほうがいいと信じているなら、自分の才能や技術を押し殺してしまうことになるかもしれません。なぜなら、才能や技術を発揮すると、経済的な成功をもたらしてしまう可能性があるからです。

新しい物事を引き寄せる前に、自己認識と、自分がその物事を持つに値するかどうかの信念を変えることが必要な場合もあります。たとえば、ある女性は、もっと素敵なアパートに住みたいと思っていました。そして、一年間貯金してから、はるかに素敵な場所に住む余裕ができ、夫婦で引っ越しました。

新居がいっそう美しく思えた彼女は、以前よりも友人をたくさん招くようになり、服装にも気を遣い、自分に対してますます気分よく感じるようになりました。彼女は、新しいアパートのおかげで、自己価値の感覚を高めることができたのだと考えましたが、実はその逆で、新居を手に入れる前に、彼女の自己認識は変わっていました。つまり、彼女が自分に値するものについての信念を変えたあとにはじめて、その新居は現れたのです。

もし彼女が、本当に求めているのは自己イメージを変えることだと最初からわかっていたら、

「自己価値」という高い質を感じられる行動をもっと早く取っていたでしょう。新居に必要なお金も、もっと早くやってきたはずです。一年も待たなければならなかったのは、「私はもっと素敵な家に住む価値があり、その家を手に入れるに値する」という信念を育てるのに、一年かかったからなのです。

私は豊かさに値します。

「私が人生に豊かさを持てない理由が何かあるだろうか？　私は豊かさに値するだろうか？　お金がある人たちは、何らかの理由で、私より豊かさに値すると私は思っているのだろうか？」と今すぐ自分に訊いてみてください。次に、自分がお金を持ってもいい理由をすべて考え出してみましょう。

最近あなたが受け取ったもの、あるいは創造したもので、自分の手の届く範囲内にあったもののことを考えてください。あなたは、それが自分に成長や活力、新しい自己イメージを与えてくれるだろうと期待しながら、それを手に入れました。その品物は、どんな新しい自己イメージを与えてくれましたか？　その品物を創造する前に、あなたは自分に関する信念、つまり自分がどのような人間で、どのような物を持てるかについて、信念のいくつかを変えなければいけませんでした。その品物を買ったり、手に入れたとき、どんな新しい自己イメージが現れましたか？

たとえば、ある男性は、ずっと欲しかった良質の寝袋とテントを買いました。その買い物によって新しく現れた自己イメージは、アウトドア好きの、裕福で、良質のものを当然のように持っている自分のイメージでした。

では、あなたが欲しいもので、まだ持っていないもののことを考えてください。どんな新しい自己イメージがあれば、あなたはそれを手に入れられるでしょうか？　それを創造するためには、自分についてどんな新しい信念が必要ですか？　自分に対する新しい信念と感覚を創っているうちに、あなたの磁力が生み出す結果は、劇的に増えていくでしょう。

7 プレイシート　自分の信念を変える

1　自分の人生における「お金の現状」を見て、次のように尋ねてください。「このような状況を生み出した人は、どのような信念を持っていたのだろう？」
考えられる信念をいくつか挙げてみます。その状況を生み出した信念を見つけたら、「これが原因となった信念だ」と内面の感覚でわかります。

2　お金についてどんな新しい信念を持ちたいと思いますか？　書き出してみましょう。

3　自分が欲しい物について考えてください。それを手に入れるためには、自分についてどんな新しい信念が必要だと思いますか？

◆メモ　自分の新しい信念を紙に書いて、よく見る場所に貼っておくといいでしょう。その新しい信念を目にするたびに、あなたはそれにエネルギーを送り、その現実化を助けることになります。

8章　お金を流れさせる

あなたが成長し、豊かさの創造が次から次へと見せてくれるさまざまな側面を察知できるようになると、お金はまるで波のように出入りするものだということに気がつくでしょう。あなたは潮の満ち干きを経験します。あなた方の宇宙はエネルギーからできていて、エネルギーは波のように特定の周期で動くからです。あなたの引きつける力が大きな結果を生む時期もあれば、小さな結果しか生み出さない時期もあるでしょう。通常より収入が多い月もあれば、届くのは請求書ばかりという月もあります。商売繁盛する週もあれば、閑古鳥が鳴く週もあるでしょう。

人生のあらゆることに自然のサイクルがあるように、お金にも自然のリズムがあります。あらゆるビジネスには浮き沈み（満潮と干潮）があります。そして、あらゆる人の人生にもサイクルがあり、出費よりも収入のほうが多い時期があれば、収入よりも出費のほうが多い時期もあります。あなたの課題は、人生で自然に起こるお金の満ち干きに対して、感情的に一喜一憂しないことです。この自然なサイクルを、自分の繁栄をさらに築くようなやり方で利用してください。

お金は私の人生に流れてきます。私はずっと豊かです。

あなたが経験するであろう流れの基本状態が四つあります。第一に、平静状態――入ってくるお金と出ていくお金が同じ量のとき。第二に、満潮状態――出ていくお金より入ってくるお金のほうがずっと多いとき。第三に、干潮状態――入ってくるお金より出ていくお金のほうがずっと多いとき。第四に、不活発な状態――お金がまったく流れないとき。

お金は、あなたと外部世界の間で行われるエネルギーの交換を表しています。つまり、あなたから出ていくエネルギーと、あなたのところへ戻ってくるエネルギーを表しているのです。

もしあなたが、収入と出費が同じ量である平静状態、あるいは何の動きもない不活発な状態にあるのなら、どの領域で自分のエネルギーが動いていないかを調べてください。お金とあなたのエネルギーの両方が流れなければいけません。自分のエネルギーを解放することで、人生に今より多くのお金を生み出すことができます。

お金に関するブロックは、肉体、感情、人間関係というような領域で、エネルギーが流れていないために生じている可能性があります。あなたがお金に関して平静状態、あるいは不活発な状態にあり、そのエネルギーを動かしたいと思うのなら、自分の生活をしばらく観察して、どの領域で自分のエネルギーをもっと流す必要があるのか、ハイアーセルフに尋ねてみましょう。

私のエネルギーは、人生のあらゆる領域で広がり自由に流れています。

　エネルギーの流れ不足は、体内で生じていることもあります。あなたが望んでいるほど体が健康でなかったり元気でなかったりする場合は、エネルギーを高めるために、まず自分の心の主張を内観してみましょう。あなたの体は、その欲求をいつもあなたに伝えようとしています。あなたは、体からどんな囁きを受け取ってきたでしょうか？　もっと休みたい、もっと自然の中に出かけたい、運動をしたい、食生活を変えたい、などと体は思っているかもしれません。

　自分の心の主張に従うと、肉体的エネルギーと健康を増進させることができます。肉体という領域でエネルギーの流れが増すにつれて、お金も人生に流れやすくなります。しばらくの間、自分の体について考えてみましょう。体の中でブロックされているように感じる部位はありますか？　あなたが無視している心の主張はありませんか？　たとえば食生活を変えたい、もっと体を動かしたい、マッサージしてもらいたい、戸外を散歩したいなど、駆り立てられるような思いはないでしょうか？　この領域を開放するために、今できる簡単な行動は何ですか？

　感情面でブロックされていると感じることもあるでしょう。あなたは誰かに腹を立てていたり、表現すべき感情を押し殺したりしているのかもしれません。感情面のブロックを解放したければ、高みにのぼる意図を定め、真心を込めて真実を話してください。ここでも大切になるのは、心の主張に従うことです。自分の感情に耳を傾け、感情を尊重し、感情に従って行動してみましょう。

　自分の人間関係を振り返ってみてください。与えることと受け取ることが不均衡になっている領域や、多大なエネルギーを費やしているのに、ほとんど見返りがない領域はありませんか？　あなたは、お返しはしないのに、人から受け取ることばかり期待していませんか？　あなたは他者へ愛を送っていますか？　愛されていると感じていますか？　あなたのハートは開いていますか？

　ブロックされていると感じる領域を観察するときは、「この領域にもっと流れを生み出すために、どんな具体的な行動が取れるだろうか」と自分に訊いてみるといいでしょう。大きな行動でなくても構いません。言うべきことを友人に伝えるなど、簡単なことでいいのです。あなたと相手の間でエネルギーを開放するために、今から一週間以内にできる小さな行動は何ですか？　たとえばそれは電話をかけるとか、誰かへの態度を改めるとか、相手をありのままに受け入れるとテレパシーで伝えるなど、簡単な行動かもしれません。

　あなたが幸せに感じていない一つの領域が、人生の他の領域すべてに影響を与えている可能性もあります。自分のエネルギーを意識すればするほど、人生のうまくいっていない他の領域を隠しておくのがますます不可能になります。あなたが求めている豊かさ、生き生きした感覚、成長を経験するためには、人生のあらゆる領域をうまく機能させるためにできることをしなければいけません。

　お金が流れていないときは、ずっとしたかったことを新しく始める時期なのかもしれません。

喜び、生き生きした感覚、エネルギーを自分にもたらすことを探して、それを始めてみてください。そうすると、エネルギーを動かし、お金の流れを生むことができます。

私にはいつも、出ていくよりも多くのお金が入ってきます。

誰もが、出費より収入のほうが多いときの流れを待ち望んでいますが、あなたは毎月その流れを何回も経験しています。つまり、給料やいくらかのお金を受け取って、それを使うまでに、あなたは流れを生み出しているのです。まずは、人生にすでにお金が流れていることを認識し、自分が望んでいるのは、出ていくお金より入ってくるお金のほうが多い日がもっと増えることだと認めてください。

出費より収入のほうが多い日がたとえ一日でもあれば、毎回それを認めることによって、人生にその流れが増していくことに気づくでしょう。絶えず余分なお金が入ってくるレベルに到達したら、自分を祝福してください。あなたは、豊かさの熟練レベルに到達したのです。時間を取って、自分が成し遂げたことを評価し、認めてください。

このレベルでは、いくつかの課題があります。出費より収入のほうが多いときの課題の一つは、増えた収入よりも出費をずっと低く抑えて、自然の干潮が来たときでも請求書の支払いができるようにしておくことです。実現のプロセスを完全に習得して、欲しいときに欲しい物事を何でも創り出せるようになるまでは、余分に入ったお金の一部を貯蓄しておいたほうがいいでしょう。

富にもいろいろなレベルがありますが、どのレベルにおいても、持っている以上のお金を使ってしまい、つねに金欠だと感じるのはよくあることです。豊かさを経験しない人もいますが、その理由は、収入以上のお金を使ってしまうからか、収入が上がったときに毎月の出費を増やしてしまって、干潮のときに請求書を支払うだけのお金がなくなっているからです。自分を豊かだと感じる人はたいてい、収入よりも出費を低く抑えています。

年収の低かったある男性が、自分の金銭的成功を視覚化することにしました。三年も経たないうちに、彼は新しいビジネスのアイデアを引き寄せ、それに従って行動した結果、週に三日働くだけで高年収を稼ぐようになりました。ところが、お金を得たことに興奮した彼は、新しい豪邸、大きな車、そのほか数々の高価な品物を買い漁りました。そしてあっという間に、支払いをするだけでも巨額の年収が必要になるレベルまで、毎月の出費を増やしてしまったのです。収入が増えていたにもかかわらず、彼は依然として貧しい気分で、お金に困っていると感じました。翌年、ビジネスが落ちこんだとき、彼は大金を稼いでいたにもかかわらず、財政的トラブルを抱えることになりました。

私は、今まで可能だと夢にも思わなかったものを、
自分が持つことを許します。

出費よりも収入のほうが多いとき、そして期待したよりも多くの仕事やお金を手に入れているとき、もっと多くを求めつづけるのは難しいことです。しかし、「これはもらいすぎだ。このまま増えつづけたら、仕事や責任を全部さばけなくなる」と考えると、自分が思っている以上にきつくブレーキをかけてしまうことがあります。そうして、自然の干潮が来たときに、望んでいた以上にお金や仕事が減っていることに気づくかもしれません。

仕事やチャンス、お金が殺到していると感じるときに、ブレーキを踏まないでください。あえて、さらに多くを求めてみましょう。無限の思考にふけりながら、自分に持てそうなものの範囲を膨らませて想像してください。

上昇気流に乗っているときは、さらに多くを受け入れつづけましょう。入ってくる物事が増えるにつれて、それに対応するためのプロセス、方法、構造を新しく作り上げるのだということを理解してください。最終的に人を雇ったり、方法を変えたり、より多くの人々と関わることができるようになるかもしれません。もっと豊かになってくると、やってくるチャンスや豊かさ、選択のすべてに対応するという課題も出てきます。あなたの課題は、成長し、さらに多くの人々と関わり、より大規模な形で自分の仕事を世に出し、いっそうの責任、パワー、豊かさを受け入れることになるでしょう。

8 プレイシート　お金を流れさせる

1　あなたの人生で、自分が望んでいるほどうまくいっていない領域はありますか？　時間を取って、人生のその領域がどのようになって欲しいのかイメージしてください。心を静めて、その領域で望むことを経験するために何ができるのか、内なる導きに耳を傾けてみましょう。その導きに従うために、まずは明日楽しんでできることは何ですか？

2　心を静めて、自分の肉体に意識を合わせてください。エネルギーや健康を増進させてくれそうな内なる導きを、あなたは受け取ってきましたか？　それはどのような導きでしたか？その導きに従うために、まずは明日楽しんでできることは何ですか？

3　自分自身との関係も含めて、あなたの人間関係について考えてください。自分が望んでいるほどうまくいっていない関係はありますか？　自分が望む経験を描いてください。

◆メモ　他人を変えることはできません。あなたが変えられるのは自分だけです。たとえば自分の態度や視点、行動など、自分の何かを変えると、他者のあなたへの反応が変わることがよくあります。自分の何を変えれば、その状況を改善できますか？　少し歩みを止めて、その人間関係を改善するために自分は何ができるのか、アイデアが浮かんでくるのを待ちましょう。そのアイデアに従って、迷わず行動してください。

9章　余裕のない状態から抜け出す

今あなたが、収入より出費のほうが多い「干潮状態」にあるとしても、慌てないでください。自分に自信を失ったり、どこかで失敗したなどと思わないでください。干潮状態のときの課題とは、自分の将来の繁栄を信じることです。地上で起こることにはすべてサイクルがあり、あらゆる状態は一時的なものです。干潮状態の次には、必ず満潮状態が続きます。

たとえあなたの収入が短期的あるいは長期的に落ちこんでいるとしても、それは一時的なものだということを忘れずに、この経験から学んでいることに焦点を合わせましょう。売上の流れは景気サイクルによって浮き沈みするのが当然で、その波を経験しない会社など、ごくまれです。実現の習得レベルが上がるにつれて、あなたは必要なときに必要な物事を引き寄せられるようになり、この自然の景気サイクルから影響を受けることも減ってくるでしょう。

干潮の時期を利用して、自分の人生におけるお金について、もっと明確にしてみましょう。引きつける作業を続けながら、「この状況における利点は何だろう？」と自分に訊いてみてください。流れに変化があるときは、必ず高次の理由があります。この時期には、いつもより自由な時間があるでしょうから、その時間を利用して、ずっとしたかったことを始めてみるのもいいでしょう。たとえば、新しい知識を得たり、考え事をしたり、くつろいだりもできます。新しい道を探索したり、ずっと望んでいた休暇を取ることもできるでしょう。あるいは、仕事の新しい方向性を検討したり、新しく浮かんでくるアイデアを探求してみてもいいでしょう。

干潮を抜け出す道が、必ずあります。あなたの心の中には、いくつものアイデアがあり、あなたに試してもらうのを待っています。自分の夢やヴィジョンだけでなく、自分の好きな物事からの誘いかけるような囁きに注意を払ってください。

宇宙は完璧な方法で働き、
いつも私にとって最善のものを与えてくれます。

干潮の時期に、自分が受け取っている贈り物に感謝できればできるほど、潮が満ちるスピードも増してくるでしょう。請求書ではなく、自分の豊かさに焦点を当ててください。今、自分がどのような「魂の新しい質」を高めているのか、確かめてみましょう。たとえば、忍耐、信頼、愛などの質を高めているのかもしれません。覚えておいて欲しいのは、あなたは自分が焦点を当てるものを創造するということ、そして、下降サイクルのあとには必ず上昇サイクルが訪れるということです。

過去、お金に困っていたときのことを思い出してみましょう。その苦境によって自分が培った精神力に気づき、その後どのように人生が変わったのか見てください。過去を振り返ると、干潮のあとに、いつも自分がどれだけ進歩を遂げ、前進したかがわかるはずです。

ほとんどの業種に言えることですが、お金を稼ぐ前に、お金を使わなければいけない場合があります。あなたが今、将来の繁栄につながる物事のためにお金を使っているのなら、将来お金を稼ぐ自分の能力に対する「信頼」の気持ちを、行動で示しているのだと考えましょう。

ただし、自分が何を必要とし、将来どれだけの収入が見込めるのかを評価するときは、自分に正直になってください。自分の技術、知識、そして市場を見極め、それに基づいて決定を下すことです。たとえば、新しいビジネスを始めるときは、素敵なオフィスや数々の設備を用意して、スタッフを雇うことがありますが、そうした出費をまかなうだけの商売が成り立たないということにあとから気づくこともあります。

私の借金は、将来お金を稼ぐ私の能力に対する、自分と他者の信念を表しています。

もしあなたが借金することを考えているなら、まず内なる導きに相談して、それが適切かどうか尋ねてください。大きく前進するための借金は、借りた以上のお金をあなたにもたらす可能性を秘めています。しかし、毎月の出費をまかなうための借金は、あなたの財政計画に基本的な問題があることを示しているかもしれません。家賃のためにお金を借りることもできますが、家賃はまた翌月も必ず来るものです。毎月の生活費のためにお金を生み出したいのなら、借りる以外の方法を考えたほうがいいでしょう。

収支を合わせるため、必需品を買うため、あるいは新しい事業の資金調達のために、お金を借りることが必要に思われるときもあります。借金をしたときは、「借金がある」という事実に押しつぶされて、豊かな感覚を見失わないようにしてください。もし借金が手に負えないように思われたり、自分の返済能力を超える額を借りてしまったと感じたら、「この借金を楽に返せる」という最初の信念に戻ってください。お金を借りたとき、あなたは将来自分に収入があることを信頼したのです。その信頼を再確認しつづけてください。借金を心配する代わりに、毎月少しずつでもいいので喜んで返済しましょう。借金額が減っていくところを視覚化すれば、やがて返済は終わっていきます。

借金を心配するのは非生産的なことです。あなたは借金のない状態を望んでいるかもしれませんが、自分の意識を創造的なアイデアに向け、心配をやめて働かなければ、借金からは抜け出せません。支払いができないときは、債権者と連絡を取り合うことを忘れないでください。支払う意思があることを伝え、返済期限が来た額のたとえ一部でも、払えるだけの額を返済しましょう。債権者はあなたからの連絡を喜び、毎月定期的に返済されるのなら、たいていの場合は、あなたが支払える額を受け入れてくれるでしょう。

ある一家は、夫が解雇されて、毎月の支払いが遅れていました。債権者たちが電話をしてきたり、次から次へと人が現れて、お金を返してくれと求めたりするため、妻は電話やドアのベルに応答するのが怖くなりました。状況はとても厳しく見えました。ある日彼女は、債権者に連絡して事情を話せば、ふつうは配慮してもらえるものだと人から教わりました。

彼女は、その話が自分に当てはまるとは思いませんでした。というのは、一家の債権者の大半は大きな会社だったからです。それでも、彼女は前向きに考えようと心に決め、勇気を出して電話に手を伸ばし、それぞれの債権者に自分たちの逆境を伝えて、返済する意思があることを説明しました。驚いたことに、どこの債権者も親切で、ちゃんと話を聞いてくれました。彼女は、大きな額を返済できるようになるまで、毎月それぞれの債権者に少額ずつ支払うことを約束し、相手はそれを承諾してくれたのです。

もしあなたが借金をしていて、それから抜け出したいと思っているなら、まず自分が借りている総額を計算してください。そして、その借金に対して嫌な気持ちがあるのなら、自分を許して、お金を借りたのは、あなた自身と貸した側の両方が、将来お金を稼ぐあなたの能力を信じたからだということに気づいてください。

借金を完済したところをイメージしましょう。借用書に「要返済額0円。完済」と書かれているのを想像します。最後の支払いをしている自分をイメージしてください。その場面をできるだけはっきりと描きます。完済したときの晴れ晴れとした気分を実感してみましょう。

借金を完済するのにどのくらいかかりそうかと心配してはいけません。自分が考えているよりも早く返せます。次の返済額を用意できたら、まず借金の総額を記入した「偽」の小切手を書いてみましょう。そして、請求書を見るときに必ず目につく場所に、その偽小切手を貼っておきます。請求書を支払うときは、債権者が自分を信頼してくれたことに対する心からの感謝の気持ちと愛を相手に送りましょう。

多くの人は、銀行口座の残高を見て、自分の純資産を判断しますが、たとえあなたに貯金がなく、借金があるにしても、あなたにはまだ自己資本があります。つまり、あなたには技術、知識、心構え、教育、経験、人脈がすべて備わっているのです。あなたがこれまでに学んだこと、そしてあなたが備えている技術はすべて、将来の収入源です。技術と過去の経験があなたの純資産であり、あなたはその資産をお金に変えることができます。

私の価値と財産は、私のあらゆる行動によって増大します。

仕事で支払いを受け取るとき、あなたは自分の経験をお金と交換しています。毎日、あなたはお金に変えることができる経験を積んでいます。つまり、あなたのお金を稼ぐ力は成長しているのです。自分の知識と技術と経験を正しく使うとき、それらはお金に値します。将来あなたは、お金を生み出してくれる技術をさらにたくさん身につけるでしょう。

たとえ借金をしていても、あなたにはまだ大きな純資産があります。あなたはまだ、経験をお金に変えていないだけなのです。あなたが学生で、学費を払うために借金したのなら、あなたは今、あとからお金に変えられる「技術」という純資産を生み出しています。成長し、可能性を開き、自分の道を歩みつづけてください。そうすると、あなたの価値は上がりつづけます。成長するにつれて、あなたは将来もっとお金を稼げるようになり、過去の借金を完済するでしょう。

たとえあなたが今ギリギリの生活をしていて、請求書をかろうじて支払っている状態でも、自分を敗者だと思わないでください。あなたはただ、大切なレッスンをたくさん学んで、自分の本質を経験するためにその道を選んだにすぎません。あなたはこの経験によって急速に成長しているかもしれないのです。たとえば、欲しいものが欠けている状態を経験することによって、自分が豊かさに値することを学んでいるのかもしれません。

ひょっとすると、思っていたより自分は物質を持つことに依存しないのだと気づいて、どれだけ持たずに生活できるかを発見している最中なのかもしれません。あるいは、自分がほとんど持っていないときでさえも、気前よくなれることを学んでいるのかもしれません。信頼、思いやり、謙遜という高い質を学んでいる可能性もあります。自分にとって意義深く重要なことと、そうでないこととの区別をつけながら、人生で何が大切なのかを調べている途中なのかもしれません。人から受け取ることや、お金がなくてもパワーを感じることを学んでいる可能性もあります。自分のレッスンを理解して受け入れると、あなたはその経験をもう必要としなくなるでしょう。

私の経験はすべて、
さらなるパワーと明晰性とヴィジョンを得るための機会です。

あなた方の中には、自分の時間とエネルギーの大半を、請求書の支払いと基本的ニーズを満たすことにつぎこみ、余裕のない生活をしている人もいます。自分のエネルギーをライフワークに注ぐことができるように、そしてお金の不足で心を乱さなくて済むように、充分なお金を持つことが大切です。自分の理想の仕事やキャリアを探すことに集中している間、請求書を支払うための一時的手段として、臨時の仕事に就くことを考えてもいいでしょう。この段階では、状況を考慮して、自分の誠実さを裏切らない範囲内で、基本的ニーズを満たすためにできるだけ簡単な手段を探しましょう。たとえそれが、あなたの技術を全部は使わないものだったり、あなたが考える理想の仕事ではなかったとしても、職場環境や業務内容が納得いくものであるなら、他のことをしながら生活基盤を整えるために、その仕事は役立つはずです。

お金のことを絶えず心配していると、創造性と明晰な思考力を妨げます。請求書をちゃんと支払い、生活費をまかなえるレベルにまで自分を引き上げると、もっと迅速にライフワークを見つけて生み出せるようになります。あなたの魂は、肩書など気にしません。自分の仕事に愛と意識を向けているかぎり、あなたは霊的に成長します。臨時の仕事に就くことを決めたとしても、どこかで自分の理想を犠牲にしてしまったと考えないでください。自分自身が生活するのに必死になっていないときのほうが、もっと効率的に人助けできることに気づくかもしれません。

臨時の仕事には、うれしい驚きが隠されていることもあります。たとえば、新しい友人ができたり、将来役立つ技術が身についたりするかもしれません。それは、今はわからないけれど、何らかの点でライフワークへと続くステップかもしれないのです。臨時の仕事は、お金や新しい技術をもたらし、場合によっては、もっと自分の好みに合う仕事につながるチャンスを与えてくれます。どんな経験も、決して無駄にはなりません。日常的な業務でさえ、あなたが学ぶ必要のあるレッスンを教えてくれます。ただし、その仕事に自分のエネルギーと時間を根こそぎ奪われないようにしてください。あなたのより大きな目的を消してしまわないよう、エネルギーを充分に残しておく必要があります。

あなた方の中には、臨時の仕事に就くのは妥協だと感じて、ギリギリの生活をもう少し続けようと決心する人もいるかもしれません。ライフワーク以外のことをするのは受け入れがたいと感じ、ライフワークを始めるまでは、喜んで質素に暮らそうと思うかもしれません。その場合は、自分が進んでその道を選んだということを認めてください。周りに何か言われても、自分が間違っていると思わないようにしましょう。ただし、自分の基本的ニーズをちゃんと満たして、ライフワークを始めるために必要な時間を使えるようにしてください。

人生は螺旋のようなものです。あなたは、あらゆる段階《ステージ》を何度も通過し、それぞれの段階をより高次の視点から経験します。たとえば、ほとんどお金がないときは、お金が入ってきたときに造作なく金銭処理するためのレッスンをたくさん学んでいます。このレベルを突破するためには、お金、経費、出費、必需品の面で、生活をシンプルに保つ必要があるかもしれません。自分をバラの木だと考えてみましょう。バラの木は、春になって丈夫に育つように、冬に剪定《せんてい》します。あなたもこの時期を活用して、基本的ニーズを確かめ、自分に役立たないものは捨ててください。

請求書を支払うための収入源がわからないとき、あるいは現状を変えるのに役立つステップを内面が示しているのに、そのステップを踏むのが不安なとき、あなたは「恐れ」と向き合っているのかもしれません。恐れという感情は、思っているより簡単に変えることができます。恐れを手放すのに必要なのは、そうしようとする意欲と意図だけです。

恐れを手放す一つの方法は、自分が恐れているものを具体的に突きとめることです。自分の財政状態を不安に思っている場合は、想像力を使って、「もし今月、請求書を支払わなかったら、最悪どんなことが起こるだろう？」と考えてみましょう。答えを一つひとつ確認して、さらに「起こりうる最悪のことは何だろう？」と考えてみます。最終的に、あなたは自分が最も恐れていることにたどり着くでしょう。その恐怖を認めたとき、あなたはそれを手放すことができます。

起こりうる最悪のことが、失業して一文無しになり、飢え死にする可能性であるなら、まず最初にその恐怖と向き合ってください。自分の恐怖を突きとめると、それを変えることができます。いったんその恐怖に対処できたら、どのような行動を取るのが適切かわかり、それを実行できるでしょう。自分の恐怖に向き合うときは、それを実際よりも大きく考えないことです。起こりうる最悪のことがわかりさえすれば、おそらくあなたは、自分がそれに対処できるということ、そしてそのような最悪の事態はそもそも起こりそうにないことに気づくでしょう。

たとえば、ある女性は自分でビジネスを始めたいと思っていながら、ずっと躊躇していました。彼女は、自分が恐れていることを知っていました。「このビジネスを始めた場合、起こりうる最悪の事態は何だろう？」と自分に訊いてみると、「誰も自分にお金を払ってくれないだろう。商売が成り立たず、請求書が支払えなくなる」という答えを得ました。「そのあとに起こりうる最悪のことは？」と訊くと、「請求書を支払えなければ、家を失ってしまう。子どもに食べさせることができず、一家で飢えに苦しむだろう」という答えです。さらに「そのあとに起こりうる最悪のことは？」と自問すると、彼女はこう思いました。「死んだほうがマシだと考えるにちがいない」

いったん自分の恐怖を理解すると、彼女はその最悪のことが起こる可能性はほとんどないことに気づきました。というのは、両親や兄弟姉妹が、少なくとも食べ物を持ってきてくれることがわかっていたからです。自分の最悪の恐怖を表面化したことで、精神力まで目覚めたように思われました。あなたの中には、恐れている自分の側面一つひとつに対して、同じ数だけ、自分が成功できることを知っている側面があるのです。

私は自分の恐れに愛を送ります。
私の恐れは、私の愛を待っている内面の場所です。

では同じ状況で、起こりうる最高のことを想像してください。あなたの中のあらゆる恐れは、あなたがこの人生で発展させている一つの領域を表しています。つまりその領域は、あなたがネガティブなエネルギーをポジティブなエネルギーに変えながら浮きぼりにしている、内面の場所なのです。あなたが自分の恐れを意識の光で照らすとき、恐れはそのパワーを失います。恐れが心の表面下に潜んでいるときだけ、それが原因となって、あなたは自分の高次の道に寄与する物事を避けてしまうことがあります。

一つひとつの恐れを認めていくと、その恐れを解放する方法へと導かれていきます。あなたが自分に与えられる最大の贈り物の一つは、痛みや苦しみの原因となっている、繰り返し起こる状況を調べて、その背後にある恐れを明らかにすることです。恐れを取り除くと、あなたは自分にいくつもの大きな贈り物を与え、より大きな可能性を開くことになります。なぜなら、一つひとつの恐れの奥底には、本来のあなたの姿と今後あなたがなりうる姿について、新しいイメージ、洞察、事実がたくさん埋まっているからです。もしあなたが、好きなことをするためのお金を充分に持つことを恐れているなら、世界旅行、素敵な家、経済的自立といった発想はおそらく意識にのぼってこないでしょう。恐れを手放すと、成長と可能性のすべての領域を開くことになります。

恐れを認識したあとに、それを手放すもう一つの方法は、その恐れを自分の魂の光に掲げることです。「私の恐れを解放し、浄化し、癒してください」と魂に頼んでみましょう。あなたのより大きな幸福のためにならないものは何でも手放し、その一つひとつに、自分から出ていくように頼んでください。あなたは頼むだけでいいのです。そうすれば、すぐに魂が、恐れを手放すのに役立つ物事へとあなたを導いてくれるでしょう。恐れを手放す心の準備ができたと感じたら、今、その解放を求めてください。そして、欲しいものを手に入れるための、新しく創造的な方法に心を開いてください。

あなたは自分の恐れと一心同体なのではなく、それらを経験している自己です。「私は恐れています」と言う代わりに、「恐れの感情が私を通り抜けています。私は今それを楽に手放します」

と言ってみましょう。恐れを感じているあなたの「部分」は、あなたの真の姿のほんの一部にすぎない、ということを思い起こしてください。

おびえている幼い子どもに対するように、自分の恐れの思考に愛を送り、それを安心させることで、あなたは自分の中の強い自己を認識し、それとつながることができるようになります。その恐れに、何かメッセージがあるのか訊いてみましょう。ひょっとすると、あなたに注意を払って欲しいことがあるのかもしれません。自分の恐れを愛し、手放してしまえば、あなたは前進して、自分の権利である豊かさを、もっと早く求めることができるようになります。

私は成功と繁栄について話します。
私の言葉は他者を引き上げ、鼓舞します。

あなたの繁栄を増大させるために、自分の豊かさについて話してください。言葉は重要です。あなたが発する言葉はすべて、あなたが経験する現実を創り出す可能性を持っています。宇宙は、あなたのポジティブな話に反応します。たとえ今あなたが人生に望むものを持っていなくても、まるで自分がそれを持つことを確信しているかのように、話し、行動しはじめると、あなたはそれを手に入れる状況を引き寄せるでしょう。言葉は、あなたの潜在意識に影響を与え、潜在意識はあなたの発言を聞いて、その言葉を現実化するために具体的な行動に出ます。「私には充分なお金がない」という言葉は、直接あなたの無意識に届き、無意識は欠乏を生み出しはじめます。

「それを買う余裕はない」と言うのではなく、「今はこれを買わないことを選ぶ」と言うようにしてください。

他人には失敗や困窮状態について話さないほうがいいでしょう。今お金がないにしても、自分の欠乏について不平を言わないでください。それよりも、自分のヴィジョンと夢について語りましょう。今、人生でうまくいっていること、そして自分が将来についてどれだけ前向きに感じているかについて話してください。自分の欠乏を強調せず、自分に対する自信と信頼を、他の人たちに話しましょう。

あなたの友人たちは、あなたについてイメージを抱いています。そしてあなたは、自分のことを考えるときに、彼らが抱いているイメージを拾い上げます。あなたが自分の豊かさについて人に話せば、彼らはあなたを豊かだと考えます。そうして、彼らはあなたについてポジティブなイメージを抱き、あなたは自分が望むときはいつでも、そのイメージを活用できるようになります。

たとえ今お金がなくても、まるであるかのように話してください。

私は豊かな世界に住んでいます。
私の宇宙ではすべてが完璧です。

たとえ今あなたが、自分には充分なお金がないと感じていたとしても、必要なお金はすべて持っているつもりになって、その豊かだという感情を体に染みこませてください。潜在意識は、実際に起こっていることとあなたが想像していることの区別がつかないため、自ら出かけて、あなたのために喜んでその空想を創造します。４章の引きつけるエクササイズの手順に従って、自分が求めるものを引きつける作業を継続してください。豊かさのヴィジョンを創造すれば、まもなく世界はそのヴィジョンをあなたに反映してくれるでしょう。

静かに座って、豊かさを増大させるためにできることがあるかどうか、賢明な自己にメッセージを頼んでみるといいでしょう。もし何もメッセージがなければ、あなたが求めたものは今こちらへ向かっているのだということにして、それを送ってくれたことへの感謝の気持ちを、宇宙と自分のハイアーセルフに先に届けておきます。あなたの求めたものが本当に近づいてきているかのように、日常生活を続けてください。あなたがそれについて心配してもしなくても、それはやってきます。

心配や疑いの気持ちは、豊かさを引きつける力を弱めます。他のことをしたり考えたりして、それに没頭してください。そしてときどき、心の中でさらなる囁きがないかどうか、注意を払うべきメッセージがないかどうか、確認してみるといいでしょう。囁きやメッセージがあれば対応し、次にすべきだと思われることに戻ってください。

あなたはただ、その日その日を大切に過ごすだけでいいのです。お金を生み出すために今日できる行動を検討してください。あなた方の多くは、自分のヴィジョンの壮大さに圧倒され、いつもプレッシャーを感じています。自分の夢をまだ達成していないという理由で、敗者のように感じている人さえいるかもしれません。でも、そんなふうに感じる必要はありません。ただ、今日できることに集中してください。

自分の将来に対する信頼を行動で示すために、今すぐできることが必ずあります。たいていの場合、無力感が生まれるのは、自分が将来のどこかの時点で充分に持っていないかもしれないと心配しながら、未来に生きているときです。今日あなたが取る行動だけが、未来を変えます。ですから、豊かさを創造するために今日できることに集中してください。

最も壮大な計画でさえ、一日一日それを進めていくことによって達成するのです。つまり、最大の計画を一番うまく実現するには、次にすべきことをつねに見すえながら、日々の計画、月々の計画に目を向けることです。自分の夢を実現するには、忍耐、根気、献身が必要です。あなたが今経験していることが何であれ、それは自分の成長にとって完全な出来事なのだと信頼してください。豊かさを求めたのに、その正反対に思えることを経験しているとしても、その正反対の経験こそが、大飛躍するために必要なエネルギーを生み出すことができるのだと理解してください。

9 プレイシート　余裕のない状態から抜け出す

1　もしあなたが今、余裕のない生活を送っているのなら、次のように尋ねてください。

a　私は今この状況にいて何を学んでいるのだろうか？

b　私は今どんな形で、より強く成長しているのだろうか？

c　私は今、どんな質を育てているのだろうか？

d　自分の人生で、何が本当に重要なものだとわかっただろう？

2　もしあなたが今、余裕のない生活を送っていて、出口のない箱の中にいるような気がしているのなら、次のように想像してください。

a　自分が箱の中にいるか、あるいは欲しいものの前に立ちはだかる壁を眺めていると想像してください。

b　その箱はどんなふうに見えますか？　それは何でできていますか？　その壁はどのくらい厚いですか？

c　では、箱を想像しているあなたは、その箱にドアと窓をつけましょう。自由で快適だと感じるようになるまで、好きなだけたくさんのドアと窓をつけてください。壁を想像しているあなたは、何かちょうどいい道具を自分に与えて、壁を壊してください。簡単に反対側に行けるようになった、と満足できるまで壊しつづけましょう。

象徴を使ってイメージすると、人生に大きな変化を生み出すことができます。このエクササイズをするたびに、箱や壁が象徴していたものが変化しはじめ、数々の新しいチャンスが訪れるでしょう。

10章　信頼する

信頼とは、自分と宇宙の豊かさを信じて、ハートを開くことです。そして、宇宙は愛と好意にあふれていて、あなたのより大きな幸福を支援してくれるものだと確信することです。信頼とは、自分が創造のプロセスの一部なのだと自覚することであり、欲しいものを引き寄せる自分の能力を信じることなのです。

宇宙は安全で、豊かで、親切です。

ほとんどの人は、お金について疑いを抱くことがあります。たとえば、ちゃんと食べていけるだろうか、今持っているお金が続くだろうか、自分に目標達成する能力があるだろうかといった疑念です。莫大な富を得た人たちでさえも、お金が入りつづけるだろうか、今あるものが続くだろうかと、同じような疑いを抱きます。お金のことを心配しているからといって、自分がおかしいなどと思わないようにしましょう。ただ、心配する習慣を変えてください。そうでないと、どれだけ財を成しても、お金のことを心配しつづけることになります。

多くの人は、自分の所有額を問題視しているときに、とりわけお金のことを考えます。しかし、お金にまつわる疑念や心配は、あなたの所有額とは何の関係もなく、どれだけ長々とお金のことを心配しても、あなたが生み出せるお金の額は変わりません。あなたが自信と平穏を感じているときだけお金について考えようと決意すれば、欲しいものを引きつける磁力を高めることができます。

あなたが今、お金のことを心配しているのなら、お金のことを考えるのではなく、自分の幸福感を高めることに取り組んでください。「今日はいくらお金が必要だろうか」などと考えるのではなく、「今日はどのようにお金を生み出せるだろうか」と自問してみましょう。お金を生み出すことに焦点を当てているときと、お金を必要としていることに焦点を当てているときでは、宇宙に送り出すエネルギーに雲泥の差があります。つまり、お金を生み出すことに集中しているとき、あなたのエネルギーはお金を引きつけ、お金を必要としていることに集中しているとき、あなたのエネルギーはお金を遠ざけるのです。

あなたが適切だと思う行動をすでに起こしたのなら、さらなる行動について内なる導きがないかどうかに注意を払いつつ、他のことに集中してください。「自分の幸福感を高めるようなことで、今すぐ何ができるだろうか」と考えてみましょう。明るい気分を高めるようなことをしてください。そうした行いは、あなたを元気にし、自分の経済面についてもっとポジティブに考えられるように、心の状態を変えてくれます。気分がよくなれば、ますます内なる導きに耳を傾けられるようになり、新しく創造的なアイデアを思いつくでしょう。

私は最高の出来事だけが起こることを期待し、
実際に、最高の出来事が起こります。

信頼とは、最高の出来事が起こると期待し、欲しいものを創造する自分の能力を信じ、自分がそれを持つに値すると確信することです。あなたはその「信頼」を、多くの形で示すことができます。たとえば、外部の世界が、自分の信じていることとは別のことを映し出しているように見えるときでも、信じつづけるという形で「信頼」を示すことができます。あるいは、身の回りにまだ豊かさが見当たらないときでも、自分の豊かさについて語るという形でも、信頼を示すことができます。

だからと言って、ただ座って信じているだけでは充分ではありません。内なる導きに耳を傾け、それに基づいて行動することで、信頼を示してください。あなたは形と物質の世界に住んでいるので、行動を起こすことが、欲しいものを持つことへと物理的に結びついていきます。自分のアイデアを行動に移し、手応えを得て、結果を見ることによって、信頼を高めることができます。思い切って挑戦するたびに、あなたは自分を信頼し、信じる能力を高めます。

信頼と希望にはちがいがあります。信頼とは、自分の欲しいものがやってくることを信じ、それを確信していることです。それに対して希望とは、何かを欲する一方で、それが本当にやってくるとは信じていないことなのです。

あなたの欲しいものが何であれ、それを得るためのお金があるかのように行動してください。これまでに、お金がないからと考えて、何かを買うのを控えたことが何度あったでしょうか？そして結局、それを手に入れたときに、前々から買う余裕があったことに気づくのです。欲しいものがあるなら、出かけて、見て、視覚化し、行動を起こしてください。

欲しいものを得るのに、思っていたよりお金がかからなかったということがよくあります。友だちが使っていたものをくれるなど、思いもしなかった方法でそれを手に入れる場合があります。何か行動を起こして、自分には欲しいものを手に入れる意図があることを宇宙に示してください。あなたが起こした行動は、目的のものやお金を直接もたらす行動ではないかもしれませんが、あなたの意図が合図となって、宇宙はあなたの欲しいものを運びはじめるでしょう。

たとえば、新しい家が欲しいのに、お金が充分にないと思っている場合、あきらめるのではなく、すでにお金がそこにあるかのように行動してください。まず、自分の理想の家やアパートを想像してみましょう。まるでお金があるかのように、家を見学しに行ってください。自分の理想の家を何度も何度もイメージしてみましょう。始めたときはお金がなかったとしても、家を持とうというあなたの意図は、可能性を変化させます。あなたの意図が宇宙に出かけていくと、あなたは必要な人や出来事を引きつける磁力となります。あなたは数々のチャンスを引き寄せますが、そのチャンスは、あなたが意図を明確にせず、それを実現するための行動を起こしていなければ、存在しなかったものなのです。

ある女性は、サンフランシスコでアパートを探していたとき、今述べたことを実行しました。彼女の低い予算では、ワンルームのアパートすら見つけられないだろうと言われましたが、彼女の希望は、寝室があり、ビジネス街にある職場から徒歩圏内で、飼っている猫が出入りできるベランダなどを備えた物件でした（たいていの住居は、ペット禁止です）。彼女は友人たちの言葉に耳を貸さなかったので、彼らは信じられないといった様子で首を振っていました。住む場所を見つけるのに、二週間しかなかったため、彼女はまず、理想の家をはっきりと心に描きました。そして、家は簡単に見つかると自分に言い聞かせ、そのアパートを想像して、引きつける作業を始めました。

ある日、散歩をしたいという強い衝動に動かされた彼女は、その道中で、小さな建物の階段に腰かけている女性を見かけました。なぜかはわかりませんでしたが、彼女はその女性に、自分が住む場所を探していると話したい気持ちに駆られました。すると、その女性は家主で、彼女の理想にぴったり当てはまるアパートを所有していることがわかりました。その女性は、アパートを貸して収入を得る必要はなく、前の住人が気に入らなかったので、ちゃんとした人が現れるまで、部屋を貸すのはやめようと思っていたそうです（その部屋は二年間も空き家になっていました）。二人は意気投合し、家主は部屋を貸すことを承諾してくれたうえに、最初と最後の月の家賃を免除してくれました。彼女は猫を飼うこともでき、家賃は支払える予算額にちょうど一致していました。しかも、その建物は彼女の職場から徒歩圏内でした。

信頼は、精神世界と物質世界をつないでいます。あるアイデアが浮かぶ瞬間と、それが実現する瞬間の間に流れる時間を結びつけているのです。あなたの夢は、精神的次元ではすでに真実であることを理解してください。夢は、あなたの物質世界に現れる完璧なタイミングをただ待っているのです。ハイアーセルフが、適切なときに適切な物事を与えてくれるということを信頼してください。

私は、どこまでも向上する、自分の豊かさの実現能力を信頼しています。

自分が正しい道にいるとき、あなたにはそれがわかります。なぜなら、扉が開き、人々が現れ、偶然の一致が起こるからです。あなたが正しい道にいないとき、あるいは自分の高い目的を追求していないときは、まるで接着剤の上を歩いているかのように感じ、何もうまくいっていないように思うかもしれません。あなたが自分の道に従っていて、エネルギーが流れているときは、人生もたいてい簡単にうまくいきます。

だからと言って、何の障害にも出くわさないわけではありません。あなたの課題は、その障害の意味を知ることです。つまり、自分の道を再検討したほうがいい、ひょっとすると別の道があるかもしれないということを知らせるための障害なのか、あなたが根気と忍耐という質を育てるための障害なのか、見極めることが課題となるのです。この課題に、簡単な答えはありません。前進すべきときと、別の行動方針を探すべきときを知るには、経験と自己認識が必要です。

その障害が、ただあなたの成長の一環として起こっているのか、それともあなたに別の道を探すように促しているのかを知る一つの方法は、自分が達成したいことを確認することです。自分の目標に喜びを感じているとき、あるいは、障害を乗り越えたら欲しいものがやってくるのだと承知していて、どこかうれしい気持ちがあるときは、その障害を乗り越えることが適切です。障害を克服することに喜びを覚える人もいます。なぜなら、障害を克服することで、欲しいものを得たときの達成感が増すからです。

欲しいものから焦点をそらさず、適切に思える行動を取っていると、十中八九、その障害は消えはじめるでしょう。しかし、障害を乗り越えるのが途方もなく困難に思えるのなら、たいていの場合、その障害はおそらく、目標を達成するのにより良い方法が他にあることを教えています。あなたが障壁として見ている状況が、別の方向へ導いてくれて、結局その道に進んでよかったとあとからわかることになります。そこに障害があるのは、あなたを守るためかもしれません。あるいは、あなたが時期尚早な行動を取るのを防ぐため、またはあなたが見落としたことに注意を促すために生じることもあります。障害は、あなたが次のステップに進む前に対処しておくべき問題をすべて処理するためのチャンスを与えてくれることもあります。

ある女性は、新しいアパートを探したいと思っていました。上階の住人が、とてもうるさかったからです。彼女はアパート探しに三週間費やしましたが、思わしい成果はありませんでした。それでも彼女は、完璧な家が自分の人生にもう存在しているのだと自分に言いつづけました。そして数々の障害が現れて、別の行動を取ったほうが適切なように思えたときも、何とか乗り越えようとしました。

アパートを探しはじめてから数週間後、上の住人が突然引っ越し、代わりにとても静かな人が越してきました。結局、彼女は引っ越す必要などなかったのです。彼女は、アパート探しがことごとく阻止されていたこと、そして、障害の中を突き進もうと決意したがために、ただひたすら奮闘するはめになっていたことに気づきました。また彼女は、うるさいことを除けば、自分が今のアパートを気に入っていて、もともと引っ越したくなかったことにも気づきました。

私は人生に繁栄と豊かさを受け入れます。

今あなたが持っているものをはるかに超える何か、たとえば、目がくらむほどの経済的成功などを求めた場合は、実現までにしばらく時間がかかるかもしれません。そのおかげで、あなたはその成功に対応する準備ができます。自分がある一定のレベルで振動していると考えてみましょう。そして、自分の現在の所有額が、その振動数と調和していると考えてください。

もし適切な準備もなしに、突然、巨額のお金を手渡されたら、そのお金の波動はあなたの波動とは合わないでしょう。多額のお金が当選して、数年で使い果たし、結局もとの財政状態に戻ってしまったという人たちの話を聞いたことがないでしょうか。反対に、高額当選しても、生活をほとんど変えない人たちもいます。彼らは数年経ってから、ようやく多額のお金を扱うことへの違和感がなくなり、大きな変化を起こす心構えができます。

お金がどんどん入ってくることに対する心の準備をしておくことが大切です。そうすると、さらにお金が入ってきても、その先ずっとそのお金と調和していられます。このプロセスを早めたければ、多額のお金を実際に受け取る前に、そのお金のエネルギーを「身につけて」、その額に違和感を覚えなくなるまで、自分のエネルギーを心の中で調節しましょう。

外側では何も起こっていないように思えるときもあるかもしれませんが、あなたの内側では、自分が求めているものを受け取る準備をするために、大きな変化が起こっています。欲しいものを引き寄せる自分の能力を信頼しながら、お金が入ってくるのを待ちましょう。そして、自分に起こっていることはすべて、欲しいものを手に入れる準備をするためなのだということを理解してください。あらゆる出来事は、豊かさが実現したときに、その波動とあなたの波動が調和するように、変化を起こす手伝いをしているのです。

今あなたが経験している現実は、過去の思考が創り出したものです。あなたが過去に創り出した現実が、今あなたが自分のために整えようとしている新しい現実に変わるまでには、時間がかかるかもしれません。あなたは今、自分が欲しいものを創造でき、それを持つに値すると信じることを学んでいる最中なのです。「より豊かになる」と意図を定めさえすれば、数々の小さな変化が内面で起こりはじめます。人生にさらなる豊かさを受け入れるたびに、それを認めてください。ほんのわずかなことでも認めているうちに、あなたの磁力はさらに多くを引きつけるでしょう。

私は、すべてが完璧なときに、完璧な方法で実現することを信頼しています。

新しいことがやってくるまでには時間がかかるので、あなた方の多くは、すぐにあきらめてしまいます。目標が大きければ大きいほど、欲しいものを得るためのステップも大きくなり、時間も長くかかるでしょう。なぜなら、あなたが今いる場所から行きたい場所へ移るには、進むべきステップと起こるべき出来事がいくつかあるからです。4章の「物事を引きつけるための基礎練習」のステップ6で述べているように、エネルギーに働きかけることで、このプロセスを早めることができます。欲しいものがやってくるのを待つ間、自分の信頼を確認し、勇気を育み、導きに従って行動できるようになってください。

物事が然るべきタイミングで現れることも大切です。そのタイミングとは、あなたに準備ができているときのことです。欲しいものがあまりに早く来てしまうと、それが持つ可能性が完全に花開くための状況が整っていないかもしれません。真冬に芽を出そうとする種のようなものです。早すぎて、苗が育たないでしょう。反対に、欲しいものが来るのが遅すぎると、それが完全に展開するためのチャンスがいくつか過ぎ去っていたということになるかもしれません。種が夏の終わりまで発芽するのを待っていると、秋が来る前にちゃんと育つ時間が充分にありません。タイミングはとても重要です。あなたのハイアーセルフは、すべてを完璧なタイミングでもたらしてくれます。

過去に欲しかったけれども手に入らなかったもののことを考えてみると、それは当時のあなたに役立つものではなかったということに気づくはずです。あなたが創造したいと思っている物事の中には、不適切な時期に、あるいは不適切な形で実現すると、あなたの邪魔をしてしまうものもあるのです。あとになって、それを手放す必要が出てくるかもしれません。それを手放すために時間やエネルギーを奪われて、自分の道に集中できなくなる可能性もあります。

信頼を育てることも大切です。つねに目標を心に留めておき、即座に結果を求めるのではなく、目標に向かって着実に励んでください。内なる導きが自分をどこへ向かわせているのか、いつも理解できるとは限りません。また、導かれたと思って取った行動の中には、期待した結果につながらないものもあるかもしれません。たとえそのときはわからなくても、内なるメッセージは自分の目標へ導いてくれているのだと信頼してください。

求めたものがあなたにとって最善をもたらすなら、それは必ず手に入るということを信頼してください。そして、起こっている出来事はすべて、あなたが求めているものを実現させる手助けをしているのだと信頼しましょう。自分の努力の結果を評価するときは、それがすぐにもたらすお金で判断するのではなく、自分がしていることをどれだけ気に入っているか、その活動が人生にどれだけの価値をもたらすか、ということを判断基準にしてください。内なる導きに従いつづけ、自分にとって意義深い物事を続けていると、あなたは夢を創造することになります。

さらなる豊かさを創造する旅路で経験するあらゆる出来事は、あなたがお金を引き寄せるために必要な「質」を育てる手助けをしています。自分がかつて信頼したときのことを思い出してください。そのとき、あなたは今よりもずっと悪い状況にいたかもしれません。もしかしたら、どうやって請求書を支払えばいいのかまったくわからない状況で、信頼を失わずに切り抜けたことがあるかもしれません。お金が入ってくると信頼しているのに、まだ入ってこないのなら、今起きていることは、自分のより大きな幸福のためなのだと信頼しましょう。今はその理由がわからなくても、ただ信頼してください。何かを持たないことが、あなたを新しい成長の分野へとあと押ししている場合もあります。

あなたは今、求めたものを手に入れている途中なのかもしれませんし、求めたものの本質をすでに受け取っているのかもしれません。あなたが引き寄せるものはすべて、あなたに何かを教えるためにやってきて、あなたの活力や成長を促進させています。このことを理解するために、必ずしも物質的結果は必要ではありません。何かを持っているところを想像するだけでレッスンを学ぶこともあります。それをこの物質世界で創造する必要はないかもしれないのです。

自分が引きつけているものをまだ受け取っていないのなら、それの本質をもう一度確かめて、何らかの形でその本質をすでに受け取っていないか調べてみましょう。原点に戻って、自分がそれを創造したいと思った本当の目的を見直してください。思っていたのとは別の形で、その目的がすでに果たされていないかどうか、確認してみましょう。

もし欲しいものや必要なものがあって、それが本当に自分の高い目的に役立つものであれば、それは必ずやってきます。自分がまだ充分に努力していないとか、自分の実現能力には元から何かが欠けているのだと考えて、自分を責めてはいけません。そんなふうに考えるより、この宇宙は愛にあふれているということに気づき、求めても来ないものは、自分のより大きな幸福に役立たないか、今の自分に適していないものだけなのだということを理解してください。

私は自分の善なる部分にゆだねます。

お金を生み出す最終段階の行動の一つは、執着を手放して、自分の善なる部分にゆだねることです。今は物事を起こるがままに任せるときです。信頼とは、自分の中に高次のパワーが存在していて、そのパワーは自分が求めたものを適切なときに適切な方法で実現させるのを助けてくれると確信することです。「ゆだねる」とは、実現プロセスの中に心配や恐れを注がないことであり、その代わりに、最善のことだけが起こると予期しながら、その結果に責任を持つことです。

また、執着しないことも大切です。ゆだねることが「感情的に手放すこと」であるように、執着しないことは「精神的に手放すこと」です。「これがなければ生きていけない、私の幸せはそれを持つかどうかによって変わってくる」と思っているのなら、あなたは自分が願うものをむしろ遠ざけています。欲しいものを持つことに対する執着心がないときのほうが、それをずっと簡単に創造できます。

よく言われるように、人は何かを必要としないときに、初めてそれを持つことができます。「必要としない」ことと「欲しがらない」ことは同じではありません。自分が求めたものへの執着を完全に手放してください。そして、やってくるものはすべて自分に役立つものであり、自分の最高の幸福のためであることを信頼しましょう。たとえ、そのときは理由を理解できなくても、信頼してください。

宇宙は完璧な方法で働いています。あなたは宇宙の完全さに触れることができ、宇宙が愛にあふれ、成長と拡大のために必要なことを教えてくれるのだと信頼できるようになります。あなたの人生に何が起きていても、あらゆる状況は、あなたがもっと力強くなるために必要なことを教えています。起こっていることはすべて、何らかの形で、あなたが自分の最大の可能性を発揮し、内面の強さに目覚め、新しいレベルの実現技術を得られるよう助けているのです。あなたは、それぞれの状況が自分に何を教えているのか認識できるようになるでしょう。

自分が学んでいることを認識できるようになると、苦労ではなく喜びを持って、さまざまな状況をより早く切り抜けられるようになります。この宇宙は、まちがいなく愛と豊かさにあふれ、寛大で思いやりがあります。そしてあなたは、自分にとって一番ためになることだけを与えられるでしょう。

10 プレイシート　信頼する

1　自分が欲しかったもの、想像したもの、あるいは手に入れたいと夢見たもので、実際に受け取ったものを、3分以内にできるだけたくさんリストアップしてください。

2　リストアップしたものに対して、どの程度、自分がそれを手に入れると信頼していたか思い出してください。その信頼をどのように感じたか、その物事が来るのを待つ間、どのように感じていたか、その物事が来るという自分の信頼を確認するために、何をしたのか述べてください。

3　今、自分が欲しいものをできるだけ多くリストアップしてください。あなたはその中のどれを創造できると信頼していますか?

4　そのリストから一つを選んでください。自分がそれを手に入れるという信頼を示すために、どんな行動を取ることができますか?

11章　奇跡

奇跡は愛から生まれ、愛によって創造され、愛を通じてあなたのところに引き寄せられます。あなたが誰か他の人のために生み出した奇跡を考えてみてください。たとえば、ある物が相手にとってとても貴重なものだと知り、あなたはそれをプレゼントしたことがあるかもしれません。

そのとき、あなたが相手に感じた愛の感覚を思い出してください。その奇跡は、あなたの内面にある愛から生まれ、あなた自身にも愛を与えました。そして、愛のエネルギーを完成させるためには、相手の人も、あなたの贈り物を喜んで受け取る必要があったのです。もしその人が受け取ってくれなければ、奇跡は生まれなかったでしょう。あなたが受け取ることに心を開かなければ、宇宙はあなたに奇跡をもたらすことができません。

愛と奇跡を与えたい、あるいは受け取りたいと思うのなら、「そうしたい」という意図を持つだけでいいのです。最も高く大きなヴィジョンを掲げ、自分の経験の中に質（求める質）を生み出してください。あなた方一人ひとりは、愛のエネルギーのかたまりであり、自分が選ぶものは何でも創造することができます。奇跡は、あなたの愛から生まれます。もしあなたが進んでハートを開き、自分と他の人たちを愛すれば、人生はいつも奇跡になるでしょう。あなたがハートを開き、愛をこめた分だけ、奇跡があなたのところへやってきます。

肉体的あるいは精神的な問題を持った子どもの親が、医学的には治療不可能とされた障害を乗り越えて、子どもへの愛から奇跡的な結果を生み出したという話を聞いたことがないでしょうか。あなたが喜んで愛を受け取り、与えるとき、奇跡は起こります。奇跡は、宇宙とあなたの魂があなたを愛していることを示しています。欲しいものがあるのなら、マインドを使ってそれを視覚化し、ハートを開いてください。

私は毎日、行動で愛を示します。

あなたが愛をもってお金を使い、与えるとき、お金が自分のところにやってくる道をさらにたくさん生み出しています。愛の状態とは、宇宙の豊かさを受容する状態のことです。あなたが世界に愛を送り出せば出すほど、お返しに、より多くの豊かさと奇跡を受け取るでしょう。請求書を支払ったり、お金を受け取ったりするたびに、それを愛の贈り物として見てください。あらゆるお金のやりとりを、周囲の人々へ愛を注ぐチャンスにしてください。

ときには、あなたのマインドが奇跡の邪魔をすることがあります。マインドは計画を立てたり、目標を決めたり、視覚化することは得意です。しかし、何かを引きつける作業をしたあとは、このプロセスを早め、奇跡を生み出すために、ハートを開いてください。自分を信頼し、他者を愛し、その愛を毎日の行動で示してください。

　できるかぎりの愛を人々に与えてください。穏やかに優しくあるよう努め、愛をこめて話し、あなたを軽んじた人を許し、愛情をもって相手のことを考え、自分の言動すべてにおいて、相手を敬ってくださいさい。判断や批判はやめましょう。代わりに、あらゆる瞬間に愛する機会を新たに見つけてください。覚えておいて欲しいのですが、周囲の人々が愛情深いときに、自分も愛情深くあるのは簡単です。しかし難しいのは、周囲の人々がそうでないときでも、自分は優しくするということです。

　愛と思いやりをもって人々に接していると、あなたはチャンスやお金、人々、奇跡、そしてさらなる愛さえも引き寄せます。愛は、あなたをより高次の流れへ送りこみ、良いものを引き寄せます。新しい領域でハートを開いていくと、あなたはより大きな幸福と豊かさを引きつけるようになるでしょう。

　奇跡とは、あなたに想像以上の物事をもたらす予想外の出来事を指します。ふつう奇跡は、あなたが執着心を手放して、内なる導きを信頼したときに、共時的な出来事として起こります。奇跡はしばしば、あなたという存在の奥底に向けられた「助けを求める呼びかけ」に応じて起こります。危機が奇跡を生むことがよくありますが、それは、危機があなたの魂の最も深い部分を意識させるからです。

　あなたの魂はいつもあなたを見守り、愛と導きを送っています。心を静めて内観しているうちに、あなたは自己の「答えを握る部分」と結びつきます。自分の内面と向き合い、魂に触れて助けを求めると、答えがやってきて、奇跡が起こります。危機が訪れなくとも、自己の深部にたどり着く方法を学んでおくといいでしょう。奇跡は、あなたが内面に向かって魂に触れた結果、起こるのです。

何かが欲しいときは、「私への信頼と愛を示してください」と魂に頼んでみましょう。そして、受け取ることに心を開き、願いが叶えられたときに、それを喜んで認めてください。他者からの愛を受け入れ、宇宙からの愛を受け取ろうと心を開くたびに、あなたは人生に奇跡の創造を開始しています。

私は宇宙の無限の豊かさとつながっています。

あなたが通常の源泉からお金を得ていないときは、いつもとは異なる源泉からのお金を求めてください。お金が世界のさまざまな場所や人々、予期せぬ源泉からやってくるのに任せましょう。周囲を見回して、欲しいものを受け取っている自分の姿が浮かばないときは、まずお金の経路すべてが自分に開かれるよう頼んでください。「特定の源泉からしか受け取らない」と心に決めてしまうと、物事が通ってこられる他の経路をことごとく遮断してしまいます。

人生の状況は一晩で好転することがある、ということも忘れないでください。自分の経済的成功を取り巻く環境が変わるまでには時間がかかるにちがいない、とあなたが信じている場合は別ですが、その環境を変えるのに長い時間は必要ありません。ある日はお金のことを心配していたのに、翌日、何か良いことが起こって、心配がなくなったという経験はないでしょうか。お金のことを考えて気が滅入っているときは、今の状況は一時的なもので、変わりうるのだということを思い出してください。

求めていたお金や物事を、まるで奇跡のように予期せぬ形で受け取ったときのことを、思い出せるかぎり一つひとつ考えてください。前向きな考えを持って、内なる導きに耳を傾け従いながら、自分を信頼し、自分の高い目的に全力を傾けていると、あなたが引き寄せる奇跡も増えていきます。

最大の奇跡とは、生命そのものです。あなた自身が奇跡であり、あなたは欲しいものを何でも創造することができ、それもまた、もう一つの偉大な奇跡なのです。あなたが持てるものには何の障害も制限もありません。唯一の制限は、あなたが自分のために思い描けるもの、求めることができるもの、持てると信じられるものだけなのです。

奇跡は愛の働きによるものです。

11 プレイシート 奇跡

1　自分にとって特別な何かやお金を奇跡的に受け取ったときのことを、思い出せるかぎり書き出してください。たとえば、まるで聖なる存在が介入したような感覚と共に受け取ったときのこと、まったく予期せぬ形で受け取ったときのことを挙げてみましょう。

2　あなたが人生で今すぐ起こって欲しい奇跡はありますか？　あなたはそれを受け取ろうと心を開いていますか？　今、その奇跡が人生に起こるよう頼んでください。

Ⅲ　ライフワークを生み出す

12章　あなたは自分の好きなことができます

あなたは特別で、ユニークな人であり、世界に意義ある貢献ができます。人はみな、目的を持って生まれてきます。あなたには存在理由があり、この地球上で他の誰にも果たすことができない役割があるのです。あなたがこの世で成そうと決めてきた特別な貢献こそが、あなたのライフワークです。そのライフワークをしているとき、あなたは自分の高次の道を歩んでいます。そして、あなたの人生は、喜び、豊かさ、幸福感でますます満たされていくでしょう。

私が自分の好きなことをすると、お金と豊かさが自由に流れてきます。

自分のライフワークを見つけると、もっと容易に豊かさとお金を生み出せるようになります。あなたのライフワークとなるべき仕事や活動は、あなたが「時間とエネルギーを費やしてする好きなこと」が関係しています。自分の好きなことをしているとき、あなたはワクワクし、幸福感と充実感を覚えます。そして、喜びを放ち、良い物事をたくさん引き寄せます。好きではない仕事をしてお金を稼ぐこともできますが、それにはより多くの努力が必要になります。時間とエネルギーを注ぎながら、何かを嫌々していると、豊かさの流れを弱めてしまいます。反対に、自分がしていることを愛していると、もっと容易に、苦もなく豊かさがもたらされます。

農作物を育てている人のことを考えてみましょう。自分の農作物を愛している人なら、雑草を刈ったり、土を耕したりする必要があるときは、いつでも外に出て手入れをします。そして作物を保護し、どんな些細なことでも見逃しません。一つひとつ愛情をかけて見守り、できることは何でもして、作物が丈夫に育つよう、実をつけるように手をかけます。もちろん、そんな人が育てる作物は、嫌々仕事をしながら、必要なときだけしか手入れもせず、最低限の注意しか払わない人のものよりも美しく、たくさんの実をつけるでしょう。どんな作物でも収穫はありますが、作物を愛する人の収穫が最も大きいはずです。彼らは作物を栽培するのが楽しく、喜びを感じていますが、嫌々仕事をしている人は、わずかな収穫をあげるのでさえも、多くの労力と苦労が必要だと感じます。

あなたがすでに、生活のために自分の好きなことをしているのなら、すぐに次の第Ⅳ部「お金を持つ」に進んでもいいでしょう。しかし、より良い仕事や意義のある仕事を見つけたい人、学校に行きたい人、起業したい人、もっと楽しい活動を生み出したい人、自分のライフワークをもっと効率的にする方法を探したい人は、この第Ⅲ部を読んで、プレイシートを完成させてください。そうすれば、自分が楽しめる仕事、キャリア、活動を容易に引き寄せるためのエネルギーの使い方がわかるでしょう。

今はライフワークを探求することに関心がない人は、本章の終わりにある「自分のライフワークの象徴にエネルギーを与えるエクササイズ」をしてから、次の第Ⅳ部「お金を持つ」へ進んでください。ライフワークの象徴にエネルギーを与えると、然るべきときが来たら必ず、理想の仕事を引き寄せるプロセスが開始されます。

あなたが好きな活動には、自分のライフワークをするときに使う技術と才能が含まれています。ライフワークは、さまざまな形態を取ることがあります。つまり、人生のある時期にあなたのライフワークを表していた仕事が、別の時期では変わるということもあります。

たとえば、ある男性のライフワークは、人々に刺激を与えて、彼らの最も良い面を引き出すことでした。ウェイター、事務員、倉庫係など、職を変えながら、彼はいつも人々を明るく励まし、彼らが自分の強みを発見する手助けをしていました。のちに、彼は物書きとしての道を歩みはじめ、数々の感動的な本を著して、読者が自らの可能性を最大限に発揮し、楽しい人生を送れるよう、励ましを与えました。本が出版されると、彼はたちまち講演家として引っ張りだこになり、国中を回って人の心を打つ講演をしました。彼の成長と共に、その仕事の形態も変わって進化しましたが、彼は人々を感動させるという自分の最高の技術を、それぞれの仕事に活かしたのです。

私はユニークで特別な貢献ができます。

ライフワークをしているときは、活力や生き生きとした感覚が湧き上がってくるので、それが自分のライフワークだとわかります。あなたは、人生がより大きな意義を持ち、自分が価値ある貢献をしていると感じます。そして、抗《あらが》えないヴィジョンや目標を持つでしょう。さらに、人生のあらゆる領域で幸福感が増します。ライフワークは、自分の真の姿を存分に表現することを可能にし、あなたが成長して進化するのを助けてくれるのです。

ライフワークをするために、転職する必要はありません。どんな仕事、どんな役割においても、あなたは意義ある貢献ができます。なぜなら、どんな仕事においても、自分が人々をどう助けられるかに集中できるからです。あなたは明るい気分を広げて、関わる人々すべてに自分の内なる光で触れることができるのです。

また、ライフワークをするために、必ずしも仕事を持ったり、ビジネスの世界に入る必要はありません。地域活動や趣味を通じて、自分のライフワークを表現することもできます。ライフワークとして子育てをし、子どもたちが放つ生命エネルギーをうまく導いている方もいるかもしれません。人生が意義ある活動で満たされると、あなたは喜びと愛を放ち、豊かさを引きつけるようになります。

あなたは充実感とやりがいのある仕事を持つことができます。そして、毎日ワクワクしながら、そのプロセスでお金を稼ぐことができます。また、好きなことをしながら、協力的な環境で気の合う人たちに囲まれて働くこともできます。自分の特別な技術と才能を使っていると、存分に自己表現できる方法、やる気や刺激を感じる形で、お金を稼ぐチャンスを引き寄せることができます。自分の好きなことをしていると、あなたは周囲の人々の人生をも豊かにし、世界にさらなる光を灯すことになります。ライフワークをするとき、あなたは地球に生まれてきた自分の目的を成し遂げているのです。

あなたのしたいことが何であっても、それは何らかの形で他の人たちを助けることにもなります。なぜなら、自分の最高の技術を使うとき、必然的に他者へ貢献することになるというのが、宇宙の本質だからです。自分の行動すべてに才能と技術を惜しみなく注いで、他者に奉仕するとき、あなたのライフワークと奉仕は人から求められ、お金も流れてきます。たとえ、自分の好きなことをしてお金が増えるとは思えなくても、ハートを信頼し、自分の高次の道をたどってください。なぜなら、他のどの道よりも、その道に進むことが、最終的にはずっと多くのお金と豊かさをもたらすことになるからです。

私がすることはすべて、宇宙に美、調和、秩序、光を加えます。

自分の言動すべてを意識して自覚することを学び、身の回りのエネルギーをより整った調和と美と秩序の中に置くと、悟りが訪れます。自分のライフワークをすると、悟りと霊的成長のための手段が与えられます。というのは、自分のすることを愛しているとき、あなたは自然に自分の活動に関心を払い、意識的にそれを行うからです。

あなたのハイアーセルフは、気分、想像、欲求、夢を通じて、話しかけてきます。そして、楽しい物事へとあなたを導き、あなたがしたいことのイメージを与えて、ライフワークを教えてくれます。あなたのライフワークは、自分が考えたり、親しみを感じたり、なじみがあること、あるいはすでに取り組んでいることです。それは、暇な時間に楽しみでしていることかもしれませんし、もっとお金や時間があればしようと思っていることかもしれません。あなたのライフワークは、人類、動物、植物、また地球そのものに貢献することと関係しています。

また、自分の理想の生活を夢見たり空想したりするとき、それがあなたのライフワークを示していることがあります。たとえば、自然の中に出かけること、世界を航海して回ること、本の執筆、音楽や絵画を創作すること、スポーツのトレーニング、子育て、あるいはクラスを教えることを夢見る人もいるでしょう。起業したり、カウンセラーになりたいと思う人もいるかもしれません。あなたの最も深い欲求と夢は、魂からやってきます。

あなたの魂は、自分が今持っている個性によって制限されていません。魂は、あなたの真の姿をより広い視野で見て、今生であなたに何が達成できるかを知っているのです。そして、あなたの理想の人生について夢を与えることで、あなたの可能性と方向性を示しています。ですから、自分の空想を単なる甘い考えだと切り捨てないでください。自分の空想を、メッセージとして尊重しましょう。そのメッセージは、あなたの奥底から送られてくるもので、自分に何ができ、どの方向を選ぶことができるかを教えてくれます。

あなたのライフワークは、既存の仕事ではない可能性もあります。あなた自身が創り出す仕事かもしれません。人類は今、意識の転換期にあります。この高次の意識をあるべき場所に収めるためには、新しい形態が必要になってきます。古い形態が変化してきています。何千もの人々が職を変え、新しいキャリアを生み出しています。あなたは、この新しい意識を支えるための仕事や構造を新たに作る手助けをするために、今この地球上にいるのです。

新しい機会に気づき、どこに需要があるのかを察知し、その需要を満たす形態を創造するかどうかは、あなた次第です。この新しい意識が広がるにつれて、あなたは自分や他者を力づける仕事をしたい、自分の成長を促し、身の回りのエネルギーをよどみなく流せるチャンスを得られる仕事がしたいという衝動をますます強く感じるでしょう。

私は自分の運命を管理し、自分の人生を創造します。

あなたは自分が今していることを変えて、もっと意義ある仕事を見つけたいという内なる衝動を感じているかもしれません。あなた方の多くは、満足感のない仕事に従事したことがあるでしょう。何度も転職を経験した人、一つの仕事に長く就いていながら、どこか物足りない気持ちを味わってきた人もいるかもしれません。雇われの身でありながら、自分で業務を探して時間をつぶさなければいけなかった人、あるいは仕事の効率化を図りながら、いつも会社に改善案を出していたことに思い当たる人もいるでしょう。

「そろそろ新しいことを考える時期ですよ」という囁きが聴こえてくるという人、あるいは「もっと良い仕事がしたい」「自分の仕事にもっと意義を見いだしたい」と考えている自分に気づいた人もいるかもしれません。以前は楽しかった仕事が、今では変わり映えしない作業になっている、あるいは好きではないけどお金のために仕方なくする仕事になっていることもあるでしょう。以前は簡単だったことが困難、あるいは退屈になる場合もあります。こうした内なるメッセージが聴こえるのなら、自分の道を見直してもいい頃です。

ライフワークを生み出すために、今していること以外の何かをする必要があると思わないでください。自分に何かを強制したり、押しつけたりすると、たいていは抵抗という結果になり、前進することにはなりません。人生を根底から変える必要はなく、あなたは一歩ずつゆっくりとライフワークを生み出すことができます。

あなたが今していることの中には、ライフワークの種が眠っています。あなたが求めているのは、自分の特別な技術をもっと頻繁に表現し、現在あるいは将来の生活の糧となる形で、その技術を使うことです。自分の好きなことをすればするほど、最高の形で豊かさを生み出すことになります――その豊かさとは、充実感、活力、幸福感、愛に満ちた人生なのです。

自分の好きなことをすれば、お金がやってきます。

12 エクササイズ　自分のライフワークの象徴にエネルギーを与える

自分のライフワークの象徴を作って、それにエネルギーを与えることで、ライフワークを引き寄せることができます。象徴は、あなたの思考と信念体系すべてを飛び越え、あなたの魂の純粋なエネルギーを表すため、とても強力に働きます。

準備

数分間、リラックスして、邪魔が入らずに考えることができる時間と場所を見つけてください。1章の「くつろぐことを学ぶエクササイズ」で学んだように、落ち着いて準備しましょう。

ステップ

1　一人になれる時間を見つけてください。目を閉じて、しばらく静かに座ります。あなたのハイアーセルフ・魂に、自分の最も明るい道、つまり自分のライフワークの象徴を見せてくださいと頼みます。心に浮かぶイメージがどんなものであっても、それを受け入れましょう。そのイメージが、現時点でエネルギーを与えるべき完璧な象徴だからです。

この象徴を両手に持っているところを想像し、あなたの魂からエネルギーが流れてきて、その象徴にまっすぐ注がれ、エネルギーを与えているイメージを描きます。では、その象徴を山の頂上に置くところを想像してください。あなたがいる場所から、山頂にある象徴のある場所まで続く道を視覚化します。その道を楽しげに歩いたり踊ったりしている自分を見てください。あなたは全身全霊で、その山頂にたどり着くことに集中しています。

2　山頂に到着したら、自分がひたむきに目的を目指し、簡単にゴールにたどり着けたことを祝福してください。人生のあらゆることがうまくいっているとき、そして周囲の環境が自分に育みと活気を与え、自分の最高の潜在力を活かしているときに覚えるであろう感覚を味わってみましょう。自分の象徴を両手に持ち、それをハートの中に入れます。象徴が、体中にエネルギーを与え、光を放つのに任せましょう。あらゆる細胞が、あなたの高い目的とライフワークと同調するまで続けてください。では、その象徴を宇宙の高次の力へ向けて放ちましょう。そうすると、象徴にエネルギーを与えることになります。

3　象徴に働きかけていると、ライフワークを成し遂げるために何ができるのか、具体的なアイデアを引き寄せることができます。このエクササイズをすると、あなたを自分の道へとあと押しする環境や人や出来事を引き寄せるでしょう。それには、あなたの意図と献身が必要です。意図が強ければ強いほど、そして自分のライフワークが存在すると信じれば信じるほど、内なる導きを聴いて行動するときの成功体験が増えていきます。

13章　自分のライフワークを見つける

自分のライフワークを見つける方法の一つは、自分が何をするのが好きで、何を自然にしているかを観察し、どの技術を楽しんで使っているかに気づくことです。あなたのライフワークは、そうした技術を使うことに関係しています。その技術を認識さえできたら、もっとそれを使うことに集中し、それを通じてお金を稼ぎ自分を養うチャンスを引き寄せることができます。また、人生の他の領域でもその技術を使う道を見つけ、自分のあらゆる活動をライフワークの表現へと変えることができます。

あなたが楽しんですることは、それが仕事でも趣味でも何でも、特定の技術を使います。その特定の技術が何なのか発見するために、次のように自問してみましょう。自分の仕事の中で、楽しんでしている作業は何だろう？　自分の趣味は？　好きでしている地域活動は？　日々の活動で、喜びと活力を覚えるものは？　自分は歌うこと、踊ること、それとも芸術に興味があるだろうか？　書くこと、チャネリング、カウンセリング、あるいはボディワークに関心があるだろうか？

何が一番楽しいだろう？　人を癒すこと、助けること、教えること、あるいは力づけること？　交渉、経営、企画、指導、それともネットワークを作るのが楽しいだろうか？　経営技術、資金運用、芸術の創作、科学技術、調査技術に惹かれるだろうか？　創造性、想像力、あるいは物事を観察して結論を出す能力を伸ばしたいだろうか？　機械やコンピューターなどの物を使う仕事、あるいは、数字、統計、調査結果といった情報を使う仕事に就きたいだろうか？　創造性を発揮できる仕事を望むだろうか、それとも単純で論理的な仕事のほうが好ましいだろうか？　手や声を使う仕事は？　人と直接会ったり電話で話したりするコミュニケーションは？　しばらく心を静めて、自分が使いたい技術や自然に表現している才能について、何かアイデアが浮かんでこないか考えてください。

たとえば、ある女性は暇があればいつでも、友人の髪を切ってあげたり、外見磨きを手伝ったりしていることに気づきました。彼女は手を使って仕事をすること、そして人と接することが大好きでした。ある日彼女は、自分のライフワークは他の人たちの外見磨きを手伝って、彼らが自信を持てるよう力を貸すことだと気づきました。彼女は仕事を続けながら、夜間に美容学校に通いました。やがて仕事を辞め、美容院を開いて成功を収めました。

私は自分の特別な才能と能力を尊重し、活用します。

あなたの最高の技術の一つは、人々に助言することかもしれません。たとえば、相手が抱えている問題の解決策を見つけたり、新しい展望を生み出したりするのを手助けするのが得意なのかもしれません。どんな仕事においても、「人の相談に乗る」技術を活かす方法はいくらでもあるため、あなたは今すぐ存分にライフワークができるということです。その技術が、本職としてのカウンセリングという道につながる可能性もあるでしょう。自分の好きな活動をする機会が増えれば増えるほど、あなたはよりいっそう、自分がこの世でしようと決めてきた貢献を行うことができ、さらなる豊かさを引き寄せることになります。

ある犬好きの女性は、犬をうまく扱う特技を活かして、自宅を犬の預かり所にしていました。そして、友人たちが家をあける際には、その犬を預かり、好評を博していました。彼女は、犬を扱う特技を活かすのは他のどの才能を使うより楽しいということに気づき、犬のトリミングと預かりをするビジネスを始めました。そして、自分のもう一つの才能は、人がペットとより良い関係を築けるよう助けることだと気づき、飼い主の相談に乗る機会もたくさん見つけました。彼女は自分の仕事が大好きで、その優れた才能を活かしたため、人々とそのペットの生活に大きな光をもたらし、自分自身も良い暮らしをすることができました。

あなたが今していることの中には、あなたのライフワークの種が眠っています。気づいているかもしれませんが、あなたは新しい仕事に就くたびに、すでに身につけてきた技術の多くを使っています。まるであらゆる仕事が、何らかの形であなたを次の仕事へと準備させているかのようです。あなたが習得した技術で、楽しんで使っているものはすべて、自分の高次の道に進むときに大切なものとなります。どうして自分はその仕事に就いたのだろう、どうしてその才能や能力を伸ばすことにしたのだろう、と理解できないことがあるかもしれませんが、身につけた技術はあなたにとって価値あるものになります。あなたが今していることは、あとで自分のより大きなライフワークに使う技術を習得するために役立つのだと信頼してください。

たとえばデュエンは、地質学者としてのキャリアは、人々を癒すという自分の道と、形のうえではまったく異なっているように思えても、共通する技術をたくさん使っていることに気づきました。地質学者としての彼は、飛行機で遠出する機会がたくさんあることを気に入っていて、地質を観察して地震の断層線を地図に描いたりしていました。この作業は、詳しい地質パターンを視覚で認識して解釈し、重要なデータとそうでないデータを区別することが大切です。この技術を伸ばすには、かなりの実践が必要でした。おもしろいことに、この技術の本質は、人々のエネルギーパターンを透視で読み取る能力とよく似ていました。その能力も、詳しいパターンを視覚で認識して解釈し、重要なデータとそうでないデータを区別することが必要だったからです。

今あなたが学んでいる技術は、これからさまざまな形で活用できるかもしれません。サネヤは、かぎ針編みと針仕事をして何時間も過ごすのが大好きでした。のちになって、彼女はこの趣味が、心を静めてリラックスした瞑想状態に達する能力を伸ばしてくれたことに気づきました。彼女は今、この技術をチャネリングに使っています。

私は外側ではなく、内面を見つめることで、自分のライフワークを見つけます。

人生で何をすべきか突き止めたいとき、世間を見回して、「私は世のために何ができるだろう」などと考えないでください。世間ではなく、自分自身を見つめて、こう考えてみましょう。「自分の好きなことで、何をしたいだろうか？　私は何に惹かれるだろう？　何にワクワクするだろう？　私が今、人生で取り組んでいる問題は何だろう？　どんなことに熱中できるだろう？」

ある男性は、小売店を開きたいと思っていましたが、何の経営経験もありませんでした。彼は、自分が関心のある商品ではなく、どんな店が流行っているかを調べて、扱う商品を決めようと思い、結局アイスクリーム屋さんを開くことにしました。しかし、アイスクリームについて経験も関心もほとんどなかった彼にとって、商売は退屈で、お客をたくさん引き寄せることもできませんでした。長時間働いたにもかかわらず、収支を合わせるのがやっとという状態だったため、ついに彼は、どうすれば売上を上げられるのか内なる導きを求め、「自分が関心のある商品を売らなければならない」というメッセージを受け取りました。

彼は自分が関心のあるものやなじみがあるものを観察しながら、人生を見つめ直しました。そして、自分は走ることが好きで、いつもスポーツに魅せられてきたことに気づきました。彼は、自分の欲しいランニングシューズやその他のスポーツ用品をなかなか見つけられず、お店めぐりをして苦労したことを思い出しました。そこで、ランニングシューズやスポーツ用品の専門店を開きたいと思い、アイスクリーム屋さんを売却してから、スポーツ用品店を開きました。彼は、ちょうどジョギングブームが到来していたことを知りませんでしたが、店は大繁盛し、彼も商売を楽しみました。

私には立派な技術と才能がたくさんあります。

あなたには多くの技術と才能、そして驚くほど豊かな過去の経験と知識があります。自分がこれまでに通った学校、ワークショップ、クラスを一つひとつ振り返ってみると、自分の技術と知識を確認できます。また、これまでに読んできた本、視聴してきたラジオやテレビ番組、参加してきた教育プログラムなどを思い出してください。自分の技術を評価するときは、過去の仕事をすべて思い出してみましょう。たとえば、子どもの学校や地域の行事の手伝い、放課後や夏休み中の活動など、ボランティアでした仕事もすべて含みます。

あなたは家事が好きですか？　委員会の活動や資金集め、グループをまとめてスケジュール管理をするのが好きでしょうか？　自分の趣味を考えてみてください。あなたはスポーツクラブなど、何かの同好会に所属していますか？　演劇やオペラ、バレエ、オーケストラが好きですか？　あるいは芸術や工芸が好きでしょうか？　物を作ったり、詩を書いたり、物語を語るのが楽しいでしょうか？　あなたには、おそらく自分でも気づいたことがないほど、豊かで多様な技術背景があります。

自分の使いたい技術を確認できたら、今度は自分の夢について考えてください。自分の夢をより詳細に、そして明確にすればするほど、欲しいものをますます引き寄せられるようになります。

理想の人生を描く夢、あなたが惹かれる物事、身近に求める環境や人々について考えていくと、自分のライフワークの要素を確認することができます。あなたの夢は、ちょうど建築家の青写真のように、心の中のモデルとしての役割を果たし、ハイアーセルフが外に出かけて、あなたに高次の道を運んでくるのを手助けしてくれます。

私は今、理想の人生を送っています。

理想の人生についてあなたが描く空想は、現実的あるいは有意義なものに思えないかもしれません。あなたの空想は壮大で、手が届かないように思われ、実現させる方法など見当たらないと感じるかもしれません。そして、空想を現実のものとする前に、多額のお金が必要だ、そのためのお金を貯める間、嫌な仕事をしなければならないと思うかもしれません。「したいことをするための資金を手に入れるまでは、今の仕事を続けよう」と考える人もいるでしょう。そう考える人たちは、自分が必要だと思うお金を得られないことが多く、代わりに、楽しくない仕事を続けながら一生を送ってしまいます。

欲しいものに真っすぐ向かってください。好きなことをするといっそう楽になります。なぜなら、好きなことを通してお金も入ってくるうえに、たいてい今よりはるかに大きな額を得られるからです。世界を旅したいのなら、たとえば航空会社や旅行代理店といった旅行に携わる仕事から始めてみましょう。そうすると、あなたはもっと生き生きして満たされ、その結果、さらに豊かさを引きつけることになります。あなたの夢は何ですか？　しばらく時間を取って、それを探ってみてください。

あなたはどんな環境で働くことを夢見てきましたか？　屋外で、自然と動物に囲まれて働く環境をイメージしたことがあるかもしれません。それとも、屋内で人やオフィス機器に囲まれて仕事をするほうがいいでしょうか。国内のどこで仕事がしたいか、自分は都会のほうが性に合っているのか、それとも田舎の環境のほうがうまくやっていけるのか、思いを定めてください。あなたはオフィスで働きたいですか、トラックの運転が好きですか、建設現場や船、飛行機などに愛着があるでしょうか？　決まった場所で働きたいでしょうか、それともいろいろな場所に出向くのが好きでしょうか？

また、どんな労働環境を望んでいますか？　一緒に働きたい人のタイプ、自分とその人たちの関係性を考えてみましょう。自分が雇う側ですか、同僚あるいは雇われる側ですか？　一緒に働きたいのは自分より年下の人たちでしょうか、年上の人たちでしょうか、それとも同年代が好ましいでしょうか？　大人数あるいは少人数と働きたいですか、それとも一人で働きたいですか？医療、栄養学、スポーツ、政治、科学、教育という分野で働きたいと夢見たことはありますか？

あなたの夢は、自分がどこでライフワークを見つけられるのか、ヒントを与えています。自分の関心を引く問題に注意を払ってください。たとえば、地球の平和、動物の権利、環境問題、ホームレスの問題、外交問題、宇宙探検など、どんなことに関心があるでしょう？　あなたは、肉体的、精神的、感情的課題をちょうど適切な量だけ自分のライフワークに取り入れることができます。あなたは体をよく動かす仕事が好きですか？　忙しく活動的な日々と、静かで平穏な日々のどちらが好きでしょうか？　自分の希望を具体的に明確にしてください。というのは、あなたはそれを手に入れるからです。

ある女性は、自分の理想のオフィスの写真を雑誌で見つけました。観葉植物、絵、机の上の青くてめずらしい種類のタイプライターにいたるまで、完璧なオフィスでした。彼女は壁にその写真を貼って、それと同じようなオフィス環境を視覚化しつづけました。数年後、彼女は仕事を辞め、ある仕事の面接に行きました。驚いたことに、彼女がそのオフィスに入っていくと、黄色のタイプライター以外は、あの写真そっくりだったのです。

彼女が採用され、自分のデスクに案内されると、彼女のために新しいタイプライターを注文しておいたと言われました――それは青いタイプライターでした。残念なことに、彼女は一緒に働きたい人々のタイプ、職責の程度、昇進の機会、その他多くの詳細をイメージするのを忘れていました。仕事が自分の希望に合わなかったため、彼女は数ヶ月後に辞めてしまいました。

私は自分のしたいことを知っていて、それを実行します。

自分が望むオフィス環境について明確にしてください。あなた方の中には、毎月決まった月給や報酬を受け取って、会社で働くのが一番合っている人もいれば、自営業が性に合っているという人もいるでしょう。大企業で働くのが好きな人もいれば、小さな会社を好む人もいます。あなたは、自分が望むものは何でも手に入れることができます。ただ、自分が何を望んでいるのか心に決めるだけでいいのです。

就労経験がある方は、同僚と協力して、チームの一員として働くのが楽しかったのか、自分のやり方で物事を行うほうが楽しかったのか、振り返って考えてみてください。リスクを共有するのが好きだという人もいれば、重要な決定はすべて自分で下したいという人もいるでしょう。一人の雇い主の元で働きたいのか、何人かの雇い主と契約して働きたいのか、決めてください。

あなたはどのくらいの月収を夢見ていますか？　どのくらいの責任を引き受けたいですか？大きな組織で働き、責任がどんどん増していくのが理想だという人もいるでしょう。また、仕事、地位、昇進の機会において、どれだけ安定を望んでいるか考えてください。他人から認められたいのなら、それも自分の夢に入れましょう。主体性や自由を望むのなら、それも求めてください。はっきりと組織化された仕事で成長していきたいのか、変化と多様性を望むのか、自分に訊いてみましょう。

私は、無限に考え、夢見ることを自分に許します。

何でもしたいことをできるのなら、毎日あなたは何をしますか？　理想の人生を数ヶ月描くとしたら、どのようなものになるでしょう？　一つの仕事を週に三、四日行って、残りの日は何か別のことをするでしょうか。さまざまなプロジェクトに取り組むでしょうか、それとも一つの仕事に専念するでしょうか。一ヶ月、集中して働き、次の月は何か別のことをするでしょうか。時間を取って、理想の人生について夢を描いたり、空想したりしてみましょう。

自分の夢に制限を設けてはいけません。「そうなるといいけど、望みすぎだろう」などと考えている自分に気づいたら、そんなふうに考えるのはやめて、ともかく求めてください。今は無限の思考にふけるときです。今すぐ夢を創造しなければいけないと思わないでください。夢を創造する第一歩は、心の中にイメージを持つことです。あなたの考えはまさに現実そのものです。望みを具体的にしていくと、あなたのハイアーセルフは直ちに出かけて、その考えをあなたのために創造しはじめます。それがいつ、どのような形で現実となるかを知る必要はありません。あなたはただ、欲しいものを明確にして、大きく考える勇気を持つだけでいいのです。

どんなに実現困難でありえそうもないものに思えても、とにかく欲しいものを求めましょう。あなたのハイアーセルフは出かけて、あなたの望みを運びはじめます。夢見ることを自分に許可すると、あなたは新しい現実を創造していきます。

13 プレイシート 自分のライフワークを見つける

心から楽しく、愛にあふれた人生を送っているところを想像してください。そのときあなたは、次の質問にどのように答えるでしょうか（これは、あなたの楽しい空想の人生です。想像力を存分に発揮してください）。

1　あなたは今どんな活動をしていて、どんな技術を使っていますか？　たとえば、読むこと、話すこと、交渉、カウンセリング、考えること、書くこと、組織を作ること、経営管理、子どもに携わる仕事、走ること、スポーツ、物を使う作業、物作り、機械や道具の修理、植物や動物の世話、情報処理など、さまざまな技術があります。少なくとも5つは挙げてください。おそらく、もっとたくさん挙げることができるでしょう。

2　あなたは週に何時間、お金を生み出す活動に費やしていますか？　何時から何時まで働いていますか？　毎週、毎月、連続して何日間働いていますか？

3　あなたは体をよく動かす、ペースの早い仕事をしていますか？　それとも、ゆっくりと落ち着いた環境で働いていますか？

4　あなたは毎日同じ人たちと働いていますか？　その人たちはどんな人たちですか？　あなたはその中で、どんな役割を果たしていますか？　一人で働く時間はどのくらいですか？

5　どのような職場環境ですか？　職場は室内、屋外、自宅、あるいはセンターやオフィスのようなところですか？　出張はありますか？　あるのなら、どこへ、どのくらいの頻度で行きますか？　都会で働いていますか、それとも地方ですか？

6　あなたにはどんな地位や役割がありますか？　どんな責任を引き受けていますか？　昇進の機会はどうですか？　あなたはチームの一員ですか？　大きな会社、あるいは小さな会社で働いていますか？　それとも自営業でしょうか？　一人の雇い主の元で働いていますか、それとも複数のクライアントと契約して働いていますか？

この楽しい人生を詳細に描きながら、他にもっと可能性や選択肢がないか考え、前回考えたときよりも、さらに多くを持っている自分を想像して、自分の空想に工夫をこらしたり、つけ加えたりしましょう。欲しいものに焦点を当て、自分の可能性に設けた制限をすべて取り払っていくと、欲しいものがさらに具体的になるかもしれません。あなたは今モデルを創造していて、そのモデルが、あなたのハイアーセルフに理想の人生なるものを教えるのです。あなたがこのプレイシートの答えを完成させているそばから、ハイアーセルフは、あなたの理想の人生を運んでくる方法を探しはじめています。さあ、理想の人生を歩む心の準備はできていますか？

14章　あなたは必要なものを持っています

自分のライフワークをうまく実現するために必要な「精神力」と「潜在能力」を育むことによって、そのライフワークをもっと迅速に引き寄せることができます。自分らしくない大きなリスクを負ったり、大きなステップを踏む必要はありません。まず小さなステップから始めて、潜在能力を育むことで、一つひとつの行動が、次の段階を容易にします。小さなステップを積み重ねていくうちに、自分の夢が手の届くところにあると気づき、夢は想像していたよりも簡単に達成できるのだとわかるでしょう。

すべての答えは私の中にあります。
私は自分の内なる知恵に従います。

ライフワークをするには、内なる知恵に耳を傾け従う能力が必要になります。そのためには、自分にとって何がいいのか、他人に意見を求めるのではなく、自分を頼らなければなりません。

ライフワークを生み出していくことは、自分自身を発見するプロセスです。自分以外の誰かや何かに答えを求めるのではなく、内観して、自分を発見しましょう。

あなた方の多くは、自分以外の人たちが答えを知っていると思い、特になじみのない分野に関しては、他の人たちのほうが詳しいだろうと考えます。もちろん、外部の権威者に意見を求めるのが適切な場合もあります。たとえば、何か新しいことをするとき、それについて知識を得なければならないときは、人の意見を求める必要があります。しかし、他の人たちの知恵と知識を集めたあとは、自分の知恵を頼って意思決定するのが一番です。たとえば、自分のキャリアの方向性、投資すべき対象、自分に役立つことなど、自分よりも他の人たちのほうがよく知っていると思うかもしれませんが、あなたがどのように生きるべきか、一番よく知っているのは自分なのです。

ライフワークを生み出していくためには、自分の問題を解決できるようになる必要があります。「問題」は、「課題」または「成長の機会」と言い換えてもいいでしょう。外に導きを求めても構いませんが、最終的な決断はハートと直観に従ってください。

ライフワークをしていると、日々、自分の道を創造していくことになります。あなたの道を整えたり、詳細な計画を立てたりしてくれる人などいません。あなたはやがて、自分の人生をコントロールしているという感覚を得て、運命を握っているのは自分だと知るでしょう。ライフワークに全力を傾けていると、あなたは自分の人生設計に全力を注ぐことになります。将来を設計するには、行動すべきときと行動を控えるときを識別しながら、チャンスを見逃さないよう意識することです。今から小さな方法で、将来設計を開始することができます。

今あなたが何をしているにしても、時間を取って人生について考え、自分の問題を解決する創造的な方法を探してください。自分ならではの答えを発見しましょう。創造的に考える技術を磨いていくと、自分のライフワークをしてもっと成功するための、より効率的な方法を見つけられるようになります。創造的に考える技術を伸ばすには、まず単純な問題から取り組んでみましょう。たとえば、他の活動に使いたい時間を料理に取られてしまうのなら、調理時間を減らす方法に取り組んでください。いつもより多めに作っておいて、すぐ食べない分は冷凍しておくなどして、調理時間を減らすこともできます。

小さなやり方で人生にどのように調和と流れを増大させるのか考えるとき、あなたは創造的に問題解決する技術を伸ばしています。道の途上で課題に出合っても、あなたは創造的に対処して解決策を見つける技術をすでに持っているはずです。要領よく立ち回ってください。悪い状況を耐え忍ぶのではなく、その状況を改善する方法を探しましょう。

私は価値ある人間です。
私の道は重要です。

あなた方の中には、他人の仕事やライフワークを応援するのに忙しすぎて、自分のライフワークをなかなか果たせない人もいます。自分が手を貸している人が軌道に乗るまで、自分のライフワークをあと回しにしている人もいるかもしれません。他の人たちがそれぞれの仕事を世に出すのを助け、チームの一員になるのがとても大切な場合もあります。その役割があなたのライフワークであるのなら、自分でそうだとわかるでしょう。なぜなら、そのように奉仕することが楽しく、心の奥底で満足感があるからです。反対に、喜びではなく義務感から人を助けているのなら、それが本当に自分の求めているものなのかどうか、再確認してください。

あなた方の中には、自分の道やアイデアや創造性は発展させる価値もないと思って、他の人たちを応援している人もいます。たとえ自分のライフワークが他の人のものほど重要に思えなくても、それは同じくらい価値あるものです。たとえ他の人たちが自分より魅力的な仕事を持ち、たくさんお金を稼ぎ、多くの人に感動を与えているように見えたとしても、彼らの道のほうがあなたの道より重要だということにはなりません。もちろん、彼らの道のほうがあなたの道より重要性が低いということでもありません。あなたがこの世ですることは、他の人たちがすることと同じくらい重要な貢献となります。最善を尽くして子育てをすること、自分の仕事を通して役立つこと、人を癒して助けることなど、それがどのような貢献であっても、同じくらい重要なことなのです。

あなたが持つさまざまな側面の中には、人助けを得意とする側面もあります。その側面に、他人ではなく自分自身のライフワークを見つけて実行するために、自らのエネルギーを注ぎたいと思うか訊いてみましょう。その側面はきっと、自分自身への助けを求められて喜ぶはずです。

私は自分の時間とエネルギーを大切にします。

あなた方の中には、自分の時間とエネルギーを尊重することを学ぶ必要がある人もいます。生来のカウンセラー、教師、あるいはヒーラーで、自分が望む以上の時間を費やして、友人や家族がそれぞれの問題を解決するのに手を貸す羽目に陥っている人もいるかもしれません。彼らはあなたを何時間もつかまえて、電話あるいは直接会って、あなたからの愛や励ましを求めるでしょう。一方のあなたは、身を乗り出して、彼らにすべきことを教えたいという気持ちに駆られるかもしれません。彼らの代わりに問題解決してあげることすらあるでしょう。

人の面倒を見ることが本当に楽しいのなら、それに時間を費やしても構いません。それが、あなたのライフワークかもしれないからです。しかし、あなた方の多くは、喜びではなく義務感から、人助けに時間を費やしています。あなたは自分の時間とエネルギーを自分の人生に費やすことを身勝手なことだと感じているのかもしれません。しかし、あなたの道は重要です。そしてその道は、あなたが時間とエネルギーを注いではじめて開かれていくのです。

あなたが多くのエネルギーを注いでいる友人たちのことを考えてください。彼らは本当に成長し、あなたの助けを活用していますか？　それとも、彼らは同じままでしょうか？　彼らを助けたあと、あなたは疲れ果てているでしょうか、それとも、元気を取り戻したように感じるでしょうか。もしあなたが疲れ果てたと感じているうえに、彼らのほうでも人生に何の変化も起こしていないようなら、彼らは自らの成長のためにあなたの助けを活用していないということです。

あなたが友人たちにアドバイスしたり、彼らの相談に乗ったりすることに自分の時間を全部使っているのなら、あなたのライフワークはカウンセリングかもしれません。そうであれば、職業の一環として人を助ける方法を探求してみてもいいでしょう。そうすると、自分のところにやってくる人たちとつながることができます。なぜなら、彼らは成長する準備ができているからです。あなたは彼らを助けることで、自分も元気を取り戻します。そしてあなたの援助は、彼らの人生に真の変化を起こすでしょう。

私は自分の道とライフワークを最優先します。

あなた方の多くは、あまりにたくさんの瑣末事に手を取られて、自分のライフワークを生み出す時間がありません。つまり、忙しさと自分の高次の目的を達成することを混同しているのです。するべき雑用が山積みで、あなたはいつも忙しく走り回っているかもしれません。ライフワークに取りかかるつもりなら、それを始める時間を作る必要があります。あなた方の中には、「用事、家事、書類の処理を全部済ませてから、大切な仕事をしよう」などと言う人もいますが、一日が終わる頃には、疲れすぎていたり、時間が残っていなかったりするのです。

自分のライフワークに近づける活動を、毎日一番に、あるいはできるだけ早く行いましょう。目覚めてから五分間は、自分の高次の道について思いを巡らせてください。そして「今日できることで、ライフワークに近づけることを一つ挙げるとしたら何だろう?」「今日できる最も重要なことは何だろう?」と考えてください。答えが浮かんだら、それを最優先事項とし、他のことをする前に、実行してください。それは、たとえば自分のライフワークの象徴にエネルギーを与えること、電話をかけること、関心のある本を手に入れること、特別な活動をするためのスペースを家に作ることなど、単純なことかもしれません。自分の夢を実現させる第一歩となる活動に、毎日一番に焦点を当てて取り組んでいると、あなたの人生は変わります。その単純なことがどれだけ変化を起こすかを知ると、あなたは驚くことでしょう。

ライフワークを生み出すときに非常に重要となる原則は、「タイミングを合わせる」ことです。「時期到来したアイデア」という表現を聞いたことがないでしょうか。まず、「私は適切な場所に適切なタイミングでいる」とアファメーションを唱えるようにしてください。それを頭の片隅に留めておき、喜びの感覚あるいは抵抗の感覚があったときに、その感覚はアファメーションを真実として創造する手助けをしているのだと信頼しましょう。

たとえば、ある女性は本を書こうと悪戦苦闘していました。彼女は毎日一、二時間は執筆に割こうと自分を追いこんでいましたが、どうしてもアイデアが浮かばず、とうとうあきらめてしまいました。二年が過ぎ去り、その間もときおり思い出したように書こうとするものの、長続きしませんでした。彼女は自分を責めつづけ、「私はダメな人間で、文章を書くために必要な訓練がまったくできていないのだ」と自分に言い聞かせていました。

仕事の関係でたくさんの病人と接する機会があった彼女は、その人たちに自分が知っている霊的原理を教えるようになりました。彼らの多くが、快方に向かいはじめたり、ずっと求めていた心の平穏を見つけました。自分の元へ集まる人たちが増えたため、彼女はクラスを開くことにしました。その教えに対する要望が多かったので、彼女はクラスを録音して、それを文字に起こして製本し、学習ガイドとして受講者に配布しました。彼らはそれを他の人たちと分かち合い、彼女はいつの間にか、増えつづける要望に応えるために、四六時中コピーを取るようになっていました。

ある日、大手出版社の編集者が彼女に電話をしてきました。友人から彼女の原稿を受け取ったとのことで、それを出版したいということでした。当時、それは注目を浴びるテーマだったため、彼女の本はとてもよく売れました。彼女は本を書こうと試みていた過去を振り返り、自分はそれを書く前に成長する必要があったこと、多くを学ばなければならなかったことを理解しました。そのときは、機が熟していなかったのです。もし、そのとき本の出版にこぎつけていたとしても、今ほど成功はしなかったでしょう。

今あなたが何かの企画に取り組んでいるのなら、それが適切なタイミングで完成するよう、高次の導きがいつも助けてくれていることを覚えておいてください。何に取り組んでいるにしても、あなたがそれに抵抗を感じたり、苦労が続いたりするようなら、それは間違った企画か、間違ったタイミングのどちらかです。まず先にすべきことがあって、それを済ませてから取り組むべきなのかもしれません。その場合は、他の何かにエネルギーを注いで、自分の喜びに従ってください。

変化を起こそうと何ヶ月も考えてきたけれど、何をどうしていいのかわからないという人もいるでしょう。あるいは、現状を逃れるという選択肢がないと思っている人もいるかもしれません。したいことはわかっているけれども、それにはお金がかかりすぎると感じていたり、自分の技術や能力以上のことを行う必要があると思っている人もいるでしょう。

あなたがまだ行動を起こしていないのなら、どうか自分に優しくしてください。覚えておいて欲しいのですが、実際に変化が起こる前に、内面に取り組む時期があります。あなたは今、自分の考えを変え、人生を再評価し、新しい視野で物事を観察し、変化を起こすのに必要なエネルギーを貯めているところかもしれません。起こしたいと思う外側の変化が大きければ大きいほど、まず起こるべき内面の変化もいっそう大きくなるのです。

私は今のありのままの自分を受け入れ、愛します。

今のありのままの自分を受け入れ、愛することを学んでください。そして、自分がすでに創造してきた物事すべてを愛してください。ライフワークをする前に、完璧になる必要などありません。ライフワークを達成することが、あなたを成長させ、進化させるのです。今のありのままの自分を受け入れて愛するとき、新しい方向へ進むことが可能になります。

あなたは、自分が知るかぎり最良のことをしてきました。「こうあればいいのに」と思う自分の姿ではなく、ありのままの自分を評価しましょう。そうすれば、もっと容易に前進できるようになります。最近、自分を責めてきた事柄がありますか？　思い当たることがあるのなら、今日一日、そのことを考えるたびに自己非難するのはやめて、自分が今している善行すべてに対して、自分に感謝してみましょう。

あなた方の多くは、まるで使命のように、今生で達成すべきことがたくさんあるという内的感覚を抱いています。そして、それが何なのかまだわかっていないのではと気に病んでいるのかもしれません。しかし、あなたが今していることはすべて、より大きな仕事が展開するための土台を作っています。そのことを信頼してください。

人によっては、若くしてライフワークを成し遂げることもあります。一方、ライフワークを成し遂げる前に、何年もかけて知識と経験を積むことが必要な人もいます。そうした人たちは、人生の遅い時期に重要な仕事をすることになります。「自分は重要なことをするために生まれてきたのに、その仕事の形態をまだ発見していない」と内心感じているのなら、内なる導きに従いつづけ、自分に喜びをもたらす選択をしてください。その選択は、あなたがこの世で成そうと決めてきた、より大きな貢献へと導いてくれます。

まだ多くを達成していない自分に厳しくあたるのではなく、自分がこんなにも遠くまでたどり着いたこと、そしてこんなにも多くをすでに成し遂げてきたことを、自分で祝福してください。「まだこれだけしか達成していない」と考えて自分を責めるのではなく、今あなたがいる場所が完璧であるという理由を数え上げてみましょう。今後さらに多くを手に入れるために、今あなたがしていることや学んでいること、その一つひとつに集中してください。自分に前向きな言葉をかけられるようになると、精神力や信頼を育むことができます。そうした精神力や信頼は、自分の道を歩むうえで必要となる行動を取るためのものなのです。

少し時間を取り、楽しい物事を見つけて実行してください。たとえば、子どもたちにクッキーを焼いてあげるといった小さなことでもいいですから、まず自分の好きなことを選んで、それをもっと頻繁にしてみましょう。クッキーを焼くのが大好きだったある女性は、今ではクッキーの大きなチェーン店を経営し、大繁盛させています。また、ディナーパーティーを催すのがとても好きだったある女性は、企業の多忙な重役たちのためにパーティーを企画するビジネスを始めました。ある男性は、工房で物づくりをするのが好きで、ユニークな家具を作るビジネスを始め、とても成功しました。

好きなことをして将来生計を立てたいと思っているのなら、自分が提供するサービスに対して料金を請求することで、まずはその「好きなこと」と「お金を稼ぐこと」を結びつけてみましょう。そうすると、「自分の特別な才能を使うこと」と「豊かさを得ること」を結びつけることになります。これは、「私の時間、エネルギー、技術には価値がある」というすばらしいメッセージを自分の意識へ届けることになります。

あなた方の中には、嫌いな仕事をしたときだけお金を受け取り、自分の特別な才能や仕事に対してお金を受け取ることに罪悪感を覚える人がいます。そうすると、お金を稼ぐことは嫌いな仕事をすることであり、楽しいことをして生活するのは不可能だと自分に言い聞かせることになります。経験を積んでいる間は、料金を請求することに気が引けるかもしれませんが、自分の才能を使ってキャリアを始めたいのなら、いずれはその才能や能力に対する料金を請求する必要が出てきます。料金を請求しなければ、自分の特別な才能を使う時間も減ってしまうからです（他に生活を支える手段がある場合は別です）。その結果、あなたがこの世でしようと決めてきた貢献に費やす時間も減ってしまうでしょう。最初はわずかな料金しか請求しないにしても、それは、「自分のライフワークの活動と豊かさを今まさに結びつけている」というポジティブなメッセージを自分に届けることになります。

初めのうちは、自分の技術で生活費を充分に稼ぐことができないかもしれません。技術を磨いている間は、自分の請求額が同業者たちより少なかったり、受け取るより与えることのほうが多いということがあるかもしれません。それでも心配しないでください。最初からその収入で生活したり、たくさん稼いだりする必要はないのです。ただ、「自分の好きなことをしてお金を稼ぐことができる」という新しい信念を行動に移すだけで、かなりの見返りがあるはずです。自分の仕事が受けるに値する額、そして生活するのに必要な額にまで、請求額を引き上げられる日がいつかやってきます。経験を積み、自分のすることを尊重できるようになってくると、他の人たちもまた、あなたの高くなった価値を尊重してくれるでしょう。

自分が何に時間を使い、どんなことを自然にしているか観察してください。最近大学を卒業したある男性は、仕事に就くよう親からのプレッシャーを感じて、ある事務職を得ました。彼は自分のライフワークを見つけたいと思っていて、それが会社勤めではないとわかっていました。そこで、自分がどこに時間とエネルギーを注いでいるのか観察してみると、仕事帰りにフィットネスクラブへ通うことが待ちきれないことに気づきました。彼は運動生理学者になって、身体的に問題のある人たちのためのセラピーと、人々の健康増進の両方を目的としたエクササイズを考案しようと決心しました。そして学校に登録し、仕事をパートタイムに変えました。彼はまだ学校に通っていますが、かつてないほどに生き生きしています。パートタイムの仕事さえも楽しめるようになりました。そのおかげで自分の学費を払えるとわかっているからです。

またある女性は、おしゃれなタオルやリネン類、バスルームや寝室用のめずらしい雑貨がとても好きでした。彼女はあちこちのお店に足を運んで変わった商品を買いそろえ、さらには海外からも取り寄せるほどでした。

ある日、彼女は自分にもお店が開けるのではないかと思いつきました。自分が集めた美しくめずらしい商品を、これほど多く取りそろえているお店は他にないということを経験から知っていたからです。彼女は小売店を開き、繁盛させました。その後、自分と同じように、手に入れにくい商品や変わった小物を求める人たちのために、オンラインビジネスを立ち上げました。

あなたも、自分の好きな活動をビジネスに転向して成功させることができます。実際に、そうした人々がたくさん存在します。どうかあなたも、自分の興味に従ってください。あなたが熱意を持ってすることは、自分のライフワークへと導いてくれるからです。

私は自分の創造性とアイデアを尊重し、評価します。

自分ができそうなことに関して、何か良いアイデアを抱きながら、「でもそれは大したことではない」と思っているのなら、まずは自分が価値を認めていることを探して、それをもっと大切にしてください。たとえば、人助けをしたり、物事を整理したりする自分の才能の価値を認めているのなら、その才能をもっと大切にしましょう。もっと自分を評価し、自分の才能を認めてください。そして、自分を重要人物であるかのように大切にしてください。なぜなら、あなたは本当に重要な存在だからです。

少しずつでいいので、自分の道、そして自分が好きでしていることに価値を認めてください。たとえば、静かに座って、何にも邪魔されずに考え事をする時間を十分ほど設けるなど、単純なことから始めてみましょう。また、気が合わない人たちと話す時間や、楽しめない物事をする時間を減らして、その時間で自分のために何か特別なことをするという選択もできます。あるいは、趣味にもっと時間を使ったり、その趣味に必要な道具を買うことを自分に許してみてください。そのように自分を大切にしていると、あなたは「私の人生や仕事は重要である」というメッセージを自分自身に送ることになります。

自分の特別な才能を大切にしてください。ある男性は、他人のために何かをするのは造作ないのに、自分のために何かをするのは苦手だと思っていました。あんなことをしたい、こんなことをしたいと、あれこれ思い描きながら、その一方で、自分の好きなことに時間を費やすのはもったいないと考え、悩んでいたのです。週末や就業後の時間を他人のために全部使っても苦になりませんでしたが、自分の夢を叶えるために時間を費やすのは難しいことでした。

そこで彼は、まず自分のアイデアを大切にしようと決意し、少しずつですが、自分を主張しはじめ、自分のために時間を使うようになりました。昔から教えることが好きで、自然にも魅せられていたことから、散歩をしたり、植物の本を読んだりするようになり、いろいろな植物を特定しながら、屋外で過ごす時間を楽しみました。彼は公園や町の娯楽施設にも足を運び、近くの国立公園でガイド付きのツアーが行われていることを知って、週末にボランティアをすることにしました。するといつの間にか、大人や子どものグループを引き連れて、自然について教えることに余暇をすべて費やすようになっていました。まもなくバックパックを背負って自然保護区域を案内して報酬を受けるようになり、週末ガイドとして引っ張りだこになりました。

彼は、自分の好きなことをしてお金を受け取ってもいいのだと理解しはじめ、自分の時間を尊重するようにもなりました。彼が、自然に関する自分の知識と愛情には価値があるのだと認めはじめると、周囲の人たちも、それを認めるようになりました。彼は、自分の好きなことをしながらお金を稼ぎ生計を立てる機会をたくさん見つけました。そして、子どもキャンプの屋外活動を企画経営する常勤の仕事を依頼され、ついにはそのオーナーになりました。

ある女性は、精神の安定を促す色使いについて幅広く研究し、それに取り組んでいました。彼女は、自宅を穏やかで落ち着く色に塗り替え、心の平安を図る色合いを中心にして衣裳部屋を作りました。すると、家や服装の色使いについて、友人たちが次々にアドバイスを求めてきて、質問に応えるのに膨大な時間がかかるようになりました。彼女は、少しずつ自分を大切にしはじめ、自分の時間と知識は貴重で、人の役に立つものだと理解するようになりました。

最初のうちは弱気だった彼女も、アドバイスを求める友人たちに「予約をして欲しい」と言うようになりました。一時間あたり少額の料金で、まずは相談内容を聞き、その人の希望を一緒に検討して、対応策を見つける手助けをすることにしたのです。彼女の変化に最初は驚いていた友人たちも、お金を払ったほうが、彼女もより真剣にアドバイスしてくれて助かるということにまもなく気づきました。自分の才能を尊重するようになったため、彼女はやがてその仕事を専門にするようになり、技術と知識を磨いて、さらにトレーニングも受けました。すると、事務所やホテルの色彩設計についてもアドバイスを求められるようになり、彼女は専業のカラーコンサルタントになりました。

私は特別でユニークな人間です。

あなた方の中には自分のライフワークをしていない人がいますが、それは、「私は未熟だ、まだ技術が足りない」という不安や、「他の人たちは、どこか自分にはない特別なものを持っている」という思いがあるからです。しかし、今あなたが備えている才能、願望、技術、好みは、何らかの形であなたの道の一部を成し、世の中で必要とされているから、あなたに与えられたのです。とても重要な仕事が控えていて、あなたが自分の目的に目覚め、自分を信じるようになるのを待っています。あなたの仕事は重要です。あなたの貢献は特別で、必要とされています。

不安が湧いてきて、「私の能力や才能は、時間と労力をかけるに値しない」という声が頭の中で聞こえてきたら、その思考に愛を送ってください。頭の中でその思考と戦うのはやめましょう。その考えを説得したり、言い負かそうとしないでください。それよりも、そのような考えがあっても問題ないと自分に言い聞かせてください。不安な考えがそこにあることを認め、その横に自信あふれるポジティブな思考を置いてみましょう。

大きな成功に備えて、読書したり、セミナーを受講したりして、余暇を過ごしてください。あなたがしてみたいことを仕事にしている人たちと過ごすのもいいでしょう。それがどんな分野でも、成功への刺激となります。たとえば、その人たちのクラスを受講してみたり、その人たちにアドバイスや指導を求めたりすることが、あなたの成功を早める絶好の機会となるでしょう。また、あなたの目指す分野で成功した人たちについての本を読むのもお勧めです。インスピレーションを与えてくれる人や物事の中に身を置いて、熱意をたえず新たにしてください。

たとえば、ある男性は不動産開発の仕事がしたいと思っていましたが、まったく別の業界で働いていました。そこで彼は、不動産業者の会合や交流会などに参加しはじめ、彼らと親しくつきあうようになりました。そして、そのような環境に身を置くことで、たくさんのスキルやアイデアを手に入れたのです。まもなく彼はある会合で、小規模な不動産取引の話を耳にしました。それは、彼がこの仕事を始めるのに打ってつけの企画でした。

あなたの目指す分野で成功している人たちの中に身を置くと、彼らから言葉やテレパシーを通して「成功の考え」を習得できます。そうすると、成功者としての自己イメージが急速に展開していきます。あなたの思考は現実を創造するので、好きなことをして成功している自分のイメージを描けば描くほど、成功がやってくるスピードも早まるでしょう。

私の毎日は、楽しく有意義な活動で満たされています。

あなた方の多くは、ライフワークをするのは大変だと考えて、それをするのをためらっています。ひょっとすると、あなたはライフワークではなかった過去の仕事を思い浮かべて、それがどれだけ大変だったか考えているのかもしれません。しかし、その二つを比べることはできません。なぜなら自分に合わないことをするのには、多大なエネルギーを要するからです。つまり、自分の人生の道が関係している壮大で複雑な仕事よりも、自分に合わない仕事のほうが、たとえどれだけ単純な作業でも、はるかにエネルギーが必要になるのです。自分のライフワークをしていると、宇宙があなたを助けてくれます。扉が開き、チャンスがやってきます。あなたは流れに逆らうのではなく、それに乗って流れていくでしょう。

ある意味、ライフワークを追求するのは、親密な人間関係を築くことに似ています。成功するには、仕事に対する深い関わり合いと責任、そしてその仕事が導くところへ身をゆだねる能力が必要なのです。自分の道に身を捧げてしまうと、人生が楽しくなくなり、つねに責任を持って、深刻でいなければならないと考える人もいますが、ライフワークをするために、深刻になったり楽しみをあきらめたりする必要などありません。それどころか、ライフワークをしていないときのほうが、人生は味気ないということがわかるでしょう。一度自分のライフワークをしてみると、毎日が楽しく有意義な活動で満たされるようになります。

14 プレイシート　あなたは必要なものを持っています

1　どんな潜在能力や長所を伸ばせば、もっと早くライフワークを引き寄せられるでしょう？あなたがすでにライフワークをしている場合は、どんな潜在能力や長所を伸ばせば、レベルアップできると思いますか？

2　この潜在能力や長所をもっと存分に表現するために、来週実行できるステップは何ですか？

3　今あなたが楽しんでいる活動をできるだけ多く考えてください。前章「自分のライフワークを見つける」のプレイシートの最初の質問に対する答えを参照してもいいでしょう。

考えついた活動の中から1つを選んで、その活動を通してお金を稼げそうな方法を5つ挙げてみます。そのアイデアのあら探しはしないでください。ただ、創造性を発揮してみましょう。

15章　自分を信じる

ライフワークを生み出すためには、自分を信じ、自分のアイデアに基づいて行動することです。友人や配偶者、雇い主、従業員、あるいは同僚があなたの欲しいものを与えてくれるのを待っているのなら、あなたは自分のパワーを他人に明け渡していることになります。たとえば、雇い主があなたの好きな業務担当に変えてくれたり、昇給を与えてくれたりするのを待っていたら、おそらく失望することになるでしょう。担当業務を変わりたいのなら、会社が定めるガイドラインの規定内で、率先して動いてください。そして生産性を上げ、業績を伸ばしてください。もし努力をしても、現状のままで必要を満たすことができないのなら、自分の欲求を満たす他の仕事を見つけようと心に決めましょう。あなたの希望を叶えてくれそうな他の仕事や選択肢を検討してください。

私は、自分がなりうる
最高の人間になる許可を自分に与えます。

あなたは、誰かがお金をくれたり、「学校に行ってもいい」「仕事をしてもいい」「望む変化を起こしてもいい」などと決めてくれたりするのを待っていませんか？　人生でしたいことをする許可を自分に与えてください。目標に向かって行動する、と決意しましょう。

今の仕事を辞めて大好きなことをする許可を、他の誰かが与えてくれるのを待たないでください。誰かと一緒にいたいからという理由で、自分の目標や夢をあきらめたり、その結果として精気を失ってしまうのなら、あなたは本当にその人のことを思ってそうしているのではありません。いずれあなたも、何らかの形で、相手にも同じことをあきらめて欲しいと要求するでしょう。他の人たちを本当に愛し支える唯一の方法は、彼らの生きがいや成長を応援することであり、そのように応援する最良の方法の一つは、あなた自身の生きがいや成長を応援することです。自分の大好きなこと、したいことをする許可を自分に与えてください。

真実の愛は、相手の人格ではなく、その魂に奉仕することです。たとえばある男性は、妻に仕事に出て欲しくないと思っていましたが、彼女自身は、仕事をすれば楽しく生き生きできるのに、と感じていました。彼は、自分は家族を養うのに充分なお金を稼いでいるし、妻には家にいて家事や家族の世話をして欲しいと思っていました。彼女は、家にいるべきか仕事に戻るべきかで揺れ動いていました。自分は人の世話をする義務があるといつも思っていたからです。しかし、彼女は自分の魂の目で状況を見つめはじめ、自分は夫の魂の役に立っていないということに気づきました。彼女はただ、夫の人格に奉仕していただけでした。つまり彼の大いなる自己ではなく、小さな自己に奉仕しているだけだと理解したのです。

彼女は自分が仕事に戻って成長し、幸福になって生き生きとすることで、もっと精力的になれるということ、そしてその精力が夫にもパワーを与えるということがわかっていました。たとえ夫がそう信じていなくても、彼女は確信していました。自分が夫に与えられる最大のギフトは、自分がなりうる最高の人間になることだと、魂のレベルで知っていたのです。なぜなら、彼女が最高の自分になれば、彼もまた、最高の自分になるという自由を得るからです。誰かを引き止めれば、必ず自分のことも引き止めることになり、自分自身を引き止めることによって、夫のこともどこかで引き止めることになる――そう気づいた彼女は、仕事を見つけました。

彼は妻の決定を喜ばず、声を上げて反対し、うまくいかないであろう理由を並べ立てました。彼はしきりに文句を言いながら、いかなる形の援助もしなかったため、彼女は仕事に行きにくいと感じましたが、「私は夫の魂に奉仕しているのだ。どちらか一人が個人のパワーと高い目的を新しいレベルまで引き上げれば、相手もそのレベルにたどり着けるよう、助けることになる」と自分に言い聞かせたのです。仕事に戻るのは利己的なことだろうかと感じることもありましたが、学ぶことから得られる喜びは、彼女に生きている実感を与えてくれました。もしその感覚を犠牲にしたら、夫や自分自身を愛せなくなるだろうと思いました。

そのうち彼らは、彼女の収入の一部を借金返済に使えるようになり、ずっと延期していた待望の休暇まで取ることができました。彼は、妻が仕事に行くことに文句を言わなくなり、自分たちの生活の変化を好ましく思うほどになっていました。そして、ずっと追求したかった趣味にお金を使える余裕もでき、ますます生き生きしはじめたのです。数年後、彼はずっと嫌いだった仕事を辞める決意をして、自分でビジネスを始めることにしました。それにはリスクがあり、最初のうちは収入が減ることになりましたが、彼女の給料に加えて、ローンを組むことで、それが新しい仕事を始める充分な資金となり、夫婦はリスクを負うことができました。彼女が積極的に自分の道を追求したおかげで、最終的には夫も自分のライフワークを追求することができたのです。彼女が自分の生きがいに専念したために、二人ともより生き生きと感じるようになりました。

私は自分の道に専念します。私は生きがいと成長を選びます。

あなたが自分のワクワクした感覚と成長の方向へ動きはじめると、周囲の人たちからの抵抗に合うかもしれません。あなたが成長や変化を選ぶと、それが身近な人たちにとって脅威となることがよくあるからです。彼らは、あなたの愛を失うことを恐れます。それでも、彼らの抵抗に怯《ひる》むのではなく、彼らに特別な愛と真心を送ってください。

ときには誰かに反対されることが、かえって自分への贈り物になることがあります。人からの抵抗を乗り越えるとき、あなたは決意を固め、勇気を高めて、自分の道にますます専念するようになるからです。人から「あなたにはできない」と言われると、「私ならできると証明してみせよう」と決意することが多々あります。

何かに対して、「それは困難だ」とか「できるわけがない」と言ってくる善意の友人がいるのなら、その人はあなた自身の疑いを示しているだけなのだと気づいてください。つまり相手は、あなたが自分の疑いをもっと自覚して、それを手放せるよう、その疑いを映し出してくれているのです。彼らの反対に対処するとき、あなたは何より自分自身の疑いや不安に対処しています。自分の道をはっきりと感じるときは、たいてい周囲の人たちもあなたの自信を映し返してくれるでしょう。あなたを信じてくれない人たちに対して腹を立てるのではなく、あなた自身の疑いを見せてくれたこと、あなたの決意と意思を固める手伝いをしてくれたことに、心の中で感謝してください。

ある夫婦がレストランの開業準備をしていました。二人はすでに実現の原理をすべて実践していて、自分たちのライフワークの象徴にエネルギーを与え、内なるメッセージに従い、一歩一歩ステップを踏んで、自分たちの方向性はレストランを開くことだと確信していました。夫婦はお客を引きつける作業を行い、完璧な場所を視覚化し、自分たちの豊かさと繁栄に立ちはだかる内面のブロックをすべて解放するために、必要なエクササイズを行いました。

二人の友人はみな、レストランを成功させるのは不可能ではないにしても、難しいだろうと言いました。レストランはめったに儲からないし、失敗率も高く、経営には長時間の重労働が必要だと言うのです。夫婦は、自分たち自身の疑いを友人たちが代わりに映し出してくれているのだと気づいたので、彼らの意見を参考にして、自分たちが手放すべき不安や疑いの一つひとつに取り組みました。二人が内なる導きを確認したところ、レストランこそが彼らの道だというメッセージが変わらず届きました。

夫婦は小さなレストランを開くことに決め、良い場所を見つけました。ところが、その建物を購入するための交渉中に、契約が不成立となりました。建物を所有するところを視覚化し、それが自分たちのものになるとアファメーションまで唱えていたのに、取引が成立しなかったのです。二人は、友人たちが正しかったのだろうか、宇宙が彼らを止めようとしているのだろうかと考えました。しかし、内なるメッセージは「続けなさい」と伝えてくるため、夫婦はあきらめず、別の場所を見つけました。それは絶好の場所でした。二人は、その前の最適とは言いがたい場所を購入しないで済むよう、守られていたのだと理解しました。

次から次へと良い出来事が続きました。二人は、まったく予想していなかった、好意的な評判を得たのです。その地域では、二人のレストランのようなお店は初めてでした。三ヶ月もしないうちにお店が繁昌したため、二人はもっと人を雇って、自分たちの労働時間を減らすことができました。夫婦は期待していた以上のお金を稼ぎ、貴重なビジネス経験を積みました。彼女のほうは、子どもを産んで家で子育てするための休みを取ることができました。それは、彼女がずっと夢見ていたことでした。

私は自分のハートに従います。

他人は、あなたが何をすべきか勝手なイメージを描くことがありますが、そのイメージに左右されて自分の行動を決めないようにしてください。たとえば、音楽の道に進みたいのに、両親あるいは配偶者から、会社重役になって欲しいと期待されている……などといったこともあるでしょう。そんなときは、彼らが善意で、あなたの成功を見たがっているのだということを理解してください。しかし、あなたの道を知ることができるのは、あなただけです。あなたのライフワークは、他人が描くあなたのイメージとはかなりちがうかもしれませんが、自分の方向性を尊重することが大切です。

何かにおいて成功するためには、それを愛さなければいけません。そして、自分が何を愛しているのか知ることができるのは、あなただけです。ただ他の人たちを喜ばせたいがために、好きでもない仕事で成功しようと奮闘して、内なるメッセージに逆らっていると、喜びやワクワクした感覚を失ってしまいます。何が何でもしたいという強い欲求が生まれたときは、それが何であっても挑戦してみようと決意してください。たとえ、それをすることでお金を稼げるかどうかわからなくてもです。それが正しいと感じるのなら、そしてそれがあなたの正直な気持ちを尊重し、喜びをもたらしてくれるのなら、やってみましょう。成功は、自分のハートに従うときにやってきます。

自分自身の知恵に従うのが一番です。物事がうまくいったときは、自分がそれを実現させたのだとわかります。すると、未来の自分にさらなる信頼と自信を得るでしょう。思ったように物事がうまくいかなかったときは、将来、より良い選択ができるよう知識と経験を積んだということです。どちらにしても、他人があなたに期待している行動を取るのではなく、自分自身の知恵に従うほうが、より多くのものを得ます。

私は自分の欲しいものを持つことができます。

自分の夢に基づいて行動していないことに対して、言い訳はできません。あなた方の中には、「私には自由がない。夫（あるいは妻）が許してくれないから」とか、「私は子ども（あるいは両親）への責任があるから」などと言って、自分の夢を追うことができないのを他人のせいにする人がいます。欲しいものを持てない理由をえんえんと自分に言い聞かせていたら、あなたは決してそれを手に入れないでしょう。まずは、欲しいものを持てる理由を自分に言い聞かせてください。夢を実現するために、今すぐできる行動が必ずあります。あなたには、いつも選択肢があるのです。どれだけ状況にとらわれ、身動きできないと感じていたとしても、そこには必ず出口があるからです。

しばらく時間を取って、人生で何をしたいのか考えてください。あなたは、それをする許可を誰かが与えてくれるのを待っているのですか？　自分でそれを始める前に、誰かが手を貸してくれるのを待っているのですか？　もしそうなら、したいことをする許可を自分に与えてみてはどうでしょうか？　今、そうしてください。あなたが尻込みしているのは、誰かがあなたのしたいことを応援してくれないからですか？

自分のライフワークを発見するプロセス、そして、内なるメッセージに基づいて行動できるまで自分を信じていくプロセスは、そのライフワークをすることと同じくらい大切です。もし誰かがやってきて、あなたにすべてを手渡してくれたら、それを自分で獲得することから生まれる強さを得ることはないでしょう。船長はあなたです。あなたの成功は、あなた自身から生まれるのです。

私は、人生に良いことを招き、
それが訪れるのを許します。

人生を向上させるためには、より良い物事が存在するということを、まずは信じてください。多くの人は、今持っているものが、創造できる最高のものだと考えて、変化を起こすのを恐れています。少なくとも、状況は改善しうるということ、自分は欲しいものを持てるということ、人生で好きなことをしてもいいのだということを、まずは信じてください。あなたの状況が変わりうる道が必ずあります。しばらく時間を取って、自分が欲しいものを持つことができる理由を、少なくとも三つ考えてください。

あなたは、自分の高度な技術を伸ばして活用するための時間を作る必要があるかもしれません。それはつまり、あなたにしかできない仕事に一日を費やし、それ以外の仕事に関しては、他の人たちの助けを受け入れるということです。

ある女性が、中小企業にタイピングサービスを提供する小規模な事業を始めましたが、思うようにビジネスを広げたり顧客にサービスしたりする時間がありませんでした。事業経営に奮闘するかたわら、タイピング、家事、雑事、料理など、その他さまざまな仕事をこなすのに忙しく、疲労困憊していたからです。ある日、彼女は助けが必要だということに気づきましたが、人に給料を払ってもまだ利益を上げられるかどうか不安でした。しかし彼女は、誰かにお金を払って家事をしてもらう間、自分の高度な技術を使って、その人に支払う給料の少なくとも二倍はお金を稼ごうと決意しました。

きっと何とかなると信じて、彼女は手伝いを雇いました。そうしてできた時間で、ビジネスを取り仕切り、顧客を獲得して、顧客の要望に応えることにしました。以前は疲れすぎていて、顧客に心からのサービスをしたり、新規ビジネスを広げたりする余裕などなかったのですが、今はもう時間があります。顧客は、自分の要望に彼女が関心を払い、すばらしいサービスを提供してくれることに気づき、彼女のほうでも、紹介してもらえる機会が増え、得意先もたくさんできました。彼女は、より多くの顧客にさらに充実したサービスを提供して業績を上げただけでなく、仕事を必要とし、それを歓迎する人に、「家事」という仕事を提供することもできたのでした。

転職したり、自分のライフワークを始めたりするには、高齢すぎると心配する人もいます。しかし、あなたが年を取りすぎているということなど、決してありません。六十歳を過ぎてから、大きな事業を始めたという人もたくさんいます。

ある女性は、長年同じ仕事に就いていて、もう退職間近でしたが、もっと意義ある仕事がしたいと思っていました。ずっと以前から、仕事で成長することもなくなり、やりがいを感じることもなくなっていましたが、あと少しの辛抱だと思いつつ、その一方でもっと満足できる仕事を切望していたのです。

彼女は、自分の象徴（それは光の輪でした）にエネルギーを与えて、毎日、自分の高次の目的を実現することに焦点を当てはじめました。そして、たとえ今はその方法がわからなくても、もっと良い仕事を見つけられる可能性があると信じて、前向きに考えるようになりました。ときを同じくして、彼女は素敵な男性とデートするようになり、二人でさまざまなことを探求しました。彼は退職後、自分の楽しみとして数年前に会社を立ち上げていましたが、それが思いの外、急成長を遂げていました。彼女のスキルは、彼の事業にとって最適なものでした。彼は、彼女をフルタイムで雇っただけでなく、二人は結局、結婚することになりました。それは、彼女が望んでいた以上の結果でした。彼女は仕事が気に入り、チームの一員となってやりがいを感じ、新しいスキルまで身につけています。

15 プレイシート　自分を信じる

1　今から10年後を想像してください。あなたは、できるかぎり最高の自分になる許可を自分に与えました。そして10年間、自分を信じ、自分の高次の道に従うために必要なステップを歩んできました。あなたは自分について、そして自分の人生について、どう感じていますか？

過去10年間の自分の成功物語を作ってみてください。

2　さて、もう一度その10年を想像してみますが、今度は自分の道に従う許可を自分に与えなかった場合を考えてみます。あなたは、自分を信じませんでした。その人生についてどう感じますか？

3　あなたはどちらの道を選びますか？　今、決心してください。

16章　流れを信頼する

以前はうまくいっていた仕事、キャリア、状況が、もはや順調ではなくなっていませんか？　前は大好きだったことが「すべきこと」になってしまった……新鮮味や高揚感を失ってしまった……売上や顧客が減ってしまった……かつて楽しんでいたことに情熱を失ってしまった……ということもあるでしょう。あなたがどれだけ繁栄と豊かさを築いてきたのだとしても、自分がいたい場所、あるいはいるべきだと思う場所のイメージが、現在の居場所と一致しないときがやってくることもあります。これは、誰にでも起こりうることです。大金持ちの人にも、次の食事をどう調達すべきかわからない人にも、等しく起こります。

方向転換する時期を察することが大切です。どんな仕事、事業、活動でも、ずっと完璧なままということはありません。それを絶えず修正していこうとしなければ、完璧ではなくなります。なぜなら、あなたの成長に合わせて、周囲の物事も見直していく必要があるからです。小さな変更で充分という場合もありますし、全部を手放して、まったく別のことを新たに始めなければ、レベルアップできない場合もあるでしょう。

私は流れに乗っていきます。あらゆる出来事は、自分のより大きな幸福のために起こっています。

すべての物事の創造には、起こるべくして起こる段階がいくつかあります。まず、アイデアの段階があります。その段階では、あなたは数々のアイデアや新しい考え、変化を求める気持ちにあふれていますが、それを実現する方法はまだ見えていないかもしれません。次に、形成する段階があり、あなたは自分のアイデアを行動に移す方法を見つけて、それを実行します。

自分が強く望んできたことを実現させるのは、とてもワクワクします。この段階に続くのは、自分が作り上げてきたものの完成です。これは安定段階で、あなたのアイデアはうまくいっていますが、もはやそれが成長したり拡大したりすることはありません。次の段階は、一つのサイクルの終了であり、次のサイクルの始まりです。その段階では、自分が作り上げてきたものに不満を覚えることもあります。それは、あなたを次のより大きな目標へと運ぶ手段ではなくなっているのかもしれません。

あなた方の多くは、この最後の段階を下降サイクルだと考えます。実のところ、それは誕生↓死↓再生という自然サイクルの一環であり、古きが去って、新しきもののために道が切り開かれている段階です。今あなたが望んでいるようには物事がうまくいっていない場合、あるいは自分のキャリアに以前ほど満足していない場合、あなたは新しいレベルへ拡大し、移行する準備をしているところかもしれません。

あなたの今の仕事や使っている技術は、最初の目標を達成するために適切なものでした。しかし、今あなたがより多くを求め、さらに広く拡大した考え方をしているのなら、次の目的地へ到達するための新しい乗り物が必要かもしれません。同じ仕事、考え、スキル、姿勢では、今あなたが持っているものしか与えてくれません。新しい考え方や感じ方、新しい視野、技術、アイデアを見つける必要があります。なぜなら、あなたは新しいサイクルを始める準備をしているからです。失敗したわけでも、あと戻りしたわけでもありません。そんなふうに考えるのではなく、自分を成功者と見なしてください。あなたは新たな飛躍に備えているのです。

それがあなたのより大きな幸福のためになるという場合は別ですが、どんな道も閉じたり遅れたりすることはありません。その道に従うことが大変な苦労で、あまりに困難な場合は、自分がしていることを再検討する時間を作りましょう。より良い方法があるかもしれませんし、まったく別の事柄が現れてくるかもしれません。一つの道が困難なら、他にも進める道はあります。その道は、今いる道よりも大きな活力や豊かさを備えているはずです。

私はチャンスを見逃さず、それをうまく利用します。

覚えておいて欲しいのですが、人類の進化の流れは絶え間なく方向を変え、状況もつねに変化しています。人類が今求めていること、人々が今楽しいと思っていることは、わずか一年前と比べてもちがっています。最高の計画でさえ、つねに修正が必要です。

自分のイメージが、内なる方向性および人類の進行方向と今もまだ調和しているかどうか、確かめて検討する必要があります。目的地に向かっている飛行機は、コースから外れていないか、つねに飛行経路を調整しなければいけません。あなたも同様に、人類の進行方向と密接に並んだままでいるためには、自分の行動をつねに更新する必要があります。

何かを創造すれば、それを成長させ、進化させる方法を学ばなければいけません。今日あなたに役立つことでも、見直さなければ、将来は役立たなくなってしまう可能性があります。今すべきだと導かれているように感じることが、翌月あるいは翌年には変わっているかもしれません。あなたはリスクを負い、新しいことを試してみて、自分のエネルギーと密接につながっている必要があります。

今していることがもう楽しくないのなら、新しい何かが必要だという合図です。その合図がある場合は、古いものに固執するよりも、新しいことを発展させることで、より多くの豊かさがやってきます。あなたはつねに変化し、成長しています。そして自分が楽しめることに触れていると、あなたは本来の自分にぴったり合う新しい形を引き寄せます。

ライフワークは、成長よりも安定や快適さを選ぶことからは生まれません。ライフワークは、目的地へと連れていってくれる行動を選んで実行することから生まれます。自分の課題を避けるのではなく、愛を持って受け入れることを覚えてください。

少し手を伸ばせば届く物事から始めてみましょう。あなたが通常取り組んでいるものよりも、少しだけ大変なプロジェクトを引き受けてみたり、新しい技術を学んでみたりしてください。努力して行うことには、大きな報酬があります。それを試したあとは、元気が出て、エネルギーも湧いてくるでしょう。自分にとって無理がないレベルのリスクを負い、そのレベルを少しずつ上げてください。とてつもなく不安を感じるようなステップを踏む必要はありません。そうしたステップは、喜びの道ではないからです。しかし、より多くを引き寄せる方法として、リスクを負う前向きな気持ちを高めるようにしましょう。

私は、自分にとって最善にならない物事はすべて手放し、それらが私を解放してくれることを求めます。

古いパターンが去っていくことに対して、どのように対応するかが、この段階で経験する痛みや苦労の大きさを決定します。考え方や信念を手放すだけでいい場合もあれば、今の仕事を辞めて、新しい仕事を見つける必要が出てくる場合もあるでしょう。古きを手放すということは、新しい物事が人生にやってこれるよう、スペースを空けてそれを引き寄せるということです。

自分が生み出してきたものを喜んで意識的に手放すこともできますし、追いつめられ、新しいアイデアを実行せざるを得なくなるまで待つこともできます。変化を起こす時期なのに、古いものを手放すことを渋っていると、あなたの魂は、古い物事がもはやうまくいかない状況を生み出すことによって、あなたを助け出そうとします。

あなたは、欲しかった物事を手に入れる過程で変化し、成長してきました。今では、目標も大きくなっていたり、変わっていたりするかもしれません。それに、あなたが創造してきた物事は、以前のように挑戦しがいがなくなっているかもしれません。生命というものは、つねにより高次の秩序を求めます。一つの目標を達成できたら、たいてい次の目標を探すものです。

あなた方の中には、新しいアイデアを実行して、必要ならば古いやり方を手放し、簡単に抵抗なく物事と決別する人もいます。反対に、古いやり方を機能させようと努力をつづけ、やっとのことで新しいやり方やアイデアに目を向けようと決意し、一つのサイクルをゼロから始める人もいます。成長と生き生きした感覚を目指すことは、あらゆる生命にとって自然なことです。一つのレベルを習得すると、あなたは次のレベルに進む準備ができています。

どのくらいの不快感や不満があれば、内なるメッセージに基づいて行動しようという気になるのか、自分で決めることができます。あなた方の中には、いつも希望どおりの仕事や人生を生み出し、活発に生き生きと動ける環境を得るために、絶え間なく努力する人もいます。そのような人は、心の囁きが聞こえると、古いものを抵抗なく手放し、新しい方向性が現れるたびにそれを受け入れて、自分の環境に変化を起こします。

反対に不満や不安を感じてはじめて、変化を起こす人もいます。もしあなたが後者のタイプなら、あなたの魂は、今の仕事や状況に次々と問題や不満、心の抵抗を生み出して、変化が必要だという事実にあなたの注意を向けさせようとするでしょう。自分のしていることが好きではなくなったとき、それをしていても成長がなく、生き生きと感じなくなったときは、古いものを手放したり、物事を変える方法を見つけたりできるようになってください。

自分が決別しようとしているものを嫌うのではなく、むしろ愛することが挑戦となります。自分の欲しいもの、手に入れたいものに焦点を当てて、それを目指せば、あなたはそれを手に入れます。何かを嫌えば嫌うほど、あなたはいっそうそれに縛りつけられるでしょう。自分の仕事を嫌えば嫌うほど、ますます長くその仕事にとどまることになります。

宇宙の原理の一つに、「人生のあらゆる状況は、いかに愛するかを教えてくれる」というものがあります。それを愛するまで、それと決別することはできません。あなたは、嫌っている物事に縛りつけられるのです。何かや誰かを憎んでいると、何度も何度もそれに引き寄せられるでしょう。憎む相手や物事は変わるかもしれませんが、その対象を愛するまで、それに引き寄せられるということです。一度それを愛すれば、あなたはそれから自由になります。

私は自分が創造するものすべてを愛し、大切にします。

ある男性が自分のビジネスを始めましたが、一年後、その仕事を気に入っていないことに気づきました。長時間労働、お金の不足、応対しなければならない人々のことを予測していなかったのです。彼は、他のビジネスにすればよかったと思いました。そして、オフィスに行かなくなり、電話応対もしませんでした。業績不振で、借金を積み重ねていたからです。借金が膨らんでくると、会社をどうすべきか、自分の人生をどうすべきか、選択肢がどんどん減っていきました。

ある日、友人から「君がそれを愛するまでは、それから自由になれないよ」と言われ、彼は不本意ながら、自分のビジネスを愛してみようと決意しました。電話応対をして、顧客のためにより多くの時間を割き、会社を申し分ない状態にして、あらゆる記録をまとめ、経費削減と時間節約を実践するなど、さまざまな工夫をして日々を送ったのです。すると二ヶ月もしないうちに、会社が利益を上げはじめ、一年経つ頃には、もっと自分の好みに合う、まったく別の分野でビジネスを立ち上げるための充分な資金ができました。彼が最初のビジネスを愛した結果、会社もうまくいき、評判も高まったため、彼はその会社を売却して利益を得ることができました。

私は、物事を抵抗なく手放します。
なぜなら、より良い物事がやってくるのでないかぎり、
人生から何かが去ることはないと信頼しているからです。

16 プレイシート 流れを信頼する

1　人生、仕事、キャリアが持つさまざまな側面の中で、かつてはうまくいっていたのに、今は前ほど順調ではない側面、あるいはあなたの元から去ろうとしている側面について考えてください。たとえば、商売や売上の落ちこみ、重荷となってしまった業務、終了間近の企画などが挙げられます。手放そうとしているもの、決別しようとしているもの、終えようとしているものが人生に何もなければ、次の章に進んでください。

2　1で挙げた事柄を始めたとき、どんな自己イメージを持っていましたか？　そのあと、どのように自己イメージが変わりましたか？　その頃と比べて、目標が大きくなったり、何らかの形で目標が変わったりしましたか？　自分自身、そしてその領域における方向性について、新しいヴィジョンがありますか？

3　あなたの内なる自己は、どんな変化を起こすよう訴えつづけていますか？　そうした変化は、あなたがしたいことに関するアイデア、夢、考え、イメージなどを通してやってくることがあります。

4　新しいヴィジョンと内なる自己からの訴えを受けて、どんな新しい方向性が見えてきましたか？　そうした新しい方向性は、今ある環境やシステム内で実現できますか？　それとも新しい環境やシステムが必要ですか？

5　浮かんでくる新しい方向性を1つ選んで、今日から1年経ったときのことを想像してみましょう。あなたはそのアイデアを展開して、それを積み重ね、相反する方向性はすべて手放してきました。未来にある、その見晴らしのいい場所から見て、自分の人生がどれほど順調に進んでいるのか、そして自分が選んだ新しい方向性に注意を払い、それに基づいて行動したことを、どれだけよかったと思っているかを述べてください。

17章　より高い次元の道に進む

あなたは何かしらの選択や決定をすべき時期に来ているのかもしれません。今が古いものを変え、新しいものを築く時期ならば、次にどんなステップを踏むのが最適なのか検討してみるといいでしょう。今の仕事を辞めて転職する時期でしょうか？　それとも、自分でビジネスを始める時期、就職する時期、学校に行って新たな知識や技術を得る時期でしょうか？

新しい仕事やアイデアを世に出すために、必ずしも今の仕事を辞める必要はありません。新しいアイデアを行動に移しはじめている間は、今いる場所にとどまってください。そのアイデアが、独自のペースで花開き成長する時間を与えましょう。新しい仕事をするための基盤、つまり生活を支えられるほど確かな土台を築くまでは、今の仕事にとどまってください。新しい家を建築しているとき、それが入居できる状態になるまでは、古い家に住んでおこうと考えるものですが、それと同じことです。

たいていの場合、生活費の問題と、今向かっている新しい方向性を切り離して考えたほうがうまくいきます。新しい道を歩みはじめるときは、毎月の収入の必要性に押しつぶされないようにしておきましょう。まずは、充分な収入を得る方法を確保しておいて、自分のアイデアを行動に移し、新しい道をできるだけ強固なものにするために思いつくことはすべて試してください。

今の仕事に満足していない場合は、辞めるよりもそれを改善してみてください。あなた方の多くは良い仕事に就いていて、仕事に対する自分の姿勢を変えたり、仕事をやりやすいように工夫をこらすことで、その仕事にもっと満足できるようになります。新しい職に就いてみて、すべてを気に入るということはめったにありません。あなたの課題の一つは、自分に合うように仕事を改善することです。

もしあなたが仕事の愚痴を言っているのなら、正確には何が不満なのですか？　雇い主、同僚、あるいは業務の些細な点が気に入らなくて、良い仕事を辞めてしまう人もいます。今の仕事は何かに貢献していて有意義だ、成長の機会もある、と感じているのなら、その仕事は、改善に取り組む価値があるかもしれません。仮に今していることが楽しくなくても、それを楽しいものにするのは不可能だというわけではないのです。

私は自分自身を変えることによって、
周囲の世界を変えます。

あなたは内面の何かを変えることで、気に入らない状況の多くを変えることができます。人々のあなたへの接し方や、自分にやってくるチャンスは、あなたの在り方、エネルギー、愛によって決まります。職場で大切にされていないと感じるときは、あなた自身が自分を大切にしていないからかもしれません。雇い主、同僚、従業員に認められていないように感じるときは、あなた自身が自分を認めることを学んでいないからかもしれません。自分を大切にし、認めるようになれば、他の人たちもそうしてくれることに気づくはずです。仕事を辞めてしまう前に、その仕事の嫌いな部分を確認して、今経験していることは、あなたが自分をどう扱っているかを反映しているのではないだろうかと考えてみてください。この状況を生み出した自分の行動を変えなければ、どんな職に就いても、また似たような状況を生み出してしまうでしょう。

何かを受け取りたいのなら、まずは何かを与えることです。尊敬されたいならば、まずは自分と他の人たちを尊敬することです。仕事を改善したければ、雇い主に何をしてくれますかと尋ねるのではなく、「私はどのようにして仕事に貢献できるだろう？」と考えてみてください。あなたが最善を尽くして貢献し、前向きな態度で働き、求められている以上のことを行い、言われる前に必要なことを予測していると、仕事から得られるものが劇的に変わるかもしれません。

他の人たちに奉仕しながら大金を稼ぐ人は、喜んで仕事に出かけ、自分のすることを愛し、余分な時間を費やすことを厭わず、自分が奉仕する人々の幸福を気遣います。どこにいようとも全力を尽くすという特質を伸ばせば、より大きな豊かさがやってきます。

大企業で働くある女性は、最初は仕事を楽しんでいましたが、最近になって仕事量に圧倒されるようになり、仕事を嫌いになりはじめていました。彼女が辞めることを考えて上司に相談したところ、その賢明な上司は、彼女の仕事に伴う業務すべてをリストにして、好きな業務と嫌いな業務を見直してみるよう求めました。

自分が何に時間を費やしているのか調べてみると、楽しんでできる有意義で大きな業務よりも、小さな業務に多大な時間を取られていることがわかりました。他の人たちに不便をかけたくなかった彼女は、業務を人に任せたり、協力を求めたりということをしていなかったのです。彼女は、たくさんの業務を自分に回してくる人たちを責めていましたが、人から大切に扱ってもらえるようになる前に、自分で自分を大切にできるようになる必要があったのだと理解しました。そこで、いくつかの変化を起こしてみることにしました。

自分の仕事に関連する業務の中で、好きな業務と嫌いな業務を確認してみると、嫌いな業務は、自分の高度な技術を使わないものだということがわかりました。しかもその業務は、それにやりがいを感じて楽しめる人たちに任せられるということに気づいたのです。何でも自分でしようとするのをやめて、自分の高度な技術を使うことに焦点を当てると、彼女は創造的で画期的なアイデアをたくさん思いつくようになり、会社にとってより貴重な人材となりました。そして、また仕事を愛するようになったのです。自分を大切にするようになると、自分が仕事によっても大切にされていることがわかりました。内面に変化を起こすことによって、彼女はその仕事を、自分に喜びをもたらすものに変えたのです。

あなたが毎日、嫌々仕事に行っていたり、会社の目標や理念に賛成できなかったり、心からベストを尽くしていなかったり、業務を仕方なくこなしているのなら、その仕事はあなたの人生に本当の意味で貢献していません。そうであれば、別の仕事を探す時期です。自分に正直になってください。あなたは、自分の仕事を基本的には好きだけれども、その中の特定の要素だけが嫌いなのでしょうか？

自分がどれだけ仕事を嫌っているのか考えながら毎日出勤している場合、あるいは職場での問題が自分の解決能力を超えている場合は、「もっと良い何かが待っている」という内なるメッセージを聴いていないということです。多くの人は、もうずっと前から今の立場で得るものも喜びもなくなっているというのに、もっと良い仕事などないだろうと考えて、ずっと同じ仕事にとどまっています。

私は自分の言動すべてに、愛と前向きな姿勢を表します。

今あなたが完璧な職に就いているかどうかはさておき、愛と前向きな姿勢をもって自分の仕事を見るようにしてください。そうすると、自分が今の会社で状況を改善しつつあるのか、他の場所で機会を見いだしているのかがわかります。あらゆる不愉快な状況は、あなたが学ぶべき貴重なレッスンを与えています。今の仕事からそのレッスンを学ばなければ、新しい仕事でも似たような状況を生み出して、同じレッスンを得ることになるでしょう。

今の仕事の不愉快な状況に対処すれば、その状況を再び生み出す必要がなくなります。そのことを理解したうえで、現在の仕事の苦手な側面、不愉快な状況を把握し、今からそれに取り組んでください。自分の仕事を見て、それが与えてくれる数々の贈り物やレッスン、仕事で使う技術をすべてリストアップしてみましょう。自分の居場所を認め、それを愛すると、次のステップを創造しやすくなります。

今の仕事を検討したあとで、そろそろ変化を起こす時期だと決断することもあります。もっと成長する機会を与えてくれる、似たような業界の別の会社で働きたいと思うかもしれません。あるいは、まったく別の業界に転職したいと思うこともあるでしょう。今あなたが失業中なら、就職したいと決心するかもしれません。もしあなたが趣味や関心事を追求してきたのなら、それを職業にする時期なのかもしれません。

希望の仕事を得るために必死になる必要はありませんが、自分が何を望んでいるのかは明確にしてください。ライフワークの象徴にエネルギーを与え、自分にとって完璧な仕事の本質を明確にすれば、あなたのハイアーセルフは世界に出かけて、偶然の一致、人々、チャンス、そしてたいていは仕事そのものを運んできて、それぞれを一つにつなぎ合わせてくれるでしょう。

私は欲しいものを簡単に苦労なく創造します。

今あなたが求職中なら、世の中には良い仕事が山ほどあるということを覚えておいてください。良い仕事が充分にないというのは、真実ではありません。真実は、ほとんどの人がその良い仕事を探す方法を知らないということです。自分の望みを明確にしたあとで実行できる最も重要なステップは、エネルギーワークをして、自分がその仕事を獲得するところをイメージしながら、それを引きつける作業を開始することです。

理想の仕事を見つけるために、その職名を知る必要はありません。まず自分が無理なく自然にしていることを観察し、その活動をさせてくれる仕事を引き寄せることから始めてみましょう。仕事が与えてくれるもののイメージを明確にできさえすれば、それを引き寄せるために、エネルギーへの働きかけを開始できます。あなたのハイアーセルフはそれを探しはじめ、あなたに最もふさわしい仕事を運んできます。それは、あなたが考えたこともない仕事かもしれませんし、存在すら知らなかった仕事かもしれません。

その仕事を見つけるためには、自分の直観に注意してください。心を静めて、内なるメッセージに耳を傾けましょう。仕事に追われて、内なるメッセージに耳を傾ける時間を取らない人もいます。あなたは外に出かけて、求人欄で新しい仕事を探すなど、就職活動に励むこともできますが、もうエネルギーに働きかけたのですから、直観に従って、ガイダンスが示す行動だけにしぼり、可能なかぎり簡単な方法で理想の仕事を見つけることができます。仕事を引き寄せるためにエネルギーワークをしたのに、あなたの直観は、職業紹介所に行って求人欄をチェックするよう伝えてくることもありますが、その場合は、そういった努力が有益なものとなり、失望ではなく仕事へと導いてくれるでしょう。

ある女性が仕事を探していて、自分の希望をとても明確にしていました。勤務時間、職種、環境、仕事仲間について、希望をはっきりさせたのです。彼女は新しい仕事を必死で探そうとしていない自分に罪悪感を覚えましたが、内なる声は、「仕事探しに出かけたり取り組んだりしないように」

と言っているように思われました。そこで彼女は、今の仕事をもう少し続けることにして、自分の姿勢を変えはじめました。どうせ同じ職場で働きつづけるのなら、たとえ仕事に飽き飽きしていたとしても、明るく振る舞おう、自分のしていることを愛そうと決心したのです。

彼女が喜びに焦点を合わせはじめると、人をどんどん引きつけるようになり、人生の他の領域で良いことが次々と起こりはじめました。彼女は仕事に全力を注いでいましたが、自分が希望する新しい仕事を見失わないよう、つねに気をつけていました。

ある日のこと、長らく会っていなかった旧友から、昼食に誘われました。その日の午後にするべき用事がたくさんあったにもかかわらず、彼女の内なる声は行くように告げました。すると、その友人は自分でビジネスを営んでいて、最近仕事をした彼のクライアントが、人を募集しているということがわかりました。その仕事は、まさしく彼女が希望していたものでした。彼女は彼のクライアントに会い、その仕事に採用されました。

誰かの元で働くよりは、自分でビジネスを始めたいと思う人もいるかもしれません。その希望のビジネスは、自分でそれを生み出すまで存在しない場合もあります。自分のビジネスで結果を出す人は、責任を持ったり決断を下したりすることが好きで、自立と自由を求め、挑戦とリスクを厭わず、一人で働くのを楽しみます。そうした人は才覚、自立心、柔軟性があり、積極的で几帳面、そのうえ、幅広い職種に対応できます。たとえば、経営、営業、経理、人事、人材育成、組織作り、新しいシステムの導入管理など、さまざまな分野で、数々の技能を使うことを好むでしょう。そして、自分でヴィジョンと方向性を定め、ある程度の不確実さを楽しみます。

私は、自分のより大きな幸福を磁力のように引きつけ、幸福も私に引きつけられてきます。

自分でビジネスを始めようと考えているのなら、第Ⅰ部「お金を生み出す」のエネルギーに働きかけるエクササイズをしてください。クライアントを引きつけ、より多くの人たちに奉仕する機会をさらに引き寄せるためのエクササイズです。また、お金の増やし方に関する人間が作った法則についても、知識を集めておくことをお勧めします。ビジネス経営に関する良書がたくさんありますので、あなたの関心を引いた本を読んでみてください。

自分でビジネスを始めるには、機敏で、注意深く、冷静沈着であることが求められます。なぜなら、思いがけないアイデアが急に浮かんできて、その多くが、新しいことに挑戦したり、新しい方法を考え出したりすることを必要とするからです。

あなたは目標を達成するのが待ちきれないと思っているかもしれませんが、楽しみの半分はそこにたどり着くプロセスにあるということを覚えておいてください。この「形成する段階」を楽しみましょう。なぜならこの段階は、あなたを成長と活気に満ちた新しい道へと案内する、楽しい冒険だからです。ビジネスを始めることに関心があるのなら、自分が成功するであろう理由をすべて考え出してください。まずは自分の性格、技術、動機を考えてみましょう。そして、自分を信じることです。なぜなら、あなたは望むものを手に入れることができるからです。

好きなことを始めてみると、自分が決めた仕事をするためには、さらなる技術や知識が必要だと気づくことがあります。自分のライフワークにおける次のステップとして、学校に行くことや何らかの形で素養を深めることに心惹かれるかもしれません。だからと言って、特定の仕事を得るために、資格や学位が必要なのだと思いこまないでください。学校に行かなければならないと思いこむ前に、自分が選んだ分野で仕事を得ることを詳細に調べてみるといいでしょう。たとえば、研修期間がある仕事が見つかるかもしれません。研究したり学習したりするのが楽しそうだと思えるかどうか、自分に訊いてみましょう。もしかすると、あなたが楽しそうだと思っているのは、学校を終えたあとに就きたいと考えている仕事自体ではありませんか？　そして学校は、ただ単にその仕事を得るために耐えるべきことだと思っていませんか？

学校に通うのが楽しそうで、そのアイデアを気に入っているのなら、そうすることが適切です。しかし、学校へ行くことに本当は何の興味も持てないのに、稼ぎのいい仕事に就くためには学校に行くしかないと思っている場合、あなたのライフワークは学校に通うことを必要としません。熱意が足りないということは、あなたの魂が他の道へ導こうとしている印です。必要に思える資格がなくても、あなたは好きなことを始められるのです。

覚えておいて欲しいのですが、雇う側は、あなたが仕事を求めているのと同じくらい、勤勉で忠実で、仕事への熱意にあふれている人を求めています。優秀な従業員は黄金のように高く評価され、大切にされます。あなたの姿勢は、仕事で活かせる資質の中でも最も大切なものの一つで、多くの場合、資格や経験よりも貴重です。ほとんどの企業は、訓練は積んでいるけれども熱意に欠ける人より、経験は少なくても覚えが早く、熱意にあふれている人を雇いたいと思うでしょう。

学校へ行きたくない場合は、希望する仕事が自分に与えてくれると思う本質に触れ、それを引き寄せてみましょう。たとえば、ある女性は医者になりたいと思っていましたが、必要な教育に何年も費やすのは、楽しそうだと思えませんでした。そこで彼女は、自分の望むことの本質を調べてみて、それは人々を癒すことだと理解しました。彼女はその本質の象徴を作って、それにエネルギーを与えはじめました。そして、内なるメッセージに従ったところ、自分がボディワークに惹かれていることに気づきました。彼女はクラスを受講しはじめ、それがとても楽しかったので、さまざまなジャンルのクラスを見つけられるかぎり受講し、何人かの優れた教師にも恵まれました。数年後、開業した彼女は、人々が自分で癒しを行う手伝いをし、その仕事に大きな喜びを見いだしました。仕事はとても成功し、その実績を伸ばしています。

学校へ戻るのが自分の道だと実際に決心しても、その学費と時間をどのように工面すればいいのかわからないこともあるでしょう。あなたが素養を深めるために利用できるお金はたくさんありますが、ほとんどの人は、自分にも利用できるお金があるということを知らないか、それを探す時間を惜しんでいます。時間を取ってお金を引きつける作業をしてから、内なるメッセージに従って行動を起こしましょう。もし学校へ戻るよう内なるメッセージを受け取ったのなら、そうする方法が必ずあることを覚えておいてください。

高校を中退後に数年間倉庫係として働いていた男性が、学校に戻って、大学で工学の勉強をしたいと考えました。彼はどうやって学費を払えばいいのか、また、高校の卒業証書がなくても受け入れてもらえるのかもわかりませんでしたが、「きっとできる」とまずは信じることにしました。そして、学校に通っている自分を視覚化し、象徴を作って、それにエネルギーを与えました。彼は大学を選び、半年後に始まる次の学期に登録しようと決心したのです。

彼はクラスのスケジュール表を取り寄せ、履修計画を立てはじめました。そして学校の進路相談サービスを利用することにして、カウンセラーと友人になりました。カウンセラーは奨学金を調べるのを手伝ってくれて、その大学には、高校を終えていない人たちに財政的援助を与えるプログラムがあることがわかりました。その特別な奨学金の資格を得るには、数年の就労経験が必要でしたが、彼はその条件を満たしていました。そのうえ、そのプログラムには、彼が高校過程を終えるために必要なコースまで含まれていたのです。彼は自分がイメージしたとおり、仕事を辞めて、秋から正規学生として復学することができました。工学で学位を取った彼は、卒業後、とても良い仕事に就くことができました。

私が自分の道に従うときは、必要なものを豊かに与えられます。

自分でビジネスを始めたり、復学したり、自分のキャリアに乗り出したりするためには多額のお金が必要だという考えに惑わされないようにしてください。まるで必要なお金はきっちりそろっているかのように、今すぐできることから始めてみましょう。ある女性は、歌手になりたいと思っていました。そして、歌手になるためには、何千ドルもする高価な機材と、名前が売れるまで暮らしていけるだけの多額の貯金が必要だと考えました。長い間、彼女は好きでもない仕事を続けて、いつか歌手としてのキャリアを始めるために充分なお金を貯めたいと思っていました。

ある日彼女は、自分がますます夢から遠ざかっていること、もし今始めなければ、決して歌手にはなれないことに気づきました。そこで彼女は夜、歌のレッスンを受けることにして、自分の憧れの世界ですでに活躍している人々とつきあいはじめました。一年後、親しくしていたバンドの歌手の一人がやめたとのことで、その女性の代わりをしないかと誘われました。彼女は機材のお金も何も必要なく、仕事を辞めて、本業として歌っていけるだけの充分な収入を稼げるようになりました。

ライフワークにエネルギーを与えるためにできるかぎりのことをしたのなら、それは必ずやってくるということを理解してください。自分の象徴にエネルギーを与えつづけ、あなたの賢明で奥深い自己に、新しいアイデアを送ってくださいと頼みましょう。そして、受け取った洞察と新しいアイデアに耳を傾け、それに基づいて行動してください。お金を待たないことです。あなたを立ち止まらせるのは、お金の不足ではありません。あなたが動けない理由は、まだお金を引き寄せられるほど充分に自分自身あるいは自分のアイデアを信じていないか、自分は欲しいものに値すると信じていないからなのかもしれません。

自分のアイデアを書き出してください。アイデアを練って仕上げるときは、それを紙に書いてみると、あなたに協力してくれる人々や経済的援助を引き寄せられます。世の中には、優良投資プロジェクトの数以上に、利用可能なお金があります。あなたの意図とヴィジョンがあれば、必要な人脈、ステップ、出来事をすべて生み出せます。そして、自分のライフワークを果たすために必要なものは何でもやってくるということがわかるでしょう。ライフワークをしながら自分の道を歩んでいるとき、あなたに必要な物はすべて、充分に与えられます。

17 プレイシート　より高い次元の道に進む

1 自分のキャリアについて今すぐ決めるべきことがあるのなら、それを書いてください（たとえば、復学する、仕事を見つける、仕事あるいは職種を変えるなど）。

2 可能な選択肢をすべてリストアップしてください。大きく考えましょう。自分の空想の人生を描いてください。

3 心を静め、内面に入ります。それぞれの選択肢を実行していると考えたとき、どの選択肢が、最大の喜びと高揚感を与えてくれますか？　それを行う方法については心配しないでください。

4 最も喜びと高揚感を与えてくれる選択肢を取り上げ、自分にそれができる理由をすべて1つの欄に書き出し、それができない理由をすべて別の欄に書き出します。

5 では、その選択肢に従うことができないとあなたが考えている理由をすべて取り上げ、一つひとつをポジティブなアファメーションに変えてください。たとえば、「私はお金がないので、学校へ戻ることはできない」は、「私は学校に戻ることができるし、私には今お金がある」と変えることができます。また、「私は手に職がないので、仕事が見つからない」は、「私の経験、技術、能力は役に立ち、価値があるので、仕事を見つけられる」と変えることができます。こうすることで、あなたは独自のポジティブなアファメーションを作ることになります。

Ⅳ お金を持つ

18章　自分の価値を敬う

あなたの仕事やサービスに相当すると思う分を、お金あるいは自分にとって価値のあるもので受け取ることが大切です。自分の時間とエネルギーに価値を認めなければ、豊かさの流れを断ち切ることになります。あなたのエネルギーは、自分のためにお金が自由に気持ちよく、そして簡単に流れるかどうかを決定します。その流れを開くための方法がたくさんあります。自分と他の人たちを尊重し、自分の時間とサービスの見返りとして、それが値すると感じるものを受け取るとき、あなたはお金と豊かさのスムーズな流れを自然に生み出します。

多くの人は、自分のサービスに対して受け取るお金や対価に不満を抱いていますが、それは、そのサービスにどれくらいの価値があるかを明確にしていないからです。彼らは、他の人たちが自分の価値を理解し、もっと多くを与えてくれることを望みます。そして、昇給を望み、自分が求める以上のものをクライアントが申し出てくれることを期待しますが、自分からその気持ちを伝えることは決してありません。

自分のサービスに価値を認めると、他の人たちもそうしてくれます。自分の時間の価値はどのくらいで、好ましい収入や対価はどのくらいなのかを、自分で決定してください。他の誰かが決定してくれるのを当てにしてはいけません。大切なのは、あなたと支払う側の両方が、その取引は妥当だと感じることです。つまり関係者全員が、自分は妥当な取引をしていると思いたいものなのです。

あなた方の多くは、「もっとお客や売上を増やすために、自分の取り分を下げよう」と考えます。しかし、自分のサービスが値すると思う額を下回るまで、自分の報酬を下げつづけないよう気をつけてください。自分の報酬を下げてみて、そのことを快く思わないのなら、二つの理由でお金の流れを断ち切っていることになります。一つに、心の奥底に反発心や複雑な気持ちがある場合です。たとえほんの少しでもそういった感情があると、お金が返ってくるのを邪魔します。二つ目は、自分の潜在意識に「私の仕事はそれほど価値がない」と言うことになるからです。それは、チャンスが訪れるのを妨げてしまいます。自分に値するものを受け取ることで、自分にもっと愛情をかけられるようになってください。

私は自分の価値を知っています。
私は自分の価値を敬います。

あなたが自分でビジネスを営んでいるのなら、自分のサービスにふさわしいと思う対価を支払ってくれる得意先を二つ持つほうが、そうでない得意先を四つ持つよりもいいでしょう。自分の仕事に対する適正額を受け取ると、あなたは満足して、熱意を放ちます。熱意や繁栄や成功の雰囲気を放っている人は、自分は貧しく疲れきっていて、うだつが上がらないと思っている人よりも、効果的に人々に奉仕します。

自分に値する対価を受け取る、と心に決めてください。自分の取り分を上げたら破産するかもしれないと悪いほうに考えないでください。自分の仕事を評価してくれる顧客を充分に生み出すことができないだろうなどと心配しないでください。

自分の価値に見合う額まで報酬を上げても、多くの顧客を失うことはまずありません。報酬が上がると、ふつうは熱意とやる気を新たにして、今まで以上に人に奉仕できることに気づきます。自分の報酬を上げるにしても上げないにしても、できるかぎりのサービスを提供するよう心がけてください。顧客が支払う額に対して、それに充分見合うものを与えましょう。

あなたが給料や報酬を受け取っているのなら、自分に値すると思う対価を受け取っていますか？　あなたはどのくらいの収入を稼ぎたいと思っていますか？　どのような手当を受け取りたいですか？　今より受け取る額を増やすのなら、増やした分、会社にもっと多くを与えたり、何らかの形で技術を向上させたり、余分なサービスを提供したりすることが必要かもしれません。

また、頼まれなくても仕事を引き受け、言われる前に必要を予測して満たし、最善を尽くすなどして、もっと自発的に動けるようになったほうがいいでしょう。率先して物事を行っているのに、自分に値すると思うものを受け取っていないのなら、必ず受け取るのだと心に決めて、理想の額を受け取りたい日をカレンダーにマークしておきましょう。誰かが与えてくれるまで待っていてはいけません。待つことは、自分の運命を他の人に任せることになるからです。自分の望むものを今の仕事で受け取ることができない場合は、思い切って仕事を変えることです。自分に値すると思うものを創造していると、高揚感や喜びが増し、周囲の人に贈り物を与えることにもなります。

最大の報酬の一つは、自分が社会に意義ある貢献をしていて、人々がそれぞれ自分の力でより良い人生を創造するのを助けているのだと知ることです。報酬は少なくても、世界をより良くするための機会を得られる仕事をしている人がたくさんいます。あなたが社会奉仕活動に参加していたり、他の分野で働けばもっと稼げるのに、それよりも少ない報酬で今の仕事に就いたりしているのなら、他のどこかで受け取ることができる金銭的報酬よりも、遥かにすばらしいものを受け取っているのかもしれません。

周囲の世界に意義ある貢献をしているとき、あなたに返ってくるエネルギーは、お金よりずっと大きな報酬となります。なぜなら、そのおかげであなたは霊的に成長し、ハートを開き、思いやりを深め、生きがいある貴重な人生を送ることができるからです。そうした人生を送っている場合、最良のものを生み出すために時間を使うよう心がけることが、自分の価値を敬うことになります。あなたの価値は、自分が創造する幸福と、社会や人々の人生に起こす変化によって測られるのです。

スピリチュアル・カウンセリングやヒーリングに携わる人たちの中には、スピリットからの贈り物である自分の才能を使ってサービスを提供し、それに対してお金を請求するのはスピリチュアルなことだろうかと気にする人もいます。しかし、美しい歌声、数学の才能、文章力など、人が備える才能はすべて、スピリットからの贈り物です。農家の人が育てる食物は大地からの贈り物ですが、彼らは食物を流通させるのに費やした労力、時間、手間に対して、お金を受け取る権利があります。

あなたが自分の才能を提供するために必要とする時間、労働、エネルギーに対して、人々は支払うのです。あなたが毎月の生活費としてお金を必要としているのなら、あなたへの支払いはお金という形でなければなりません。たとえお金を必要としていなくても、自分のサービスに対して、何かお返しを求めることをお勧めします。なぜなら、他の人たちがあなたに何も返さなければ、エネルギーの流れを完了させることができないからです。お返しは何か単純なこと、たとえばあなたからの贈り物に感謝して、それを人生に役立ててもらうとか、その人の時間を数時間もらって、何かを手伝ってもらうなどといったことでも構いません。

人々は私の仕事を評価し、敬います。

あなたの仕事を評価する人にだけ、それを提供してください。あなたの仕事を評価しない雇い主の元で働いていたら、あなたの自信は損なわれてしまいます。仕事を変える前に、自分が価値ある人材で、自分のサービスは貴重なものだと信じているかどうか、考えてみましょう。そして、自分が今の状況から学んでいることを確かめてください。今あなたが学んでいること、そして現状を生み出した信念を理解しさえすれば、あなたを高く評価してくれる仕事を見つけることができます。あるいは、今の雇い主が、あなたにもっと敬意を払うようになったと気づくこともあるでしょう。

しかし、たとえあなたに敬意を払う雇い主がいなくても、あなたに敬意を払うクライアントや人々にたくさん恵まれるという場合もあります。あなたが人々のために生み出している利益・幸福と、会社が自分の仕事を思ったほど評価してくれないという事実を秤にかけてみて、どちらのほうが重要かを考えてみましょう。大切なのは、あなたが仕事を提供する相手、つまりクライアントや顧客や事業所、あるいは個人が、その人生に何らかの形で大きな利益・幸福を生み出すために、あなたのサービスを活用できることです。自分に値すると思っている額を受け取っていないうえに、自分の仕事を通して意義ある貢献ができると思えない場合は、自分の価値と時間を敬い評価するという「質」を高めたほうがいいでしょう。

あなたのサービスや仕事を評価しない相手にそれを提供すると、自分の価値について疑いが増し、エネルギーの流れを断って、結果、あなたの豊かさまで遮断してしまう可能性があります。ある画家は、友人に肖像画を贈り物として描いてあげることにしました。彼女は、その友人がとてもネガティブな人で、いつも不平ばかりで不幸だということを知っていました。そこで、肖像画を描いてあげれば、自分には魅力がないと考えている友人の役に立てるだろうと思ったのです。その肖像画を見れば、友人も本当はどれだけ自分が輝いていて、美しいかがわかるはずです。肖像画は、子どもたちが寝ている夜にしか描けなかったので、かなり大変な作業になりました。

数ヶ月後、彼女は肖像画を仕上げて、美しい額に入れました。しかし友人は、いつものように感謝のない態度でそれを受け取りました。そして、絵は自分に似ていないと思い、家に飾ることすらしませんでした。一方、周囲の人たちは、その絵をとても気に入り、彼女の美しさを見事に引き出した作品で、すごく似ていると思いました。肖像画を描いた女性は、何日間も落ちこみ、芸術活動を続けようかどうしようか悩みました。数ヶ月後、別の友人が電話してきて、お金を払うから肖像画を描いて欲しいと言いました。彼女は依頼を断りかけましたが、その友人が自分の仕事をとても気に入ってくれたので、もう一度やってみようと決心しました。肖像画が仕上がると、その友人はとても喜んでくれました。

最初の肖像画を描いたことは、彼女に貴重な教訓を与えてくれました。なぜなら、彼女は当時、自分の仕事の価値を疑っていたからです。彼女のネガティブな友人が、その疑いを表面化してくれたので、彼女は意識的に自分の疑いに取り組み、それを手放すことができました。また、彼女のライフワークを信用せず、彼女の自信を奪うようなネガティブな人たちの近くにいる必要はないのだと理解するようにもなりました。彼女は、これからは自分の仕事を敬い評価してくれる人たちのためだけに描こうと誓いました。それは、彼女のキャリアにおける分岐点となりました。その新しい方向性のおかげで、もっと満足できる仕事、そして多額の収入を得るようになったからです。

あなたもおそらく、サービスを提供して、相手に感謝されず、見くびられたように感じた経験があるでしょう。その経験は、あなたが自分の仕事と自分自身を評価するうえで、分岐点となったかもしれません。あなたの仕事を評価し、活用してくれる人たちだけに、それを提供してください。

私はいつも最善を尽くします。

あなた方の多くは、自分のサービスに対してお金を請求するよりも、むしろサービスを交換することを選びます。もしそうした形でサービス交換を選んだのなら、自分が何を期待しているのか明確にしたほうがいいでしょう。お金というものが生まれたのは、両者が同等の交換だとはっきり合意できるようにするためです。サービスとサービスを交換するよりも、自分のサービスに対してお金を受け取るほうが簡単で混乱もないと思うこともあるでしょう。物々交換は三つのことを必要とします。それは愛と、両方が納得できる形にしようという気持ち、そして相手に与えることでエネルギーを流れさせたいという心からの願いです。

商品やサービスを直接、相手と交換するのなら、両者の間で愛にあふれたよどみないエネルギーの流れを作るために、お互いが納得する合意を確立させる方法を探してください。あなたが相手のサービスを活用できない場合は、相手からのギフトを嫌々受け取ったり、同等の交換ではないなと思いながら受け取ったりするよりも、断るほうがいいでしょう。

交換を受け入れるのなら、無条件でそうしてください。自分の最善を尽くし、相手からのお返しを愛してください。あとになって、交換は妥当ではなかったと感じたとしても、とにかく相手に感謝と愛を送り、自分が最善を尽くしたことで、エネルギーの循環を促したのだということを理解してください。それは、交換相手からではないかもしれませんが、別の源泉から何倍にもなって返ってくるでしょう。

その交換によって、両者が利益とパワーを得られるよう、最善を尽くしてください。あなたの意図の誠実さが、あなたの豊かさを何倍にも大きくしてくれます。

18 プレイシート　自分の価値を敬う

1　自分の価値をもっと敬うために、今すぐできることは何ですか？　たとえば、自分の仕事をさまざまな人に提供したり、自分のサービスに対する請求額を上げたりできるかもしれません。

2　その中から1つを選んで、自分が望む状況のイメージを描いてください。イメージは、できるだけ現実的かつ詳細に描きましょう。

19章　喜びと感謝

お金は磁力のようなものです。そして、流れて循環します。お金が流れ、循環すればするほど、社会は豊かになります。お金を自分の人生に運んでくるとき、正確に言うと、あなたはお金を「生み出す」のではありません。すでに存在している流れに入るのです。そして富を築くとき、あなたは誰かからお金を奪うのではありません。自分がお金の流れの一部になるのです。あなたを通して、お金を循環させましょう。お金が循環すればするほど、一人ひとりがますます豊かになるということを覚えておいてください。それは、在庫品が回転すればするほど、ますますお店が繁盛するのと同じことです。繁栄は、与えることと受け取ることが自由に流れているときにやってきます。

私が使うお金はすべて、社会を豊かにし、
何倍にもなって戻ってきます。

お金が入ってきたら、もちろんあなたはそれを使います。自分に喜びをもたらす商品、サービス、食べ物などを買うでしょう。お金を循環させればさせるほど、あなたは社会の富にますます貢献することになります。そしてお金を送り出すことに気分がよくなればなるほど、あなたのお金はより磁力を増すでしょう。請求書を支払うときは、惜しみなく良い気分で支払ってください。お金を支払うたびに、あなたはお金の循環に勢いを与え、社会を豊かにしています。

想像してください。宇宙からあなたのところへやってくる流れがたくさんあり、その流れ一つひとつが、お金をもたらす方法を示しています。あなたが不安を抱いたり、嫌々支払いをしたり、自分の繁栄を疑ったりするたびに、あなたはその流れの一つを遮断しています。反対に、あなたが喜びと愛をもってお金を送り出すたびに、宇宙があなたにお金を届ける別の道を切り開いています。次にお金を支払うときは、少なくとも十倍のお金が戻ってくると想像してみましょう。そして自分のお金が、支払いを受けている人や組織の繁栄に貢献しているのを見てください。

私が使い、稼ぐお金はすべて、自分に喜びをもたらします。

「喜ぶこと」を心がけるのはとても大切で、それがあなたの繁栄を増大させます。たとえ少額でも、お金を使うときは、自分に喜びをもたらす形で使うようにしてください。そうすれば、多額のお金を持ったときでも、同じように喜びをもってそれを使う方法がわかります。お金に、幸福と喜びを運んできてもらいましょう。それがほんの少額でも、喜びをもたらす使い方を知らなければ、多額のお金を使って幸福を増大させるのも難しくなります。まずは、お金が喜びを運んでくるのを許してみてください。すると、あなたの所有額が増すにつれて、もっと多くの喜びがもたらされるようになります。

今すぐ使っても大丈夫な額を思い浮かべ、通常とはちがう使い方でそのお金を使う方法を考えてみましょう。その少額のお金を使って、あなたに喜びをもたらすものを少なくとも五つ考えてみてください。どれだけ突拍子もないものでも、実現困難なものでも構いません。できるだけ、発想豊かに考えてください。

ある人は、小さなキャンドルをたくさん買って家中に置き、特別な瞑想のために灯してみようと考えました。またある人は、少額のお金を入れた封筒を、友人知人の車のワイパーに挟んで回って、彼らにどれだけ感謝しているか伝えてみようと考えました。あなたが思いついた楽しいアイデアを一つ選び、今週、そのアイデアにお金を使ってみましょう。

喜びも愛もないままにお金を使うとき、そして「自分には余裕がないのに」と思いながら、義務感や苛立ち、心配な気持ちでお金を使うとき、あなたはお金の豊かな流れから閉め出されてしまいます。自分のお金の使い方を観察して、それを世に送り出すとき、どのように感じるかを書きとめてください。喜びを感じるときとそうでないときに注目してみましょう。

あなたが今お金を使っている物事で、喜びではなく義務感から使っているものはありますか？　それに気づいても、どうか自分を批判しないでください。代わりに、自分に喜びをもたらす物事にお金を使うことに焦点を当てましょう。自分に喜びをもたらす形でお金を使う機会を増やしていくと、義務感からお金を使う機会が減っていきます。

あなたが買うものは、潜在意識にメッセージを送ります。つまり「私はこれだけの物を持つに値する」あるいは「私はこれくらいしか持つに値しない」など、「自分が持つに値する」とあなたが信じていることを潜在意識に伝えるのです。ですから、自分が本当に欲しいものを買ってください。安いけれども大して気に入っていない服を何枚か買うよりは、着てみて幸せな気分になれる、上等な服を一着買いましょう。その買い物は、「私は欲しいものを手に入れられる」というメッセージを潜在意識に送ります。すると潜在意識は、あなたにもっと多くをもたらそうと、すぐさま行動に出るでしょう。

心が踊らないモノを買って、どれだけ節約できたかに焦点を合わせるのではなく、ワクワクする喜びの瞬間をたくさんもたらし、あなたの心と体と感情を魅了するものを買ってください。もちろん、値段が安くても同じくらい好きなものを買えるのなら、そうしてください。要するに、自分が買うものに対する愛情に比べたら、値段はそれほど重要ではないのです。

自分にとって大切なものを買ったあとは、それを楽しんでください。ずっと欲しかったオモチャを買ってもらった子どものように、それで遊んでみましょう。自分が持っているものに感謝し、それに慣れ親しみ、それと一体になって、それを知り尽くしてください。一日でも一週間でも一ヶ月でも構いません、それとしっかり関係ができて、それにエネルギーを注ぎこむまで、続けてください。新しく買ったものと自分のエネルギーが調和すると、それとの関係が完成して、あなたはもっとそれに満足できるようになります。

私は自分の生き生きした感覚とエネルギーを映し出す物に囲まれています。

物にはエネルギーがあります。あなたは、周囲の物のエネルギーを微細なレベルで感じています。ですから、自分が好きな物、つながりを感じる物だけを周りに置いてください。壊れた物や、役に立たない物は、あなたのエネルギーを乱します。身の回りの物は手入れしておくのが賢明です。そうすれば、秩序と調和に包まれるでしょう。

ある女性は、ガレージ・セールをして、自分と夫が長年溜めこんできた数々の不要物を処分することにしました。家中の物を一つひとつ調べて、自分がしっかり関係を築いている物、つまり自分が感謝し、楽しみ、使っている物だけを残したのです。他の物を売ってしまうと、自分がこんなにも軽くエネルギーに満ちあふれていることが、信じられないほどでした。まるで重荷——言わばエネルギーの重荷が取り除かれたように感じました。彼女は力が湧いてきて、かつてないほど前向きな気持ちになりました。あなたも、自分がその価値を認め、評価している物だけを周りに置いてください。そうすれば、その物たちはより高いエネルギーをあなたに反射してくれるでしょう。

今すぐ少し時間を取って、家にある物を見回してください。もう役立たなくなった物を置いていませんか？　不要な物を一つ選んで、友人にあげる、リサイクルに出す、売るなどして、手放しましょう。そうすることで、あなたはより良い物が人生にやってくるためのスペースを生み出したことになります。

私は自分の存在のすべてと、自分の持ち物すべてに感謝します。

誰でも、「感謝の気持ちを忘れず、ありがとうと言いなさい」という言葉を一度は聞いたことがあるでしょう。では、感謝の真の価値とは何でしょうか？　感謝とは、自分の創造するパワーと能力を認めることです。感謝とは、自分が持っているものに注意を向けることです。あなたが注意を向けるものは増えていきます。そして、自分が持っているものに注意を向けることです。あなたがどれだけその無限の流れを信頼できるのか、つねに思い出させてくれます。感謝とは、お金と豊かさを磁力のように引きつける精神状態を表しています。

自分の潜在意識を小さな子どもだと思ってください。子どもを褒めると、どんな反応をし、どれだけ頑張り、どれだけ顔が喜びで明るくなり、その目を輝かせるか、気づいたことがありますか？　自分が生み出した何かに対して、自分に感謝するたびに、あなたの中の小さな子どもは明るく輝き、あなたのためにもっと何かをしたいという気持ちになります。「あまり上手にできなかったね。もっと頑張れなかったの？」とあなたが言うたびに、その小さな子どもは心を閉ざしてしまいます。批判された子どもとまったく同じように、あなたの潜在意識も自信と勇気を失います。自分に感謝して、宇宙にお礼を言うと、あなたの中の子どもはやる気を出して、もっと大きな幸福を人生に創造するようになります。

感謝の気持ちは、あなたの態度にも現れます。そしてあなたの態度は、お金を引き寄せることもあれば、遠ざけることもあります。多くの有能なビジネスマンは、自分を助けてくれた人たちに礼状を書いたり、贈り物を送ったりします。自分の豊かさに対する感謝を宇宙に伝えると、それが心の中の「ありがとう」でも、声に出した感謝の言葉でも、あなたの繁栄を何倍にもしてくれます。

私は自分自身に感謝し、
自分のすばらしい人生に「ありがとう」と伝えます。

自分に「ありがとう」と言うたびに、欲しいものを創造する自分の能力に自信を与えます。まず、あなたの元にやってくるあらゆる小さな物事に対して、宇宙に感謝を伝え、自分がどれほど遠くまでやってきたかを認め、これまでに達成したすべてのことを評価してください。そうすれば、恐怖心や疑いを克服できます。あなたが当たり前に思っているすべての物事、たとえば住んでいる場所、愛してくれる友人、食卓に並ぶ食べ物に「ありがとう」と言ってください。今あなたが持っているものに「つまらない」というレッテルを貼らないことです。代わりに、それに対する感謝を宇宙に伝えてください。

何かうれしいことが起こるたびに、あなたは「増大」というプロセスを使って、人生にそれをさらに増やすことができます。たとえば、ちょうど望んでいたことを経験した、あるいは欲しかった物を受け取ったとします。そのとき、少し時間を取って、それを持つ喜びが増していくのに任せてみましょう。体、感情、心で満足感を味わってください。そして、心を静め、そのエネルギーを増大させている自分を想像します。その感覚が、まるでエネルギーの螺旋のように大きくなっていくところを想像してください。螺旋は、あなたのハートから生まれ、体のサイズを超えるほどに大きくなっていきます。このように想像していると、あなたはさらに良い物事を引きつけるようになります。自分は今、満足感と幸福感を高めているのだと考えてみましょう。そして、さらに良い物事が人生に現れると意図してください。必要なのは、それだけです。

19 プレイシート　喜びと感謝

喜び

1　人生に喜びを増やせる方法をいくつか挙げてください。

2　そのうちの1つを選んでください。その領域で喜びを高めるために、お金をどのように使うことができますか？

感謝

1　昨年あなたが達成したことで、とても気分よく感じていることを少なくとも5つ挙げてください。大きな業績でも小さな業績でも構いません。自分が気づいている以上のこと、あるいは自分が認めている以上のことを、成し遂げているはずです。

2　今、人生で感謝している物事を少なくとも5つ挙げてください（ある女性は、毎晩寝る前に、自分が感謝している物事すべてを心の中でリストアップしたところ、豊かさが劇的に増大しはじめました）。

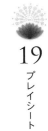

3　今あなたを支えてくれている人、あなたがその助力に対して感謝を示したい人を少なくとも3人挙げてください。どのように感謝を示したいのか具体的に考えて、それを実行しましょう。

20章　与えることと受け取ること

人生にお金の流れをたくさん生み出すためには、惜しみなく与え、遠慮なく受け取ることを学ばなければいけません。与えるだけではなく、受け取ることも大切なのです。あなた方の多くは、人には喜んで与えますが、自分が受け取るのは苦手だと感じます。相手が与えてくれることを受け入れると、あなたは相手にパワーを与えることになります。なぜなら、その人が自分の豊かさを示す機会になるからです。あなたが活用できるもの、感謝するものをあなたに与えることで、その人は気分がよくなります。もし誰も受け取ってくれなければ、誰も与えることができず、そうなれば、豊かさを創造するのに必要な「エネルギーの流れ」を止めてしまうことになります。

私は喜んで受け取ります。

受け取るのは利己的なことだと考えないでください。代わりに、受け取ることは、エネルギーの循環を完成させることだと考えてみましょう。あなたが喜んで受け取れば受け取るほど、ますます多くを人に与えることができます。人からお金を受け取ってください。彼らが与えてくれる物の形と中身の両方を受け取ってください。そして受け取るときは、温かく快い気持ちで受け取りましょう。人からお金を受け取るたびに、その金額の十倍がその人のところに戻っていくのを想像してください。他の人たちの成功を思い描くとき、あなたは自分の繁栄を引きつける磁力を強化しています。

感謝と優雅さをもって、喜んで受け取りましょう。十ドルの小切手を受け取ったなら、「たったこれだけか」と考えるのではなく、それを宇宙に感謝してください。あまりに多くの人たちが、お金を受け取ってこう考えます。「このお金をどのくらい長持ちさせられるだろう。もっと受け取りたかった」。つまり、お金を受け取って、それを低く評価するのです。すると、次に入ってくるお金はさらに減るでしょう。お金を受け取るとき、さらに多くのお金が入ってくるイメージを描きながら、喜びと感謝の気持ちをもって受け取ると、宇宙が繁栄をもたらしてくれる道を増やすことになります。

あなたの品位を損なわない源泉からなら、どこからでも喜んで受け取ってください。そして、自分が求めたものを喜んで受け取りましょう。人はときに、何か裏があるんじゃないかと勘ぐったり、自分が受け取ろうとしているものに欠陥を見つけようとしたりすることがあります。

たとえば、自分が中古車を探しているところだと想像してください。あなたは、手頃な値段で走行距離も少なく、状態のいい車を生み出そうと決心します。そして、自分が望むことの本質を明確にし、その車を引きつける作業を開始しました。するとある日のこと、自分の条件すべてを満たし、想像したよりもさらに安い車を見つけます。あなた方の中には、それがあまりにも完璧すぎるという理由で、喜ぶどころか、どこか欠陥があるのではないかと疑う人もいるのです！

理想のものを創造する自分の能力を、どうか信頼してください。欲しいものを創造する自分のパワーを認めましょう。実現のプロセスを習得していくと、たいていの場合、あなたは夢かと思うほど素敵な物事を受け取るようになります。ですから、自分が創造するものを、どうか楽しんでください。

昔、あるテレビ局が実験を行いました。一人の男性を雇って、ニューヨーク市の真ん中で、お金を配ってもらう実験です。その結果は驚くべきものでした。十人のうち、たった一人しかそのお金を受け取らなかったのです。お金を差し出された人々の反応はさまざまで、仕掛け人の男性をとことん避けようとする人もいれば、「何も買わないよ。くだらないことは、よしてくれ」と言う人もいました。唯一お金を受け取った人は、何度も何度もお金を見てから、困惑したように肩をすくめ、それを持ったまま去っていきました。

宇宙があなたにお金を与えるために使う源泉なら、それがどんな源泉からでも、お金を受け取るのだと断言しましょう。すると、宇宙はさらに多くの道を見つけて、お金を届けてくれます。もちろん、誰かがあなたの友情を買おうとしている場合や、あなたの気に入らない条件付きでそのお金がやってきている場合は、それを受け取ってはいけません。しかし、人々が惜しみなく与えてくれるのなら、どんな源泉からでもお金を受け取りましょう。あなたが遠慮なく受け取るようになればなるほど、宇宙もますます軽快に与えられるようになります。

「この源泉からなら、お金を受け取ってもいい」とあなたが思う収入源をすべて考え出してください。自分の仕事、投資収益、両親、奨学金などが挙げられますが、他にももっと考えられる収入源はありませんか？

たとえば、匿名の小切手や、自分が思っていた以上の金額が銀行口座にあることを知らせる残高通知や、予期せぬ返金など、ありそうに思われない収入源も考えてみてください。できるだけ突拍子もない、想像力に富んだ源泉を考えてみましょう。そして、「私は、新しい源泉から喜んで受け取るつもりがあるだろうか？」と自分に訊いてみてください。もし受け取るつもりがあるのなら、宇宙に「数週間以内に、新しい経路でお金を送ってください」とお願いしてみましょう。お金がやってきたら、喜んでそれを認め、豊かさを受け取るための新しい道を創造した自分を祝福してください。

欲しい物を買うためにまずお金を生み出すよりも、その物を直接手に入れるほうが簡単な場合もあります。まだあなたが持っていない何かで、欲しいと思っている具体的な物を考えてください。それを買うためのお金を生み出す代わりに、自分がそれを持つことに集中し、できるかぎりの方法でそれがやってくることに焦点を当てようと心に決めてください。そして内なる導きに従いましょう。

仮にあなたは今、自転車が欲しいとします。自転車に集中していると、友人が自転車を貸してくれることになったり、本人が留守にしている間、自転車を預かって欲しいと頼んでくることがあるかもしれません。あるいは、使っていない自転車があるから、乗っていいよと言われることがあるかもしれません。まずお金を引き寄せてから、目的の物を買うよりも、その物自体を直接手に入れるほうが手っ取り早い場合もあります。

私が人に与えるあらゆるものは、自分自身への贈り物です。私が与えるとき、私は受け取ります。

受け取るためには、与えることも大切です。あなたが他の人に与えるように、宇宙はあなたに与えてくれます。誰かにお金や物を与えることは、本当は自分自身への贈り物です。なぜなら、与えることで、人生にエネルギーの循環を生み出すことになり、エネルギーが循環すればするほど、あなたは豊かになるからです。

ある男性は、道に小銭を投げて、小さな子どもがそれを見つけるのを楽しんでいました。その子が「今日はラッキーだ。空から突然お金が落ちてくるなんて」と喜ぶことを知っていたからです。のちに男性は不動産開発の仕事を始めましたが、自分が取り仕切っていたプロジェクトの投資金が必要になったとき、お金があっさり転がりこんできました。まるで「空から降ってきたかのように」ラッキーなお金が入ってきたのです。

宇宙の法則に、「何かを得るためには、何かを与えなければいけない」というものがあります。何か欲しいものがあるなら、「それを得るために、何を与えるべきだろう？」と考えてみるといいでしょう。欲しいものを手に入れるために、あなたにできることが必ずあります。もっとお金が欲しいのなら、あなたの人生にある、お金をもたらす物事を与えなければいけません。お金をもたらす物事とは、自分の才能や技術、時間、エネルギーなども含みます。

自分の人生に豊かさが不足していると感じているのなら、あなたが何かを与えられる人のことを考えてください。感謝の気持ちがあり、あなたからの贈り物を活用できる人に何かを与えると、この世で最も幸せな気分が訪れます。与えるということは、自分の豊かさを認めることであり、自分の富を感じさせてくれるのです。与えることで、あなたは強くなります。知人にあげられるもので、今すぐその人の役に立ちそうなものを考えてください。そして、それを実際にあげてください。するとあなたは、宇宙も自分に与えてくれるということに気づくでしょう。

与えることで、「不足や制限がある」という信念を手放しやすくなります。なぜなら、あなたが与えるとき、実際よりも豊かな自分をイメージしはじめるからです。あなたは、物質的な物だけではなく、愛や許しや親切なども与えることができます。与えるときに大切なのは、あなたが与える物の量や価値ではありません。大切なのは、豊かさの感覚、つまり人に与えるときに覚える喜びの感情なのです。何かを与えるとき、あなたは自分の内にある、無限の豊かさを宇宙に流す方法を学んでいるのです。

私が与えるあらゆる贈り物は、
他の人たちに役立ち、パワーを与えます。

惜しみなく与えることも大切ですが、相手にとって本当の意味で最善となる方法で与えることも大切です。たとえば、誰かにお金を与えるときは、相手の豊かさを生み出すために与えているということをはっきりさせましょう。繰り返し起こる苦境からその人を救い出すために与えるのではありません。あなたからのお金や贈り物を使って、人生にポジティブな変化を起こす人に与えてください。たとえば、自分の本質から行動し、具体的な計画を立てて世に出ようとしている人がいたら、そのときこそ、援助を差し伸べるときです。自らの高次の目的と道を達成しようとしている人を助けるために、与えてください。

いつも困窮していて、不足を生み出している人がいたら、たとえあなたが与えても、相手を苦境から助け出すことの繰り返しになり、その人がライフワークを生み出すのを邪魔してしまう可能性もあります。人は、特別なレッスンを学ぶために、人生に不足や欠乏を生み出します。もしあなたが、誰かにお金や物を与えつづけているのに、相手の人生がまったく向上していないことに気づいた場合は、自分の「与えるという行為」を見直してみる時期かもしれません。その人が欠乏を経験することによって得られる成長を、あなたが奪っている可能性もあります。

お金に困っていそうな人から借金を頼まれて、断った経験がある人もいるでしょう。その人は苦境を乗り越えて仕事に就いたり、どうにかして人生を好転させたりしたはずです。人はよく、人生に変化を起こそうと気持ちを奮い立たせるために、不足感や欠乏を生み出すことがあります。そうした人を危機から「救い出す」のは、依存心を生み出すだけであり、あなたはおそらく、その人が同じ状況を繰り返し生み出すことに気づくでしょう。

反対に、その人が自分の精神力を発見できるよう助けたり、自分で問題解決するための技術を教えたりすることのほうが、ただお金を与えるよりも、その人の人生に大きな貢献をすることになります。その人が問題を解決する方法を見つけられるよう、手を貸してあげましょう。そのような手助けは、その人が強く成長して、自分の人生をもっとコントロールできるようになるきっかけを与えます。その人の今後の人生に役立つような新しい方法、技術、手段を教えてあげると、あなたはその人にパワーを与えることになるのです。

もし身近に、経済的に困っていそうな人がいて、あなたが助けてあげなければいけないような気がしている場合は、このことを覚えておいてください。つまり、あなたがそう感じるとき、あなたはその人が「強くない」と言っていることになるのです。あなたが豊かさを生み出すパワーを持っているように、その人も同じパワーを持っています。その人が自分のパワーを見つけられるよう、助けてあげてください。そうすると、あなたはあらゆるギフトの中でも最高のもの、つまり「自立」というギフトを与えたことになります。

もちろん、食事、寝る場所、衣服などの贈り物を与えられたときに、それを「その場しのぎ」として活用するのではなく、危機を乗り越えるために活用して、結果、成長できる人たちもいます。あなたからの援助をその場しのぎに活用する人と、今後の成長に活用する人のちがいは、ハートで感じ取ることができます。相手に本当にパワーを与えているとき、あなたは与えることによって高揚感と喜びを感じるはずです。

私が人に与えるものはすべて、その人の価値を敬い、認めます。

あなたが楽しい気持ちで与えられるものを与えてください。「お金を与えるべきだ」と義務や強制を感じているときは、与えてはいけません。重苦しい気分があるときは、与えることが相手の最高の幸福のためになっていないという合図です。子どもが成長して自立できるようになっても、助けてあげるのが自分の義務だと感じている親もいます。

あなたにも、お金の要求に対して「ノー」と言うべきときが来るかもしれません。そのときあなたが言う「ノー」は、腹を立てながら言うどんな「イエス」よりも、大きな愛から生まれています。

ある男性には、いつも家賃を払えないでいる弟がいました。彼は弟に家賃のお金を与えつづけましたが、まったく何も変わる気配がありませんでした。とうとう彼は、弟にお金を与えることを断りました。自分で基本的問題を解決することを学ぶべきだ、と思ったからです。弟にお金を与えるだけでは、その自立を助けることにはならないと気づいた彼は、弟が生活のために何をしたいのか見つけられるよう手を貸し、職探しに関する本を何冊か与えました。

まもなく、弟は家賃を払えるだけの給料がある仕事を見つけました。そして、コンピューターの操作を習いに夜学に通いはじめました。コンピューターを使って仕事をするのが好きだと気づいたからです。しかし、その学校には彼が思う存分に練習できるほどコンピューターの数がなかったので、彼は兄に自分のコンピューターを買うお金を貸してもらえないかと頼みました。兄はお金を貸しました。コンピューターがあれば、弟が富を築くのに役立つからです。その後、弟は自分でコンピューターのビジネスを始め、とても成功しました。

相手が欲しいと願っているものを与えるようにしてください。すべての贈り物が適切だとは限りません。たとえば、子どもに小さなペットを与えて、結局、時間のない親が世話をすることになる場合もあります。贈り物をするときは、相手が受け入れられる形のもの、相手が本当に活用できるものを与えるよう心がけましょう。惜しみなく与えると同時に、相手にとって本当に役立つものを与えるようにしてください。

私は自分に気前よく与えます。

自分自身に与えられるようになることは、豊かさの流れを維持するうえでとても重要です。自分に与えることができなければ、流れを止めてしまうことになり、やがてあなたもそれを感じるようになるでしょう。たとえば、ヒーラーがいつも人に与えてばかりで、自分を慈しみ、エネルギーを補給するのに必要な時間を取れないでいると、燃え尽きてしまうかもしれません。自分に与えることができなければ、あなたは欠乏を感じはじめ、あとから多大な時間とエネルギーを自分に費やさざるを得なくなるでしょう。あるいは、仕事でエネルギーを使い果たしたと感じ、働く意欲を失うかもしれません。

誰かに何かを与えておいて、それを完全には手放せていないというケースがよくあります。与えるときは、無条件に与えてください。何かを贈るときは、それを手放しましょう。自分が与えるものに未練があると、より多くが人生に流れてくるのを妨げてしまいます。たとえば、自分の古着を人に与えておいて、「自分がまだ着れたかもしれない。あげなければよかった」などと考えていると、新しい服が入ってくるのを妨げることになります。なぜなら、あなたは本当の意味で、その古着を手放していないからです。与えるときにはいつでも、自分が惜しみなく与えているることを明確にしてください。なぜなら、惜しみなく与えれば与えるほど、ますます簡単にお金を引き寄せることになるからです。

仕事によって稼げるお金のことだけを考えるのではなく、自分が世界に与えているものに関心を注ぐとき、お金はやってきます。自分の最高の仕事をしようという意欲こそが、あなたが雇い主やクライアントに与えられる最大の贈り物です。助け合いと愛の精神をもって、働いてください。自分の仕事に専念し、エネルギーを注ごうという意欲が、収入を増やします。仕事の手を抜く、自分の仕事の価値を信じていない、仕事を嫌々する、最低限のことしかしない……などという態度では、同じようにお金が入ってくることはありません。

ある芸術家が、自分の作品で生活を支えられるほど充分にお金を稼げるだろうかと心配していました。彼は仕事の依頼があるたびに、どのくらいの経費がかかるだろう、どのくらい稼げるだろうということだけを考えて、そのチャンスを判断していました。そして、やりがいはありそうだけれども、あまり稼げる見込みがない仕事をいくつか断りました。彼はいつもお金に困っていました。

一方、同じく芸術家である彼の友人は、優れた作品を生み出すためにできることは、すべて試しました。クラスを受講し、内面から湧き起こる衝動や喜びに従い、自分のベストを尽くしたのです。彼は自分の芸術活動から得られるお金に注意を向けるのではなく、自分にこう訊きました。「作品を見に来てくれる人たちに対して、どうすれば最大の奉仕ができるだろう？　彼らに何を与えられるだろうか？　自分はこのチャンスをつかみたいだろうか？　なりうるかぎり最高の芸術家になるためには、何ができるだろう？」

彼の作品はしだいに有名になり、彼は快適な暮らしができるようになりました。一方、彼の友人は、人に奉仕することよりもお金のことばかり考えていたため、結局わずかな稼ぎしか得られず、その作品が世に出ることもありませんでした。

チャンスが訪れたときは、それが他の人たちに貢献するかどうか、自分の道に沿っているかどうか、そして喜びをもたらすかどうかを考えたうえで、判断してください。あなたは、自分の特別な技術と才能を使い、自分がすることすべてに最善を尽くすことで、お金を生み出すことができるのです。

私は自分の言動すべてにおいて、
全力を尽くして他の人たちに奉仕します。

　全力を尽くして他の人たちに奉仕する人は、豊かさと喜びに満ちた人生を送ります。奉仕とは、相手の立場になって、自分ができる最高の物事を与えることです。クライアント、雇い主、同僚、友人、あるいは愛する人など、その相手が誰であれ、全力を尽くして奉仕してください。自分の最良の面を世に示し、最高レベルの誠実さをもって行動するとき、あなたは他の人たちに奉仕していることになります。人類に大きく貢献するために、指導者や世界的な有名人になる必要はなく、また偉業を成し遂げる必要もありません。愛と心をこめて意識的に仕事をするとき、あなたは最も貴重な貢献をしています。つまり、あなたは世界に光を増やしているのです。

　あるセールスマンは、売上が落ちてきて、その理由を理解できないでいました。相変わらず仕事は好きでしたし、自分の売っている商品を信じていて、自分の高い目的も果たしていると感じていたからです。

　ある日、友人と話していた彼は、自分がもはや人に奉仕して与えることに専念していないということ、そしてお客が自分に与えてくれるものだけを考えて相手を見ていたことに気づきました。彼は、自分が奉仕している相手を「人」として見るのではなく、自分のポケットにお金を入れてくれる「人数」として見るようになっていたのです。お金を儲けることに集中するあまり、自分が人に奉仕する仕事をしているということを忘れていました。

　彼はやり方を変え、お客が商品を買ってくれるかどうかに関係なく、一人ひとりに対して最善を尽くす方法に焦点を当てました。そして時間をかけて、お客とそのニーズを把握するようになり、彼らの役に立つよう真摯に努力したのです。彼は、愛と時間とエネルギーを惜しみなく与え、その結果、売上を劇的に伸ばしました。

他の人たちに奉仕することを考えれば考えるほど、あなたの仕事は充実してきます。自分の仕事が他の人たちにどれだけ光と喜びをもたらすかに焦点を当てると、その仕事が自分にも同じように光と喜びをもたらすことに気づくでしょう。奉仕とは、自分が知っている最高のやり方で与えることです。奉仕するということは、仕事をこなすうえで、あなたが能率的で思慮深く、意識的であることを意味します。そして、喜びと調和をもって、周囲と協力して働くことを意味します。奉仕すれば、それはさらなる繁栄という形で、何倍にもなって必ずあなたの元に返ってくるでしょう。

あなたが他の人たちに与える最大の贈り物は、
自分の人生がうまくいっているという例を示すことです。

20 プレイシート　与えることと受け取ること

受け取ること

1 あなたが受け取りたいと思っているものを、思いつくかぎり挙げてください。それが何かわかっているのなら、その形態についても具体的に述べてください。

2 その一つひとつを確認し、本当にそれを喜んで受け取るつもりがあるのか、自分に訊いてください。それぞれの品物について、自分の答えにちがいはありますか？

3 自分が一番喜んで受け取りたいものを選んでください。「喜んで受け取ろう」とする感覚がどのようなものか、観察してください。その感覚をどこで覚えますか？　体でしょうか、それとも感情あるいは思考でしょうか？

4 次に、リストの中で、喜んで受け取ろうと思えないものを選んでください。3で観察した感覚を思い出し、それをもっと喜んで受け取りたいと思うようになるまで、自分の感情、思考、肉体的感覚をあれこれ味わってみましょう。

与えること

1　今あなたが何かを与えようと考えている人はいますか？　じっくり考えてください。あなたは、その人の必要性を満たすために与えようとしているのでしょうか、それとも、その人の繁栄のために与えようとしていますか？

2　もしあなたが今、自分の人生は豊かだと感じていないのなら、自分の繁栄を信じているということを示すために、他の人に何か与えられるものはありますか？　あれば、それを与えてください。

21章　明確さと調和

お金が流れて欲しいのなら、自分の労力と時間の見返りに何を求めているのかを明確にし、自分に正直になりましょう。それはつまり、自分が他の人たちに何を望んでいるのか、そして自分は何を与えようと思っているのか、両者間で明確な合意を取りつけることを意味します。個人的またはビジネス上の金銭取引をスムーズに気持ちよく行いたいのなら、自分が何を期待し、何を前提にしているのか明確にするべきです。

私がエネルギーを交換するときは、
すべてを明確にし、円滑に行います。

自分のエネルギー交換や金銭取引の結果に満足し、喜びを感じたいのなら、契約、取り決め、それに費やす時間と労力、果たすべき義務、利益率などについて、あらかじめ明確にしておいてください。

何かにお金を投資するときは——たとえば、貯蓄口座、新しい事業、家、不動産、株、保証証券など、その対象が何であれ、自分がそこから金銭的に何を得たいと期待しているのか、はっきりさせることです。たとえば、貯蓄口座を開くときは、口座名義人と銀行間で、利率に関する明確な取り決めがあり、その取り決めがあるおかげで、失望や争いがなくなります。

人が契約に署名するのは、両者が条件に同意し、そこに暗黙の了解や心密かな期待がないということを確認するためです。たいていの場合、同意に達するプロセスで、両者の理解は明確になり、その結果、争いではなく愛と調和が深まります。良好な労働契約が交わされていれば、問題が生じることはめったにありません。契約は、両者の間で理解を明確にする機会だと考えましょう。契約書を注意深く読んで、その条件についてよく考えることです。その条件はあなたにとって好ましいものですか？　そしてあなたの意図を反映していますか？

重要なのは、相手の権利と利益だけでなく、自分の権利と利益を守る条件と同意を得ることです。理解できない条件、あるいは同意できない条件があれば、署名をする前に、「明確にして欲しい」「変更して欲しい」と恐れずに伝えましょう。他者と何らかの交換を取り決めるときは、契約書のあるなしにかかわらず、自分が何について同意するのか明確にすることです。明確にすればするほど、ますます多くの調和と光を人生にもたらすことになります。あなたの明確さは、人生で関わるあらゆる人に対する贈り物です。

たとえば、友人と日々の交流において契約を交わすのは現実的なことではありませんが、両者の間にある暗黙の了解をはっきりさせることはできます。友人の一人を思い浮かべてください。

お互いの関わり方について、二人の間でどのような暗黙の了解があるでしょうか？　たとえば、二人はどのくらいの頻度で連絡するものだと思っていますか？　困ったときは助け合えると思っていますか？　お金の貸し借りはありますか？　あなたは、身近な人たちと暗黙の了解をたくさん交わし、自分の時間やエネルギーに関して、相手に何らかの権利や特権を与えています。

しかし、あなたと友人の間で意見の不一致が生じたとき、あるいはあなたが喜んで与えようと思うものを明確にしていないとき、争いが起こります。今あなたが思い浮かべた暗黙の了解において、自分でもはっきりしていない領域はありますか？　今しばらく時間を取って、その領域をはっきりさせ、自分が何を気持ちよく与えようと思っているのか、また、どのような「了解」にしたいのか、決めてください。

私は自分が使うあらゆるお金に対して、満足しています。

あなたは、自分自身とも取り決めをしています。たとえば、あなたはお金の使い方について、自分に許可を与えます。どんな物にならお金を使ってもいいのか。特定の物事のために、どのくらいなら使ってもいいのか。そういったことを自分で決めているのです。

たとえば、こんなふうに考えていないでしょうか？　「食料品にならお金を使ってもいいと決めた。おいしい食事を用意するためなら、どれだけかかっても構わない。でも高価な服にはお金を使わないでおこう。特別なことがあるときは別だけど、かなり重要な行事でないかぎり、お金を使いたくない。もし何らかの理由で、重要でもない行事のために高価な服を買う場合は、絶対、着回しができるものにして、一回着るたびのコストを下げよう」

少し時間を取って、どんな物事にならお金を使ってもいいと自分で決めたのか、考えてみましょう。お金について（そしてお金以外の領域においても）、自分がどれだけ多くの方針を心の中で定めていたのか、きっと驚くことでしょう。自分で決めた方針の一つに背いたときは、そのことに気づくはずです。なぜなら、その方針に背いてお金を使ったとき、罪悪感を覚えるからです。

自分に喜びと豊かさと明確さをもたらすお金の使い方を決めましょう。お金を使うことにいつも罪悪感を覚えているのなら、自分で定めた取り決めを見直して、それを変更しようと考えてみてください。なぜなら、その取り決めはうまく機能していないからです。その取り決めがいいものかどうか、あるいはそれが、両親や社会や友人など、第三者の価値観に基づいていないかどうか、確認してみましょう。自分にとって納得がいくお金の使い方を、自分で定めてください。

お金を使って、あとから罪悪感を覚えたときのことを振り返ってみましょう。そのときあなたは、お金に関するどんな取り決めを破ってしまったのですか？　その取り決めは、納得のいくものですか？　それに従うことは、自分を愛することにつながりますか？　たとえばある女性は、何か美しい物を買うと、必ず罪悪感を覚えていました。彼女は「実用品を買うのは構わないけれども、身の回りの環境を美しくしたいという理由だけで、芸術品や絵画などを買うのは間違っている」と自分で決めていたのです。そこで彼女は、美しい装飾品に一定額なら使っても構わない、という新たな取り決めをしました。それからというもの、彼女は自分が決めた一定額を超えない範囲で、家に飾る装飾品を買うことに幸せを感じるようになりました。

私はつねに、より高次の解決法に導かれています。

お金について明確な同意がなければ、たとえ愛し合っている二人の間でさえも、対立を生み出すことがあります。たとえば、一人が食べ物になら無制限にお金を使っても構わないと決めていて、実際そうしているのに、もう一人が食べ物には限られたお金しか使わないと決めていたら、対立が生まれる可能性があります。それぞれが、食べ物に対して異なる価値観を持っているからです。ほとんどの人は、この種の問題が起こったとき、どちらが正しいのかと勢力争いを始めます。相手のお金に関する決まりを確認したり、それについて落ち着いて愛をもって話し合ったりするのではなく、自分が正しいと主張するのです。

多くの人にとって、お金はパワー（権力）を表し、お金に関して「自分が正しい」ということは、パワーを持つこと、あるいはパワーを得ることを意味します。お金に関する争いは、勢力争いへと発展することがよくあります。誰かがあなたにお金を借りていて返そうとしないとき、お金の使い方について愛する人と意見が一致しないとき、あるいは自分が値すると思っている額を受け取っていないとき、真の論点はパワーの所在にあるのかもしれません。

お金の問題が、自分と誰かとの間に対立や距離を生み出していることに気づいたときは、その状況を変えるために愛をもって取り組みましょう。まず心を静めて、内観してください。腹部や横隔膜の下部辺りに、不快なエネルギーを感じることに気づくかもしれません。この不快な感じは、「誰が正しくて、誰がこの勢力争いで勝ちを収めるのか」とあなたが悩み苦しんでいることを示しています。この次元で葛藤しているとき、あなたが勝つことはありません。

私は自分のハートの知恵に耳を傾けます。

状況を変えるには、エネルギーの次元に取り組んでください。まず自分のハートに意識を向け、怒りや心の傷を手放すことから始めましょう。そして、相手に愛を送ってください。「自分が正しい」「自分の思いどおりにしたい」という思いを手放してください。そうしたからといって、自分の価値観を捨てているわけでも、理想を犠牲にしているわけでもありません。あなたはただ、自分の太陽神経叢（「パワーセンター」と呼ばれることもあります）からエネルギーを抜き、それをハートに移し入れているだけなのです。ハートは、あらゆる真の解決法が見つかる場所です。

相手に愛とゆるしを感じられるようになるまで、このエネルギーへの取り組みを続けてください。数日、あるいはもう少しかかるかもしれませんが、あなたは怒りを手放し、愛の感覚を覚えるようになるでしょう。それまでは、どんな行動も起こさないでください。口論も電話もいけません。相手に愛を送って、二人の間のエネルギーを浄化する以外は、何もしないことです。ある地点で、あなたは変化――つまり愛を感じるでしょう。心の中で、勢力争いをする気がないことを相手に伝えてください。そうすることで、あなたは「私が勝って、あなたが負ける」という状況を取り上げ、「私たち両方が勝つ」という状況に変化させています。

あなたが答えを求めてハートに意識を向けるとき、扉が開いて、より高次の新しい解決法が現れます。この困難な状況を手放せば、新しいアイデアの数々が自分の元へやってくるのがわかるでしょう。そして人々も、あなたに歩み寄ってくれます。なぜなら、あなたのエネルギーが変わったことを感じ取り、彼ら自身も変化を起こすからです。人々に愛の思いを浴びせてください。そうすれば、どんな状況の中にも奇跡的な変化を生み出すことができます。

たとえば、あなたが誰かにお金を貸しているなら、そのお金を手放し、相手に愛を送ってください。お金を取り戻すことへの執着を本当の意味で手放しさえすれば、そのお金は他から返ってくる、あるいは本人から返ってくることさえあると信頼してください。借金の返済を拒むことは、愛を抑えこむことであり、両者の関係を勢力争いへと展開させてしまうことが多々あります。あなたがその争いに参加することを拒んで、代わりに愛を送れば、あなたは変化を起こします。自分のエネルギーを変えてしまえば、相手も同じように自分のエネルギーを変えざるを得なくなるのです。

少し時間を取って、あなたが金銭的に対立している領域で、自分がお金についてどのような決まり、価値観、信念を持っているのか見直してみましょう。対立の相手は、あなたが見直すべき大切な問題を指摘してくれています。あなたは何を守ろうとしているのですか？　たいていの場合、あなたは自分でも確信をもてない信念や価値観を強固に守ろうとしています。なぜなら、自分の信念がはっきりしているとき、あなたはそれを守る必要を感じないからです。

最近、お金に関して誰かと意見の不一致を見たときのことを振り返ってみましょう。あなたのどういった信念や価値観が問題になったのでしょうか？　相手はどのような価値観や信念を守ろうとしていたのでしょう？　相手の信念、あるいは新しい考え方で、あなたにも役立ちそうなもの、自分も取り入れてみようかと思える点はないですか？　自分の信念や決まりの中で、役立たない部分、手放したほうがよさそうな部分はないですか？　あなたのハイアーセルフは、あなたに自分の信念、価値観、決め事を見直して欲しいと思っているのです。そうでなければ、この状況は起きなかったでしょう。

争いは、欠乏を信じること、つまりあらゆる人に充分なものがあるわけではない、という考えからも生まれます。最近あなたが経験した、お金に関する意見の相違や争いについて考えてください。「充分に持っていない」という不安が、その意見の相違の一因ではないですか？　もしあなたが、宇宙は本当に豊かで、自分の欲しいものは何でも手に入ると信じていた場合、それでもこの対立は起こったでしょうか？　「宇宙には充分にない」という不安に駆られて行動しないよう、気をつけてください。

私はいつも、相手を勝者にする方法を探します。
相手が勝てるよう助けるとき、私も勝者となるからです。

両者ともに勝つ方法が必ずあります。「片方が勝つためには、もう片方が負けなければいけない」と思われるのなら、あなたはまだ高次の解決法に達していません。高次の解決法は、必ず両者を満足させ、どちら側もそれぞれの高い目標を達成することができます。この高次の解決法を見つけるためには、まず「問題の本質は何なのか？　私にとって、何を得ることが本当に重要なのだろう？」と自分に尋ねることです。自分たちの目標を達成するために、何が必要なのか自分に正直に問いかけてください。真の問題はまったく別のところにあるのに、その本質から外れて争ってしまうことがよくあります。どうか、お互いに協力して、解決法を見つけてください。

相手が自分に反抗しているのだと思いこまないでください。敵対心を持つのではなく、自分たちが共有している問題の解決法を探すために、相手に協力してもらうことです。両方を満足させる解決法があるのだとつねに想定してください。たとえ、まだそれを見つけていなくてもです。相手に勝たせる方法を探すことを目標にすれば、あなたもまた勝者になることができます。

今は新しい形態が現れる時期です。なぜなら、古い形態の多くが、もう機能しなくなっているからです。あなたの課題は、新しい方法を見つけることです。率直に、そして柔軟になることを心がけ、高次の道があることを信頼してください。あなたの愛と決意を通じて高次の道が現れるとき、あなたは古い問題に対する新しい解決法という贈り物を、人類に提供することになります。

21 プレイシート　明確さと調和

1　お金の使い方について、あなたは自分とどのような約束を交わしていますか？　自分がお金を使う物事のリストを作り、その品物にお金を使うときに、どのような方針があるのか、それぞれ記してください（たとえばリストの1つに「食料品」があるとします。食料品にはどのくらいの額を使ってもいいのか、どのくらいの頻度で買ってもいいのか、などの方針を書いてみましょう）。

2　しばらくの間、リラックスして心を静めてください。1で挙げた「自分との約束」を見直してみましょう。それぞれの約束事をどのように変更したら、もっと豊かさを感じられるようになると思いますか？「自分との約束」を書き換えてみましょう。

22章　お金を持つ

私は人生のあらゆる領域において豊かです。

お金は良いものでも、悪いものでもありません。お金はエネルギーです。お金があなたや他の人たちに役立つポジティブなエネルギーになるかどうかは、その使われ方で決まります。お金に関してきわめて誠実な対応をしているとき、あなたは自分自身と人類に貢献していることになります。また、最善を尽くし、他者を敬い、自分の言動に注意深く意識を向けることによって、人々の意識を転換させたり世に奉仕したりする形でお金を稼ぐことができます。そのように、人々の利益になるようなお金の稼ぎ方をしているときも、あなたは自分自身と人類に貢献していることになります。自分の高次の目的に役立つようなお金の使い方、そして自分や他の人たちに喜びをもたらすようなお金の使い方をするとき、あなたは光のお金を生み出しています。お金の稼ぎ方、使い方に誠実さと光が加われば加わるほど、そのお金は万人にとっての光となって、その力を増すのです。

本当の豊かさとは、自分のライフワークをするために必要なもの（道具や資力、生活環境など）と、喜びと活気に満ちた人生を送るために必要なものを、すべて備えていることです。豊かさとは、他人に印象づけるためだけに維持する豪華絢爛な生活を指すのではありません。また、あなたの真の活力とライフワークを支えてくれない生活も、豊かなものとは言えません。スピリチュアリティの本質とは、真の豊かさを信じること、つまり、時間も愛もエネルギーも豊富にあるのだと信じることを含んでいます。

あなたは、自ら手本を示すことで、他の人たちに教えることができます。もしあなたが自身の人生に豊かさを感じていないなら、他の人たちが豊かな生活を送ることができるよう手助けするのは、不可能ではないにしても難しいかもしれません。あなたは、ギリギリの生活や欠乏を手本として示したくはないはずです。あなたがほどよい額のお金を持ち、そのお金が人生でうまく機能しているとき、人々はあなたという手本を見て、豊かさについて学ぶのです。

戦争や対立のほとんどは、「不足している」という信念から生まれます。欠乏を信じている人々は、自然からもっともっと搾り取ろうとして、この地球の資源を浪費してしまいます。もしあなたが地球の平和に貢献したいなら、まず自分にも他の人たちにも豊かさがあると信じることです。あらゆる人々に豊かさが存在しうるということを社会が信じはじめると、地球を汚染したり消耗したりすることのない、無限のエネルギーと資源を供給する「新しい発見」がなされるでしょう。そうすると、戦争をする理由がますます減っていきます。この地球のあらゆる人々が、豊かになれる可能性が本当にあるのです。もし人類が、すべての人々にとって豊かさがあると信じるのなら、それを創造することができるでしょう。まず、あらゆる人が豊かさを得ることは可能である、と信じることから始めてください。

私の繁栄は、他の人たちも繁栄させます。

お金を持つのは悪いことではありません。あなた方の中には、お金を持つことに罪悪感を覚える人もいます。周囲を見回して、貧しい暮らしをしている人を見ると、特にそう思うようです。貧しい暮らしから学び成長する人もいれば、物質主義に生きながら、同じくらい学び成長する人もいます。貧しいほうがスピリチュアルということでもなければ、お金持ちのほうが優れているというわけでもないのです。

お金を持つのはスピリチュアルなことではないと心配している方は、これまでの人生で、たとえ少額でもお金を持っていたときのことを考えてみましょう。自分がそのお金をどのように使っていたのか思い出してください。お金を持っていたときのほうが、身近な人を助けることができたのではないでしょうか。豊かさを感じていたとき、おそらくあなたは寛大になって、他の人たちが豊かさを得るための力になれると思ったはずです。

お金のことを明確にしている人とは、お金をたくさん持っている人でもなければ、お金がまったくない人でもありません。たいていの場合、自分にとってほどよい額を持っている人が、一番お金のことを明確にしています。ほどよい額のお金を持っている人は、あまりに多くの所有物に悩まされることもありません。彼らの所有物は、本人の役に立つものばかりです。彼らは、自分のライフワークを生み出すために使うべき時間とエネルギーを、モノを手に入れたり処分したりするために使ったりしません。

所有額が多すぎて管理するのに多大な時間を要するのなら、大きな財産はあなたを道から外してしまう可能性があります。反対に、充分なお金がなくて、生活するだけでも多大な時間とエネルギーを要するのなら、それもまた、あなたを道から外してしまう可能性があります。生活するのに充分なお金を持つことが大切です。なぜなら、もし充分なお金がなくて、つねに家賃や食費のことを心配していると、あなたがこの世でしようと決めてきた大きな仕事をするために、自分の時間とエネルギーを活用できなくなるからです。

裕福な状態とは、自分のライフワークをするのに充分な富を持っていることだと考えてみてください。余裕のある生活をするために、物理的な所有物をたくさんそろえる必要はないかもしれません。たとえば、あなたのライフワークは自然と共に働くことだとしましょう。あなたは丸太小屋に住んで、お金をほとんど使わず、それでも自分の目的を果たすために必要な天然資源はすべて持てるかもしれません。その場合、あなたは「裕福」なのです。

重要なのは、あなたが生まれてきた目的であるライフワークをするのに充分なお金を持つことです。あなたをライフワークから遠ざけるほどたくさんのお金を持つことではありません。充分なお金を持っているということは、自分のヴィジョンを行動に移すことができ、身の回りのエネルギーをより高水準の秩序へと整えられるということです。人生の目的を果たすために、物理的な所有物をたくさん必要とする人もいるでしょう。そういった人は、自分が富や権力を身にまとっているときだけ話を聞いてくれる人たち、尊敬してくれる人たちと関わりあうことが必要なのかもしれません。

人によっては、物理的な所有物からスピリチュアルな経験を得て、今生で学ぶべきことを教わる場合もあるかもしれません。それはちょうど、お金を持たないことから大きな学びを得る人がいるのと同じことです。お金を持つことで大きな自由と成長を得る人もいれば、お金を持たないことで自由と成長を得る人もいるのです。

人がどのくらいお金を必要とするかは、個人的な問題です。ですから、どれだけお金を持っているか、あるいは持っていないかで、相手を判断しないようにしましょう。今、大きな富を築いている人が、あとになって、それを人類の幸福のために使うということもあります。たとえその人が、現時点ではそうしたお金の使い方をするつもりがなくて、スピリチュアルな道を歩んでいないにしてもです。あなたは、他の人の道にある大きな目的を知ることなどできません。その人がどれだけお金を稼いでいるか、持っているかではなく、その人がどれだけ人生の目的を果たし、自分の人生に満足し、ほどよい額のお金を持っているか、そして自分を信じているかを尺度にして、相手の成功を測ってください。

あらゆる人の成功は、私の成功に寄与します。

あなた自身がよりいっそう裕福になるにつれて、周囲に裕福な人たちが増えてくるでしょう。豊かさの観点で考えていると、あなたの波動は変化しはじめ、同じく豊かさの観点で考える人たちを引き寄せるようになります。成功している人に嫉妬したり、引け目を感じたりしないでください。成功している人のそばにいると、あなた自身もその成功の波動を持ちはじめるということに気づいてください。

全員の成功が、あなたにとってよりいっそうの成功を意味するのだということを、まずは信じてください。身近な人たち全員が成功しはじめたら、あなたは成功の波動に包まれることになり、自分の成功も急増するでしょう。他の人たちの幸運な話を聞いたら、それを認めることです。人の成功を認めると、あなたにも手が届く豊かさの存在を認めることになるのだと理解して、人の幸運を歓迎しましょう。

あなた方の多くは、本当に成功するためには、自分の仕事を大勢に届けなければいけないとか、その分野で一番にならなければいけないと思っています。競争心があってこそ、仕事でベストを尽くそうという気になるのなら、競争心を持つのも悪いことではありませんが、あなたの分野で成功している他の人たちが、あなたの成功の価値を損なうことがあるなどと思わないでください。

成功は無限にあります。世界中のあらゆる人が成功できます。あなたには、自分だけの特別な場所があり、たとえどれだけ多くの人があなたと同じようなことをしていたとしても、あなたがここに来た目的は、どこか特別でユニークなものだということを理解してください。あなたが競争している人や会社がありますか？　その人、あるいはその会社の成功が、あなたの損失につながるのではないかと心配していませんか？　少し時間を取って、彼らがあなたの想像を超えるほどの成功を収めているところをイメージしてみましょう。次に、彼らの成功があなたの利益となるであろう理由を想像してください。

あなたとまったく同じやり方で、あなたのライフワークをする人など、世界中のどこにもいないということを、どうか理解してください。たとえ他の人たちがあなたと同じライフワークをしているように思えても、彼らの仕事はおそらく別のタイプの人たちに届いているか、同じタイプの人たちに異なる方法で届いているはずです。自分の潜在能力に従って行動することに専念しましょう。あなたは、自分が奉仕する人々の要望を一番に考えていますか？　内なるメッセージに従っていますか？

内なるメッセージに従うとき、あなたは輝きます。そして、自分が望む仕事や豊かさをすべて手に入れるでしょう。ただ承認と名声を求めて努力するのではなく、自分のライフワークを世に出すプロセスを楽しんでください。一番にならなくても、最大の顧客数や収入を得ていなくても、何もかもを自分でやり遂げなくても構わないと考えてください。

誰かがあなたのアイデアを奪うのではないかと心配したり、他の人のほうが、あなたのしていることをもっと上手にこなしていると不安に思ったりしないでください。自分が知るかぎりの方法でベストを尽くし、できるかぎり最高品質の製品やサービスを生み出しているのなら、あなたは充分に報酬を得るでしょう。他の人が何をしているかは問題ではありません。たとえ誰かがあなたの立派な仕事を自分の手柄だと主張していても、質の高い仕事を送り出すのをやめないでください。やがてあなたに報酬が与えられます。ウサギとカメの物語のように、近道をして全員を出し抜こうとする人よりも、つねに立派な仕事をして、着々と確実に仕事をこなす人のほうが、より大きな豊かさを得て、世に名を成すでしょう。

一つの仕事をめぐって他の候補者と張り合っている方、クライアント獲得のために他企業と競争している方、助成金や財政的支援を得ようと競っている方は、自分を競争者として考えないようにしましょう。そのお金、クライアント、あるいは仕事があなたにとって最善の結果につながるのなら、あなたはそれを得るはずです。助成金の申請でも、仕事の面接でも、あるいは販売プレゼンテーションでも、つねに自分のベストを尽くしてください。そして内なるメッセージが指し示す人々にだけ手紙を書き、会いに行ってください。そうすると、あなたは仕事やお金を手に入れるでしょう。それを手に入れても、自分が誰かから何かを奪ってしまったなどと心配しないでください。

宇宙は完全で豊かなところです。そして他の人たちも、それぞれにとって最良のものを受け取ることになっています。あなたは、他人から奪うことなどできません。あなたの機会はあなたのためにあり、あなたのものではない機会は、他の人たちに与えられます。今あなたが何か——たとえば仕事、財政的支援、融資、奨学金、アパートなどを獲得しようと競っているのなら、自分が心配を手放して、全員にとって最良の結果が起こると信頼できるかどうか確かめてみてください。あなたのものになるべきものは、あなたのものになるのだと信頼しましょう。宇宙はいつも、あなたにとって最善のものをもたらそうと動いています。
　同僚や周りの人たちを競争相手と見なしてはいけません。代わりに、彼らを友人と見なしてください。競争するよりも、協力するほうがずっと多くを得られます。ある会社で働いていた男性が、短期間で副社長になりたいと思っていました。彼は、自分の野心を周囲に言い広め、よく自分の仕事ぶりを自画自賛していました。そして、自分のほうが同僚よりも立派な仕事をしていると見せたいがために、彼らの仕事をけなして、人の手柄を自分のものにしようとしました。
　同じ会社の別の男性は、自分ができる最高の仕事をしたいと思っていました。彼はいつも仲間の社員のことを考え、時間外労働を引き受け、できるときには上司を手伝い、自分に割り当てられた仕事を関心と愛をもって行いました。最初の男性は昇進が決まらず、「自分を認めることができなかった」会社に対してさんざん文句を言いながら、怒って辞めていきました。そして二人目の男性は、副社長に出世しました。

私は、他の人たちの「さらなる繁栄」という考えを
その人たちに送ります。

　他の人たちや自分のことを考えるときは、豊かさ、繁栄、成功、幸福という考えを持ってください。そういう考えを持つと、それが実現しやすくなります。あらゆる人がますますうまくいくと考えてください。彼らを成功者として思い描いてみましょう。

人はときとして、他の人の経済的困難を深く思い悩んで、自分に経済的苦境を招いてしまうことがあります。なぜなら、あなたは自分が焦点を当てるものを引き寄せるからです。人の生活がどれだけ大変かを語るのではなく、その人に慈悲と光を送ってください。そして、その人が困難な状況から抜け出し、豊かさを経験するところを思い描いてください。あなたが送り出すポジティブなイメージと愛は、何倍にもなってあなたの元へ戻ってくるでしょう。

ある商店経営者は、店に入ってくるあらゆる人のために愛を送り、その人の成功を思い描くことで、売上を劇的に伸ばしました。人々はまるで磁石のように、その店に引き寄せられました。

もしあなたの友人が、何かが足りないことで不平を言っていたら、その人が今持っているもののことを気づかせてあげましょう。経済的困難について話す人が身近にいたら、話題を変えてみるか、その人がすでに生み出した豊かさに感謝できるよう手伝ってあげましょう。

宝くじを当てて富がやってくるのを期待している方もいるかもしれません。当選するには、当選金を受け取る準備をしておくことです。あなた方の多くは、当選を期待する一方で、本当に当たるとは思っていません。宝くじを当てる人は、当選するのだとはっきり表明し、「宝くじでお金を手に入れるなんて、甘すぎる」「宝くじが当選するなんて、都合がよすぎる話だ」という信念を手放しています。

もう一つ、さらに重要な点があります。宝くじが当選すると、あなたが自分のライフワークをやめてしまう場合は、ハイアーセルフが当選しないよう妨げるということです。多額のお金を当てると、思っている以上の課題を生み出すことがあります。ほどよい額のお金を持つことが大切なのであって、思いがけない膨大な収入は、あなたの人生のバランスを崩すことになります。そのため、あなたのハイアーセルフがほぼ確実に当選を妨げてくれます。

　思いがけない多額の収入を得ることに対して、どれだけ準備ができているかによって、人生の物事の多くが変わってくるでしょう。自分が適応できるペースで、ゆっくりとお金を手に入れるということは、贈り物なのです。つまり、徐々に手に入れることで、あなたは大きなエネルギーの流れを、バランスよく安定させながら扱うことに慣れていきます。多額のお金を取り扱う前に、さまざまなことを試す時間があるからです。多額のお金を取り扱う準備ができていないのに、それを手に入れてしまうと、あなたのハイアーセルフは、あれこれ手段を見つけて、あなたがお金を手放すよう試みるかもしれません。

　多額のお金を当てたり相続したりする人の多くは、わずか数年でそれを失ったり使い果たしたりします。その人自身のエネルギーと、多額のお金が調和しないからです。思いがけない多額の収入を長持ちさせる人は、たいていの場合、今の仕事や家を手放さず、お金を銀行に預けて、その増えた額にゆっくりとなじんでいきます。

　宝くじを楽しむプロセスで成長するのなら、ぜひそうしてください。多くの人は、宝くじを買うことによって、豊かな自分を思い描くことができます。そしてそのイメージが、他の方法で豊かさを引き寄せるのを助けてくれるのです。宝くじを購入するたびに、当選したときに感じるであろう喜びを覚え、人生にその喜びの感覚を引き寄せます。その感覚こそが、魂があなたに高めて欲しいと思っている感覚なのかもしれません。あなたは、自分の成功を視覚化して、望むものを手に入れているところを想像し、そのイメージをできるだけ体感して鮮やかに描くことで、まさしく同じ経験を生み出すことができます。

私のお金は、自分自身と他の人たちの幸福の源泉です。

お金を持っているときに、それを幸福の源泉として見てください。そのお金を、まだ物質化していない、高次の目的を生み出す可能性として見てみましょう。銀行や財布に入れているお金すべてが、あなたからの命令を待っているもの、つまり「外に出て、私と他の人たちのために幸福を生み出しなさい」と言われるのを待っているものとしてイメージしてください。自分の豊かさに感謝し、自分が宇宙の無限の豊かさを利用できるようになったことに気づいてください。あなたのお金は、あなたに幸福をもたらす機会、あなたと他の人たちの人生を好転させる機会を待っているのです。

22 プレイシート　お金を持つ

1　純粋な遊びや楽しみのために使えるお金を、どのくらい持ちたいと思いますか？

2　どのくらいの貯金があったらいいと思いますか？

3　自分の純資産はどのくらいが望ましいですか？

4　理想の年収はどのくらいですか？

5　今後の1、2年間で、何のためにお金を欲しいと思っていますか？　考えつくだけ、たくさんの物事を挙げてください。

6　5で挙げた物事から、一番気になるものを1つ選んで、次の質問に答えてください。

a　その物事が、あなたのより大きな幸福に役立つ方法を少なくとも3つ挙げてください。

b　その物事を得ることで、他の人たちのより大きな幸福に役立つ方法を少なくとも３つ挙げてください。

23章　貯金――自分の豊かさを明言する

たとえ借金をしているときでも、お金の一部を預金することには大きな価値があります。貯金は、社会のお金の流れへの貢献です。なぜなら、貯金というものは、よりいっそうの富を生み出すために循環し、使われるからです。貯金は、あなたの自立を助ける資金を与えてくれます。そして貯金は、あなたが今この瞬間、必要額以上のものを持っているというポジティブな宣言とも言えます。自分が豊かだと感じるようになると、あなたはさらに多くのお金を引きつける磁力となります。

お金を流動性の投資という形で蓄えているのなら、それは使いたいときすぐに使えるエネルギーです。お金を蓄えていれば、あなたは通常の干満サイクルの干潮時に影響を受けることが少なくなります。自然もこの原理を利用しています。たとえば、リスは冬に備えて木の実を蓄え、クマはエネルギーを節約するために冬眠します。

お金を蓄えておくことで、チャンスに乗じることができます。貯金のことを考えるときは、より多くの選択肢と自由をもたらしてくれる「可能性を広げる口座」として考えてみましょう。貯金があれば、何かを購入するタイミングもより自由に決めることができます。物によっては、多額の購入資金が必要になりますが、貯金があると、欲しいものが欲しいときに買えるのです。

私の貯金はもっとお金を引き寄せる磁石の役割をします。

あなた方の中には、貯金をすることは、必要なときに必要なお金を生み出す自分の能力を信頼していないことだ、と考える人もいるかもしれません。ここで、貯金を別の観点から見てみましょう。あなたはいつもお金を蓄え、貯金しています。自分の仕事に対していくらかのお金を受け取ったとき、すぐに使ってしまわないかぎり、あなたはそれを貯金していることになるのです。お金を受け取ってからそれを使うまでの間、すでに貯金を実践していることになるので、あとはただ受け取ってから使うまでの間に、いつもよりも大きな額を貯金するだけでいいのです。あなたが貯金するお金は、もっと多くのお金を引き寄せる「お金の磁石」の役割を果たします。貯金が多額であればあるほど、あなたの磁石はますます大きいということです。

あなたが今までに蓄えたお金で、それを使う前に達した最高額（過去最高の貯金額）はいくらでしたか？　多くの人は、貯めたお金が過去最高額を上回りそうになると、それを使いはじめてしまいます。貯金を増やすためには、支出後に残そうと思う額を増やすことです。過去の貯金の限界に近づいたときの自分を観察し、この貯金の「限界」を打ち破ろうという意図を定めてください。自分の限界に気づくだけで、それを打ち破ることに半分成功したことになります。

お金を使う前に、より大きな額を意識的に貯めるようにすれば、お金が自分を通過する際、その流れの中に余剰を生み出すことができます。貯金を開始するときに、一財産を作る必要はありません。毎月、少しのお金を取っておけば、五年から十年後には相当な額になって、その価値も増しているでしょう。貯金することの最大の利点は、お金のより大きな流れと、それが表すエネルギーに慣れるということです。豊かさが増すことを望んでいるのなら、この「お金の流れとエネルギーに慣れる」ことが、まさしくあなたの求めていることです。

あなた方の多くは、必要なときに必要なものを何でも実現できるレベルまで、お金と豊かさを得る技術を伸ばしたいと思っています。それはたとえば、お金を必要とせずに物事を手に入れることを意味しているのかもしれません。あるいは、通常よりも大きな額の買い物をする際に、多額のお金を引き寄せられるようになることを意味しているのかもしれません。そのためには、まず毎月の生活費をまかなうための一定の流れを引き寄せることを習得してから、大きな買い物をするためにその流れの中にさらに大きな波を引き寄せられるようになる必要があります。

もしあなたがその瞬間その瞬間に欲しいものを創造しているのなら、絶え間なく変化する流れのレベルに自分のエネルギーを合わせられるようになる必要があるでしょう。ほとんどの人は、一定の範囲内のきわめて一貫したエネルギーの流れにしか慣れていません。つまり、毎月の収入が特定の金額以上にも以下にもならないようにしているのです。

貯金があると、より大きなエネルギー量に対しても心地よく感じられるようになり、結果、より大きな流れを扱えるようになります。流れの新しいレベルを習得して、大きな波を心地よく感じるようになりさえすれば、大きな買い物に必要な額も、わりと簡単に生み出せるようになるでしょう。そうなると、あなたは貯金したお金に手をつけたり、貯金で買った投資を売ったりする必要さえなくなるかもしれません。貯金や投資は、新たな資金が必要になったときの安全策として役立ってくれるでしょう。

私は経済的に自立し、自由です。

あなた方の多くは、お金の心配をすることなく、毎日好きなことをする自由が欲しいと望んでいます。つまり、経済的な自由が欲しいのです。それを現実にする方法がいくつかあります。一つは、あなたが楽しんでしていること、気晴らしでしていることを富の源泉にして、自分の好きなことをしてお金を稼ぐ方法を見つけることです。あなたは、必要なときに必要なものを引き寄せる優れた技術を身につけることもできます。もう一つの方法は、充分なお金を手に入れて、その貯蓄口座や投資からの利子で暮らせるようにすることです。どの方法でもうまくいきます。どの方法が、自分の望んでいることの本質を満たすのかを決め、それを生み出すために必要な技術の習得に取りかかってください。

そうした技術を習得する一方で、貯金を始めれば、自分が求めている豊かさとお金のより大きな流れのエネルギーに慣れ親しむことができます。また、人生に大きな変化を起こすためのエネルギー、あるいは自分にとって本当に重要で、通常よりも大きな買い物をするためのエネルギーを充分に蓄えるために、貯金は役立つでしょう。

私は余分なお金を持つことができない、私は貧しいなどと信じていたら、所有額の大小に関係なく、あなたは貧しいという現実を創り出すでしょう。まずは自分が豊かさに値するということを信じて、自分には今この瞬間に必要以上の豊かさがあると宣言するために、貯金を使ってみましょう。これまでに蓄えたお金のことを考えるときは、それをどのように使うかを考えてください。そうすると、あなたは貯金口座に入れるお金をますます引き寄せるようになります。

あなたが望ましいと思う貯金額や純資産を考えてください。できるだけ鮮明に思い描いてみましょう。望ましい残高を想像してください。その額を見たときの喜びを感じてください。貯金は災難や困り事が起こったときのためのものだと考えないようにしましょう。そんなふうに考えると、貯金が必要になる緊急事態をひっきりなしに起こしてしまうことになります。貯金を「富の記録」としてイメージし、増えつづける繁栄の流れに対応する方法を教えてくれるお金として見なしましょう。

私のお金はすべて、「人生に幸福を創造せよ」という
私からの命令を待っているエネルギーです。

貯金からお金を引き出したり投資対象を売却したりするときは、何か特別なもの、自分が心から望んでいるものを買うために使うということを心がけてください。そうすると、あなたのお金

に活力を与え、あなたが持っているお金すべての磁力を強化します。「自分の高次の目的に役立たせるために、どのように貯金を使うことができるだろう?」と自分に訊いてみましょう。

貯金の一番良い使い途の一つは、自分のライフワークにパワーを与えることです。裕福になる人たちは、自分の夢に余分なお金を使います。つまり、自分がよく知らない分野に投資する前に、自分自身に投資するのです。あなたのライフワークを世に出すのを助ける物事にお金を使いましょう。たとえば、本、クラス、道具、仕事用の服、自宅オフィスや仕事場を作るための改装工事など、さまざまな物事が挙げられます。ライフワークを生み出すためにお金を使うと、あなたはさらにお金を引き寄せます。ライフワークに必要なものはすべてそろっているのなら、最善の使い途が出てくるまで、お金は貯めつづけたほうがいいでしょう。

余分なお金を生み出したら、それを蓄える方法がたくさんあります。たとえば投資信託や貯金口座のように、すぐに使える流動的な蓄え方もありますし、それよりは流動性の低い投資に当てることもできます。投資を考えているのなら、「この投資の流れを操作することは、私の人生の道の一部であり、最高の時間の使い方になるだろうか?」と考えてください。時間とエネルギーを一番使わずに済み、注視する必要性が一番低い投資を探したいと思うかもしれません。

投資でお金を蓄えるには、投資対象をしっかりチェックする時間が必要になってきます。それには、特定の技術も必要になります。株式市場の勉強、情報収集、人脈作り、日々のニュースチェックも欠かせないでしょう。自分の時間をどう使いたいのか、ちゃんと決めてください。不動産に投資するのなら、どの物件が優良投資になるのかも学んでおくことをお勧めします。

お金をただ他人に託すということはしないでください。特に相手が、繁栄という意識を持っていない場合はなおさらです。自分の投資責任を他者に課すときは、相手がその仕事をはっきり把握していることを確かめ、あなた自身も自分の判断基準に従って、相手の仕事をチェックし評価できることを確認してください。蓄えられているのはあなたのお金であり、あなたのエネルギーです。あなたの投資が自分のエネルギーとつながっていられるよう、ある程度、用心深くならなければいけません。あなたがどのようにお金を蓄えるかは、あなたがどういった人間で、何を好み、どのように時間を使いたいかで、変わってきます。

私のお金はすべて、私の豊かさと喜びと活力を高めるために役立っています。

どこにお金を預けるにしても、そのお金がどのように扱われているかをつねに意識し、なるべく頻繁にチェックしてください。自分のお金をどこに預けているのか、無意識になってしまってはいけません。あなたのエネルギーと合わない場所にお金を預けたくはないはずです。預金口座を作ったり何かのプロジェクトに投資したりする場合は、あなたのお金を扱う人たちに豊富なビジネス経験があり、お金に関する霊的原理と人間が作った原理の両方について知識があることを確認してください。

その知識がない人は、たとえどれだけすばらしいアイデアを持っていたとしても、あなたにとって良い投資はできないでしょう。また、その人のお金に関する信念や考え方が、あなたのものと可能なかぎり一致しているかどうかを確かめてください。あなたがお金を預けているところは、あなたを丁寧に扱ってくれますか？　そこのエネルギーは、居心地がいいですか？　あなたの投資を取り扱う人たちは、あなたと似たような誠実さの基準と信条を備えていますか？　その人たちは、関係者全員が得をするべきだと信じていますか？　自分のお金を役立てたいのなら、そういったことがとても重要です。

あなたが多大な時間を費やして自分の投資を管理しているのなら、それが自分の最高の喜びでありライフワークであることを確信してください。たいていの場合、余分なお金は、あなたのエネルギーをあまり多くは必要としない、安全な保管場所に預けておくのが最適です。そして、あなた自身は自分の時間とお金をライフワークに注ぐことです。結果として、ライフワークに注いだ時間とお金はずっと大きな報酬をもたらします。

自分のエネルギーを反映する形で投資にエネルギーを充分に注ぐこと、そしてライフワークと人類への貢献に時間を費やすこと、その両方の間にバランスを見いだしてください。自分が五年後、十年後にどこにいたいかを考え、そこにたどり着くための計画の一部としてお金を投資してください。

他人のビジネスに投資したり、他人のライフワークのために資金を提供したりするのなら、それ自体がビジネスであることを認識してください。このレベルの豊かさに到達した人の多くが気づくことですが、他人の事業を正しく評価することは、それだけで専門の仕事になりえます。その仕事自体が、あなたのライフワークかもしれません。自分がよく理解していない事業に投資するより、自分の本質と密接につながっている事業に投資するのが一番です。たとえば自分のビジネスや専門分野など、あなたがよく知っている物事にお金を投資してください。あなたのお金を役立てているアイデアと深くつながればつながるほど、うまくいくでしょう。

経済的に独立するにつれて生じてくるあなたの最大の課題は、お金の最も高次の活用法と、地球に最大の変化と幸福をもたらす投資法を見つけることです。地球を尊び、人類を助け、幸福を創造する投資対象が、世の中にはたくさんあります。

一つひとつの投資を、あなたの魂の光に掲げてください。それは、どれだけの利益があるかを判断するためだけではなく、その投資が人類と地球のためにどれだけ光を加えることができるかを見極めるためです。自分のお金が何のために使われるのかを把握し、その使用目的を自分がちゃんと信じているかどうか確認してください。投資すべき対象が現れていない場合は、ふさわしい機会が訪れるまで、自分が良しとする場所にお金を保管しておきましょう。

私は豊かな人生を送ることを選びます。

巨大な富を築き、大きな貢献をする人は、ふつう一晩でそれを成し遂げるわけではありません。そうした人は自分の好きなことに集中し、まず例外なく自分の仕事にお金を投資します。自分がなじみのない対象には投資しません。そして自分の仕事にとても没頭しているので、何年にもわたって、一心に休む間もなくその仕事を追求します。自分の始めたことが、今の職種と必ずしも関係しているわけではない場合もありますが、仕事への姿勢は変わりません。そして、機会が訪れると必ず、自ら学び成長しようとして、知識や経験をたくさん積み重ねます。自分のライフワークに対する熱い思いが、経済的な成功をもたらすのです。

一方、お金を稼いだり豊かさを経験したりしない人は、たいていの場合、好きな仕事をするためのお金を貯めるまでは、嫌な仕事をしなければならないと考えています。彼らは、夢のような、そして本当に夢で終わる「手っ取り早く稼げる投資」に手を出すこともあります。

永続的な富や豊かさへの道は、自分のライフワークをして、お金の霊的法則に従い、行動を起こす前にエネルギーワークと引きつける作業に取り組んで欲しいものを引き寄せ、愛と喜びにあふれた人生を送ることです。

私たちは本書の中で、あなたが物事を実現するために必要な技術の多くを網羅してきました。どんな技術にも言えることですが、技術を習得するには練習が必要です。練習を積み重ねていくと、自分自身について多くを学び、エネルギーに働きかけることの奥深さを理解するでしょう。何かを生み出したら、自分の成功を楽しんでください。たとえそれが小さな物事でも、あなたの実現能力がうまくいっていることを示しています。

自分を評価するときは、どれだけ早く何かを引き寄せたかということではなく、引き寄せたものにどれだけ満足しているかということに着目してください。豊かさを創造するためには、自分に残っている「お金と物事を生み出すのは困難である」という信念をすべて手放すことが必要です。なぜなら、お金や物事を実現させるのは困難なことではないからです。あなたは今、自分の好きなことをして、豊かに生きる喜びを経験しながら、自分の愛する人生を創造しはじめる用意ができています。

豊かさの原理

以下に、お金を引き寄せる質とお金を遠ざける質をまとめています。目を閉じて、1から42までの数字のうち1つを選んで、その数字が示す質を確認してみましょう。その日は、自分が選んだ数字が示している「お金を引き寄せる質」の向上に取り組んでください。お金を遠ざけることをしている自分に気づいたら、そのお金を遠ざけるネガティブな考えや行動の横に、お金を引き寄せるポジティブな考えや行動を置きましょう。

	お金を引き寄せる質	お金を遠ざける質
1	自分の価値と時間を大切にする	自分の価値と時間を軽んずる
2	惜しみなく与え、遠慮なく受け取る	与えず、受け取ろうとしない
3	ハートを開く	ハートを閉ざす
4	最良のことが起こると期待する	最悪のことが起こると心配する
5	ハートから行動する	勢力争いに足を踏み入れる
6	自分の最善を尽くす	手抜きをする
7	人と協力して、全員の成功を望む	競争する
8	人の役に立つ方法に焦点を当てる	人が何を与えてくれるかだけを考える
9	自分が成功できる理由を自分に言い聞かせる	自分が成功できない理由を自分に言い聞かせる
10	自分の誠実さから行動する	自分の価値観や理想を曲げる
11	意識し、注意を払う	無意識に行動する

12	他人の成功を祝う	他人の成功に脅威を感じる
13	自分の課題を受け入れる	成長より安全性と快適性を選ぶ
14	物事を抵抗なく手放す	物事にしがみつく
15	何事も遅すぎるということはないと信じ、夢に向かって行動を起こす	もう手遅れだと考えて、あきらめる
16	なりたい自分になり、したいことをする許可を自分に与える	他人からの許可を待つ
17	自分の道は重要だと信じる	自分の道を信じない
18	生活のために好きなことをする	お金のためだけに働く
19	執着せず、自分の善なる部分にゆだねる	貧しいと感じたり、何かを手に入れるべきだと考える
20	他人の繁栄のために与える	他人の必要性のために与える
21	自分の高次の目的の活動を優先する	時間ができるときまで、自分の高次の目的の活動をあと回しする
22	自分を豊かさの源泉とみなす	他人を自分の豊かさの源泉とみなす

	お金を引き寄せる質	お金を遠ざける質
23	豊かさを信じる	欠乏を信じる
24	自分を信じ、自信を持ち、自分を愛する	心配し、恐れ、疑い、自分を批判する
25	明確な意図と方向性のある意思を持つ	曖昧で、目標がはっきりしない
26	自分の喜びに従う	「するべき」ことを生み出し、無理をする
27	自分の快活さを映し出す物に囲まれて生活する	自分の快活さを表していない物に囲まれて生活する
28	感謝の気持ちを表現する	自分は世間に貸しがあると思う
29	豊かさを創造する自分の能力を信頼する	自分の財政状態を心配する
30	内なる導きに従う	内なる導きを無視する
31	すべての人が勝者となる解決方法を探す	他人が勝者になるかどうかを気にかけない
32	自分で判断を下せるようになる	内なる知恵を信じない

33	自分の目的と幸福を満たしているかどうかで、豊かさを測る	自分の所有額のみで、豊かさを測る
34	目標達成と同様に、プロセスも楽しむ	目標のためだけに行動する
35	同意を明確にする	言葉に出さず、曖昧な期待を持つ
36	これまでに成し遂げたことを考える	今後どれだけ成し遂げる必要があるのかに焦点を当てる
37	豊かさについて話す	問題と不足について話す
38	過去の成功を思い出す	過去の失敗を思い出す
39	大きく無限に考える	考えを制限する
40	お金を生み出す方法を考える	どれだけお金が必要かを考える
41	自分が愛し、望んでいることに集中する	自分が望まないことにだけ集中する
42	持つことを自分に許す	自分は持つに値しないと考える

訳者あとがき

使い切るのに一生かかりそうなほどのお金を手渡されたら、どのような人生を送ろうと思いますか？　その理想の人生を送っているとき、そして生活費に悩むことなく自分のライフワークに打ち込んでいるとき、どのような感覚を得られると思いますか？　その感覚（たとえば、喜び、自由、安心感など）こそが引き寄せるべき「高い質」であって、人々が本当に求めているのは、お金そのものではなく、そのお金によって得られる「高い質」なのだとオリンとダベンは言います。

つまり、お金を得てからその高い質を実現するのではなく、自分の望む高い質を先に実現させましょう、というのが本書のテーマの一つです。そのために、まずは自分の望む質を知る必要がありますが、オリンとダベンは、その質を明確にするためのアイデアをさまざまな視点から伝え、個々が受け取るガイダンスに従うよう訴えています。

さて、訳者が本書の翻訳に取りかかり、ちょうど「豊かさを実現することで自分が得たい高い質は何だろう？」と考えていた頃のこと、ある初対面の方と会話する機会がありました。その方は、仕事でさまざまなご家庭を訪問されるらしく、ふいに「裕福なご家庭の方々には共通点があることに気づいたんですよ……みなさん、共通して大らかです」と言いました。一方、その反対の方々の共通点は、「たいてい挨拶もそこそこに、愚痴が始まります」とのこと。

どのような会話の流れでその話になったのかは忘れましたが、日頃せっかちな性格を自覚していた訳者を、「大らかになりなさい」と導くようなメッセージだったため、まるでオリンとダベンがその方を通じて起こしてくれたシンクロニシティのように感じました。大らかさ……まさしく訳者が求めていた「高い質」です。

本当なら、「それ以来、大らかであるよう努め、豊かさが訪れました」という結論で終えたいところですが、まだ大らか歴数ヶ月なので、目に見える形での豊かさには気づいていません。しかし、以前なら苛立っていたであろう場面でも意識して大らかでいるのは気分が良いもので、確実にエネルギーが流れるべき方向へ流れているようです。

読者の方々にも、それぞれが求める「高い質」があり、全員がそれを実現できたとき、魂が意図していた望みを何でも叶えられる世界になるのだと思います。それは人間界のためのみならず、万物にとっての最高の世界になるのではないでしょうか。本作品が、読者の方々にとって、お金だけではなく、本当の豊かさを実現するための一助となることを祈っております。

なお、本書は一九八八年に発行された旧版“Creating Money — Keys to Abundance”（邦訳『光の存在オリンとダベンが語る豊かさへの道　クリエイティング・マネー』は一九九五年発行）を改訂し、電子書籍となった新版“Creating Money — Attracting Abundance”（二〇一一年発行）を底本にしています。新版の翻訳にあたって、髙木悠鼓《たかきゆうこ》さんが翻訳された旧版『クリエイティング・マネー』を参考にさせていただきました。翻訳データまで快く提供くださったことを、心より感謝申し上げます。

最後に、これもまたシンクロニシティなのか、その時その時の訳者にとって最も必要な学びを与えてくれる作品をご紹介してくださる、ナチュラルスピリット社の今井博揮社長に深く感謝申し上げます。また、的確なアドバイスとご提案をくださった編集の佐藤惠美子さんにも厚くお礼申し上げます。

二〇一六年　秋

采尾　英理

著者紹介

サネヤ・ロウマン　Sanaya Roman

愛と光の存在であるオリンを25年あまりにわたりチャネリングし、著作・セミナー・オーディオコースを通じてその教えを分かち合う。これまでに何千人もの人々の霊的目覚めを手助けしてきた。オリンが教えるのは、どうすれば一人ひとりが自己の神聖（真我）にたどり着き、苦しみを手放して喜びと共に成長し、日常的に愛と平和と豊かさを実感できるかということ。霊的成長に関するオリンの創作はすでに200を超え、その詳細についてはウェブサイトで紹介されている。

サネヤを通したオリンの著書は、『パーソナル・パワー―光の存在オリン、人間関係とテレパシーを語る』『スピリチュアル・グロース―光の存在オリン、ハイアーセルフを語る』（以上、すべてマホロバアート）、『オープニング・トゥ・チャネル―あなたの内なるガイドとつながる方法』『魂の愛―三つのハートセンターを覚醒させる』『25周年記念版リヴィング・ウィズ・ジョイ―光の存在オリンが語るパーソナル・パワーとスピリチュアルな変容の鍵』（以上、すべてナチュラルスピリット）がある。米国在住。

デュエン・パッカー　Duane Packer

長年にわたって彼の指導霊であるダベンからガイダンスを受け取り、「ライトボディーの覚醒化コース」やセミナーを通じて人々を広大かつ深遠な意識状態に導く。天性のクレヤボヤント（透視能力者）であり、体内外のエネルギーフィールドはもちろんのこと、高次世界とそこに存在する微細なエネルギーを視ることができる。また科学的知識が豊富で、地質学、地球物理学の博士号を取得、長年研究している形而上学を教えてもいる。

サネヤとオリン、ダベンとの共著書に『オープニング・トゥ・チャネル―あなたの内なるガイドとつながる方法』がある。

現在は南オレゴン州にて“Awakengin Your Light Body Graduate”のセミナーを主宰。

ホームページ：www.orindaben.com（英語）
www.lightbody.jp（日本語公式教材サイト・日本語）

訳者紹介

采尾 英理（うねお えり）

同志社大学文学部卒業。訳書に『なぜ私は病気なのか？』『体が伝える秘密の言葉』『魂が伝えるウェルネスの秘密』『オルハイ・ヒーリング』、DVD字幕『イエスの解放』（いずれもナチュラルスピリット刊）がある。

光の存在オリンとダベンが語る豊かさのスピリチュアルな法則

クリエイティング・マネー

●

2017年2月22日　初版発行
2022年8月24日　第2刷発行

著者／サネヤ・ロウマン&デュエン・パッカー
訳者／采尾 英理

編集・DTP／佐藤惠美子

発行者／今井博揮
発行所／株式会社 ナチュラルスピリット
〒101-0051 東京都千代田区神田神保町3-2 高橋ビル2階
TEL 03-6450-5938　FAX 03-6450-5978
info@naturalspirit.co.jp
https://www.naturalspirit.co.jp/

印刷所／モリモト印刷株式会社

ISBN978-4-86451-230-5　C0011